LES

LA TRÉMOILLE

PENDANT CINQ SIÈCLES

TOME QUATRIÈME

CLAUDE, HENRI

CHARLES II ET CHARLES III

1566-1709

NANTES
ÉMILE GRIMAUD, IMPRIMEUR-ÉDITEUR
4, PLACE DU COMMERCE, 4

MDCCCXCV

LES

LA TRÉMOILLE

PENDANT CINQ SIÈCLES

TOME QUATRIÈME

LES

LA TRÉMOILLE

PENDANT CINQ SIÈCLES

TOME QUATRIÈME

CLAUDE, HENRI
CHARLES II ET CHARLES III

1566-1709

NANTES
ÉMILE GRIMAUD, IMPRIMEUR-ÉDITEUR
4, PLACE DU COMMERCE, 4

MDCCCXCV

CLAUDE DE LA TRÉMOILLE

Domat omnia virtus.

Claude de La Trémoille, fils de Louis III et de Jeanne de Montmorency, né en 1566, se trouvait, quoique enfant, dans l'armée du duc de Montpensier pendant la campagne de 1574 terminée par la paix de Poitiers en 1577.

Nommé général de cavalerie, il servit en Guyenne contre le roi de Navarre, 1586; mais, ayant embrassé le protestantisme cette même année, il rejoignit le Prince de Condé qui venait d'épouser sa sœur Charlotte-Catherine.

Depuis lors, Claude prend une part aussi active que glorieuse à toutes les campagnes du Roi Henry IV; les batailles de Coutras et d'Ivry, les sièges de Paris, de Rouen, de Poitiers sont autant d'occasions de grandir sa réputation de courage et de dévouement.

Dans la dernière campagne de 1595, il grossit l'armée du Roi de cinq cents gentilshommes et de deux mille hommes de pied, le tout levé sur ses terres et équipé à ses frais ; — il mourut à Thouars de la goutte le 24 octobre 1604.

Par contrat du 23 octobre 1597, il épousa Charlotte-Brabantine de Nassau qui lui survécut vingt-sept ans ; elle était fille du fameux Guillaume le Taciturne, prince d'Orange, et de Charlotte de Bourbon Montpensier [1].

---

1. Voir p. 30 de ce volume, n° XI.

HENRI DE LA TRÉMOILLE

Sincère et prompte.

HENRI, PRINCE DE TALMONT, fils de Claude de La Trémoille, né à la fin de décembre 1598, fit ses premières armes devant Saint-Jean-d'Angély en juin 1621. Ayant abjuré la religion réformée au siège de La Rochelle, entre les mains du Cardinal de Richelieu[1], il fut investi par Louis XIII de la charge de Mestre de camp de la cavalerie légère de France. Pendant la campagne de Piémont, il enleva le défilé du Pas-de-Suse. Henri de La Trémoille fut grièvement blessé quelque temps après, en allant reconnaître les approches de Carignan; ce qui ne l'empêcha pas de s'emparer de la ville.

En 1636, à la prise de Corbie, les quatre mille hommes, tant de pied que de cheval, qu'il commandait, étaient pour la plupart des Poitevins, vassaux du duché de Thouars, entretenus et payés par lui. Cette même année, il présida les États de Bretagne, comme Baron de Vitré et en vertu des prérogatives échues aux La Trémoille, en 1605, avec la riche succession de Guy XX, comte de Laval, mort sans alliance.

1. Voir p. 86, n° V.

Ce fut avec l'agrément de Louis XIV qu'Henri fit valoir, au congrès de Munster, les droits au royaume de Naples, qu'il tenait de sa trisaïeule Charlotte d'Aragon, droits que les La Trémoille ont constamment réclamés dans tous les traités de paix qui se sont faits de 1648 à 1815. Le fils aîné de la maison porte, depuis le milieu du dix-septième siècle, le titre de Prince de Tarente, reconnu par les rois de France, et les membres de la famille jouissent du rang de Prince étranger [1].

Louis XIV confirma aussi à Henri, par lettres patentes de 1644, tous les privilèges accordés par les rois, ses prédécesseurs, aux comtes de Laval.

En 1643, le duc de La Trémoille remplit les fonctions de grand maître de France, aux obsèques de Louis XIII. Au chapitre de l'ordre du Saint-Esprit, tenu à Fontainebleau en 1633, il passa le premier, après les Princes du sang et les Princes légitimés, comme ayant le plus ancien duché, la Pairie ne prévalant qu'au couronnement des rois, au Parlement et aux États.

Henri mourut à Thouars, le 21 janvier 1674. Il avait épousé, le 19 janvier 1619, Marie de La Tour d'Auvergne, sa cousine germaine, morte à Thouars le 24 mai 1665. Le cachet de leurs lettres porte deux autels antiques, dont les flammes se réunissent, avec la devise: *Sic Unica Flamma Duobus*. Marie était fille de Henri de La Tour, duc de Bouillon, prince de Sedan, et d'Elisabeth de Nassau; elle avait pour frère le grand Turenne.

---

1. Voir pp. 123 à 141.

CHARLES II DE LA TRÉMOILLE

Super alta, per alta.

Henri-Charles de La Trémoille, prince de Tarente, fils de Henri de La Trémoille et de Marie de La Tour, naquit en 1620. Il passa presque toute sa jeunesse en Hollande, chez son grand-oncle le prince d'Orange ; mais, après la mort de celui-ci, 1647, il revint en France, où son attachement pour le prince de Condé lui fit abandonner le parti de la cour, dans les guerres de la Fronde. Forcé, par suite de sa rébellion de sortir du royaume, il se retira de nouveau aux Pays-Bas.

Les États de Hollande le firent gouverneur de Boisleduc et général de leur cavalerie, qu'il commanda brillamment dans plusieurs rencontres. Charles II, roi d'Angleterre, le nomma chevalier de la Jarretière, en 1652.

A l'occasion du mariage de sa sœur Marie avec Bernard de Saxe, duc d'Iéna, en 1662, le Prince de Tarente obtint de Louis XIV la reconnaissance officielle du titre de Prince et Princesse pour tous les La Trémoille, titre que les aînés de la maison portaient dès la fin du quinzième siècle.

Henri-Charles mourut à Thouars le 14 septembre 1672.

Il avait épousé, en mai 1648, Amélie de Hesse-Cassel, fille de Guillaume V, landgrave de Hesse-Cassel, et d'Amélie-Elisabeth, comtesse de Hanaw-Muntzenberg [1]. Dans sa correspondance, Mme de Sévigné l'appelle souvent : la bonne Tarente ; elle mourut, le 23 février 1693, à Francfort, où elle s'était retirée après la révocation de l'Édit de Nantes.

---

1. Voir, p. 162, n° II.

CHARLES III DE LA TRÉMOILLE

Charles-Belgique-Hollande de la Trémoille, fils du Prince de Tarente, né en 1655, fut tenu sur les fonts de baptême par les États-Généraux des Pays-Bas [1]. Sa santé l'obligea de renoncer à la vie militaire. Il fit faire au traité de Nimègue en 1678, et à celui de Riswick en 1697, une protestation pour la conservation de ses droits au royaume de Naples. Premier gentilhomme de la chambre du roi, il avait été reçu chevalier du Saint-Esprit le 31 décembre 1688. Le duc de La Trémoille mourut à Paris, le 1er juin 1709 [2]. Il était, depuis près de deux ans, veuf de Madeleine de Créquy, fille unique de Charles de Créquy, prince de Poix, et d'Armande de Saint-Gelais de Lansac, qu'il avait épousée le 3 avril 1675.

1. Voir p. 203, n° I.
2. Voir p. 231, n° XVI.

CHAPITRE I

CLAUDE DE LA TRÉMOILLE

EXTRAITS DES COMPTES

EXTRAITS DES COMPTES

1585, 31 juillet. Paris. — Mémoire de Bernard, dit Choquart, marchand à Paris, pour Claude de La Trémoille.

« Premièrement. Une senture de vellours ras incarnadin couppée, de iiii livres dix sols.

« Plus, deulx castors, de iiii escuz.

« Plus, deulx grandz pennaches, de ii escuz.

« Plus, deulx penaches de herons blanc, de ii escuz.

« Plus, ung grand pennache de pleumes de levent, de pris fait à iii escuz.

« Plus, au pallais, baillé à monsʳ quatre paires d'esperons dorez, de iiii escuz.

« Plus, six paires de jartières de soye et d'argent à trois escuz paire, de xii livres.

« Plus, unne paire d'estries de bronse de i escu.

« Plus, ung hausecoul orenge de xl sols.

« Plus, unne senture riche de toille d'argent et broderye d'or et d'argent, vii livres.

« Plus, ung bonnet de vellours, de III livres.

« Plus, ung penache pour bonnet de pleumes finnes, de xxx sols.

« Pour le linge; une fraize à dentelle, sept escuz, et ung porte fraize de xxx sols.

« Plus, ung grand castor fort, de III livres.

« Plus, ung feutre de pluye, de I escuz.

« Plus, une senture couppée noire, VIII livres.

« Plus, paié au lingère pour unne fraize en poinct couppée fuillée de papillotte d'argent que mons^r acheta, prins faict dix huict escuz, de laquelle somme ma femme avoit respondu. »

Chartrier de Thouars. Orig. pap.

1592, 28 juin. Bressuire.— Promesse par Claude de La Trémoille de payer à Jean de Chourses, seigneur de Malicorne, 1500 écus d'or, pour un cheval blanc d'Espagne qu'il lui avait vendu.

« Fut personnellement estably en droict en la court de la ville et baronnie de Bressuire, hault et puissant seigneur, messire Claude, sieur de La Trémoille, duc de Thouarçois, prince de Thalmond, conte de Guynes et de Benon, conseiller d'estat et cappitaine de cent hommes d'armes des ordonnances du roy, estant de présent en ceste ville de Bressuire, lequel a recongneu et confessé debvoir à hault et puissant messire Jehan de Chourses, chevalier des ordres de Sa Majesté, seigneur de Malicorne, gouverneur et lieutenant général pour icelle en ces pays de Poictou, aussi présent, stipullant et acceptant, la somme de quinze cens escus d'or sol., pour vendition et livraison d'un cheval d'Espaigne blanc, à luy ce jourd'huy faicte par le dict sieur de Malicorne, et de laquelle livraison le dit sieur de La Trémoille s'est tenu et tient pour content, laquelle susdicte somme de quinze cens escus d'or sol., le dict sieur de La Trémoille a promis et promect rendre, bailler et payer au dict sieur de Malicorne ou aux siens, incontinent qu'il sera marié ou que quelque succession directe ou collateralle luy soit obvenue et escheue, ou en deffault de ce icelle somme lui estre payée par les héritiers et successeurs du dict sieur de La Trémoille, incontinent après son decez...

« Faict et passé au dict Bressuire, en la maison de M° Jehan Ogier, s^r de La Bouerre, après midy, le vingt huictiesme jour de juing l'an mil cincq cens quatre vingtz et douze. Signé en la minutte : Claude de La Trémoille, de Chourses, P. de Chasteaubriand, etc. »

Chart. de Thouars. P. parch.

1594, 10 novembre. Thouars. — Mandement de Claude de La Trémoille pour le paiement d'un orfèvre.

« Claude, seigneur de La Trémoille, duc de Thouars, prince de Tallemond, à M° Jherosme Regnauld, recepveur de notre duché de Thouars, salut. Nous vous mandons et ordonnons que des rantes que nous doivent les moniers de Fredeult provenant du prieuré de Sainct-Michel, vous payes et delivres à sire Abel Paguet, marchant orfeuvre, demourant à Thouars, la somme de quatre-vingtz escuz soleil que nous lui debvons, pour ung diamant taillé en fasette qu'il nous a vandu, et cy les dicte rente ne sont suffisante pour le payer vous les luy feres delivrer en déduction de la somme que nous luy debvons, et, raportant les presante signé de notre main avecques quicance valable dudict Paguet pour la descharges de la susdicte somme de quatre vingtz escuz soleil, voulons icelle vous estre deduicte et allouée sur la dépance et alouance de vos contes par les auditeurs d'iceulx ausquelz le mandons, sans difficulté aulcune.

« Faict à Thouars, le dixiesme novembre 1594.

CLAUDE DE LA TRÉMOILLE.

« Par mandement de mondict seigneur.

« DU MONCEAU. »

Chartrier de Thouars. Orig. pap.

1595-1598. — *Compte d'Antoine Bouchereau, orfèvre, pour Claude de La Trémoille.*

« PARTYES DE SE QUE JE BAILLÉ A MONSIEUR [DE LA TRÉMOILLE] ET DE SE QUE JE LUY AY FAICT DE BESONGNES DEPUYS LE PREMIER JOUR DE JANVIER 1595.

« Item, baillé à mondict sieur ung diamant taillé à facettes qu'il m'avoit commandé quérir cheux ung nautre orfevre, lequel diamant m'a esté vandu 15 escus,...................... xv escuz sol.

« Plus, luy áy baillé à cest heure-là mesme ung aneau d'aupalle et ung aneau de ruby, lesquelz je vandu à mondict sieur dix escus, lesquelles bagues feurent donnée aux estrenes à madame de Montatayre, à madame de Vaux, à madamoiselle de Robertval, sur quoy je receù dix escuz par Françoys, varlet de cambre, reste xv escuz.

« Item, je meyns anneuvre troys diamans et ung scaffy viollet et redoré ung petit bahu d'argent et pour ce accordé avec madame de Moulinfrou à quatre escuz.

« Item, accoutré plusieurs foys de la vesselle et ressoudée de puys dix ans ansa et pour ce se que il plera.

« Somme qu'il me resteroit ancores dix neuf escuz sans faire aucun tort à mondict seigneur. »

Au verso : « Je Anthoyne Bouchereau, mestre orfèvre, confesse avoyr receu de madame la duchesse Charlotte de Nassau, duchesse de La Trémoille, sur et en deduccison du conteneu de l'autre part, somme de dix escuz, de laquelle somme je me tiens contant.

« Faict se cinquiesme jour de may 1598.

« A. BOUCHEREAU. »

Chartrier de Thouars. Pièce papier.

1624, 12 février. Paris. — Quittance de De Launay relative à une somme donnée par madame de La Trémoille, pour la construction du temple de Charenton.

« Je certiffie que monsieur Champdor, secrétaire de madame de La Trimouille, m'a aujourd'huy baillé de la part de ma dicte dame trois cens livres pour ayder à la construction du temple de Charenton.

« Faict à Paris, le xii febvrier 1624.

« DE LAUNAY. »

Ch. de Thouars. Orig. pap.

1626, 12 février. La Haye. — Mandement de Charlotte de Nassau, pour des fourrures.

« Monsieur Kinschot [1], je vous prie de payer à André Winands [2] la somme de quarente une livres pour certaines fourrures qu'il m'a vendues, laquelle somme (en me rapportant sa quittance) je vous alloueray en la despence de vos comptes, comme aussy les soixante et deux livres que vous avez paiée pour autres fourrures, ainsy que porte le présent mémoire, ces deux sommes faisant ensemble cent trois livres.

« Faict à La Haye, ce douziesme febvrier 1626.

« CHARLOTTE DE NASSAU. »

Ch. de Thouars. O. pap.

1. Il signait : G. de Kinschot.
2. 1626, 4 mars. La Haye. Quittance d'André Waynands.

1630, 10 juin. Paris. — Quittance de François Macaire, carrossier.

« Fut présent en sa personne François Macaire, maistre seillier, lormier et carossier à Paris, demeurant rue St Honnoré, paroisse St Germain de l'Auxerois, lequel a recongnu et confessé avoir eu et receu de très haute et illustre princesse madame Charlotte de La Trimoille, épouze de très hault et illustre prince monseigneur Jacques de Stanlay, comte d'Herby, prince de l'isle de Men, au royaume d'Angleterre, par les mains de noble Jacques de Rozemont, conseiller et secretaire de monseigneur le duc de La Trémoille, à ce présent et de ses deniers, la somme de douze cens quatre vingt cinq livres seize sols, scavoir douze cens livres de pris faict et cinquante livres de suplement, ordonné par très haulte et ileustre princesse madame Charlotte de Nassau, princesse en Orenge, duchesse douairière de La Trémoille, mère de madicte dame, pour le carosse complet, faict, fourny et livré suivant le marché verbal faict avec ledict sieur de Rozemont et ledict Macaire, ledict carosse monté sur son train, couvert de cuir de vache doublée de vellours rouge cramoisy, rideaux de damars de Genne, et tout ce qui en depend, avec les harnois de chevaulx et une selle de postillon, et trente cinq livres seize sols pour un rideau de damars de Genne servant au devant du dict carosse, et ce qu'il a convenu pour couvrir et emballer le dehors dudict carosse, fourny par le dict Matière (*sic*) outre et pardessus ce qu'il estoit tenu par ledict marché...

« Faict et passé en l'estude de Capitain, notaire,.. l'an mil six cens trente le dixième jour de juing, avant midy.

« CAPITAIN. »

Ch. de Thouars. O. pap.

PIÈCES JUSTIFICATIVES

PIÈCES JUSTIFICATIVES

I

1578, 22 février. Paris. — Procès-verbal de la création de la tutelle et curatelle de messieurs de La Trémoille, pour dame Jehanne de Montmorency, duchesse de Thouars.

« ..... Sont comparuz en la chambre civil du Chastellet de Paris, maistre Jullian Chauveau, procureur en la court de Parlement, ou nom et comme procureur de ladicte dame, mère desdicts mineurs, assisté de Tanneguy du Chesneau, escuyer, sieur de La Doulcinière, maistre d'hostel de ladicte dame, et de maistre Jehan Rouhet, advocat en ladicte court; maistre Jehan Lefebvre, procureur ou chastellet de Paris, ou nom et comme procureur de hault et puissant seigneur messire Georges de La Trimouille, chevallier de l'ordre du roy, seigneur et baron de Royen, Ollonne et Aspremont, oncle unicque du costé paternel, assisté de Charles de Hénault, escuyer, sieur de Curzon ; monseigneur le révérendissime Charles, cardinal de Bourbon, archevesque de Rouen, comparant par maistre Pierre André, advocat en Parlement, sieur de La Garde, fondé de procuration spécialle dudict sieur en dacte du mardy unziesme jour de ce moys, signée : Francquelin et Croiset; monseigneur Loys de Bourbon, duc de Montpensier, pair de France, aussi comparant par ledict André, fondé de procuration passée à Myrebeau, le vingt-cinquiesme jour de janvier, signée : Gabault; hault et puissant seigneur messire François de La Trimouille, filz unicque de deffunct hault et puissant seigneur messire Claude de La Trimouille, luy vivant, chevallier de l'ordre du roy, seigneur et baron de Nayrmoutier, comparant par maistre Jacques Marceron procureur en Parlement; hault et puissant seigneur messire Loys de Rohan, prince de Guymenay, chevallier de l'ordre du roy, comparant par maistre Jehan Lasnier, procureur en la court de Parlement, fondé de procuration passée en la court de la chastellenye du Verger, par devant Jacques Gueretin et Jehan du Fossé, notaires royaulx, le pénultiesme jour de janvier dernier passé; hault et puissant seigneur messire Jehan de Laval, seigneur de Loué et marquis de Nesle, chevallier de l'ordre du roy, cappitaine de cinquante hommes d'armes de ses ordonnances, comparant par ledict Lagnier, fondé de procuration, passée à Paris par devant Cothereau et Bontemps, notaires, le mercredy vingt-deuxiesme janvier dernier passé; hault et puissant seigneur Guy, conte de Laval, de Montfort, Quentin et Harcourt, baron de Victry, comparant par ledict Lagnier, fondé de procuration passée par devant Charil et Després, notaires royaulx de la court de Rennes, le premier febvrier oudict an; hault et puissant seigneur messire Anthoine de Silly, chevallier, sieur de La Rochepot, cappitaine de cinquante hommes d'armes de ses ordonnances, baron de Montmirel, comparant par maistre Estienne Morineau, procureur en la court de Parlement; hault et puissant seigneur messire Jacques d'Amboise, chevallier de l'ordre du roy, marquis de Reyvel, baron de Bussy et de Saxe-Fontaine, comparant par ledict Morineau, cousin paternel; hault et puissant seigneur messire Lois d'Amboise, marquis de Reyvel, baron de Bussy et de Saxe-Fontaine, premier chambellan de Monseigneur, fils unicque de France, et lieutenant-général pour le roy et mondict sieur au pays d'Anjou, comparant par ledict Morineau; messire Charles de Chambe, chevallier de l'ordre du roy, conte de Montsoreau, comparant par maistre Anthoine Beaucorps, procureur ou Chastellet de Paris, fondé de procuration; hault et puissant seigneur, messire François de La Tour-Landry, chevallier de l'ordre du roy, conseiller et chambellan ordinaire de monseigneur, conte de Chasteauroux, baron dudict lieu, La Roche d'Indre, de La Tour et de Clervaulx, des seigneuries de Bourmont, comparant par ledict Beaucorps; haulte et puissante dame dame Anthoinette de La Tour, dame ordinaire de la royne mère du roy, duchesse de Rouannoys, dame entre aultres lieulx de Sainct-Nicollas, comparant par ledict maistre Jacques Merceron, procureur en Parlement, fondé de procuration passée soubz le scel aux contractz de Sainct-Loup, le troysiesme jour des présent mois et an, signée Razay et scellée ; Révérend Père en Dieu messire Toussainctz Barry, sieur de Vincelles, abbé de Ferrières et de Sainct-Lo, chanoine de la Saincte Chappelle du pallais à Paris, ou nom et comme procureur de très-haulte et puissante dame dame Magdalaine de Savoye, duchesse de Montmorency, vefve feu de louable mémoire très-hault et très-puissant seigneur monseigneur Anne, luy vivant, duc de Montmorency, pair et connestable de France, ayeulle maternelle, fondé de procuration passée par devant Coyart et Boreau, notaires, le quatreiesme febvrier mil cinq cens soixante dix-huict, ledict sieur de Vincelles ou nom et comme procureur de hault et puissant seigneur messire François, duc de Montmorency, pair et mareschal de France, gouverneur et lieutenant-général pour le roy à Paris et Isle de France, oncle maternel, fondé de procuration passée par devant lesdictz notaires, le neufiesme jour desdictz mois et an ; ledict sieur de Vincelles aussi procureur de messire Henry de Montmorency, seigneur de Dampville, aussi mareschal de France, gouverneur et lieutenant-général pour le roy au pays de Languedocq, fondé de procuration passée à Béziers dans le logis épiscopal, le vingt septiesme jour de décembre mil cinq cens soixante dix-sept, signé : Ratre, notaire royal, habitant de ladicte ville de Béziers ; ledict de Vincelles, procureur de messire Charles de Montmorency, sieur de Méru, chevallier de l'ordre du roy, cappitaine de cinquante lances de ses ordonnances et collonnel général des Suisses, fondé de procuration passée par devant Jacques Derin, notaire pour le roy à Pontoise, le trenteiesme janvier mil cinq cens soixante dix-huict, et encores ledict sieur de Vincelles procureur de messire Guillaume de Montmorency, seigneur de Thoré, aussi chevallier de l'ordre et cappitaine de cinquante lances, collonnel-général de la cavallerye légère de Piedmont, aussi oncles maternelz, fondé de procuration passée le trenteiesme jour de décembre mil cinq cens soixante dix-sept par devant Jehan Roiet, notaire royal en la ville de Montpellier ; hault et puissant seigneur messire Arthus de Cossé, conte de Secondigny, mareschal de France, comparant par m^{tre} Jehan Taignier, fondé de procuration passée par devant Carrel et Contesse, notaires, le douzeiesme jour desdictz mois et an.

« Après lesquelles comparutions desdictz seigneurs et dames ou procureur pour eulx, ledict maistre Jehan Le Fevre, procureur dudict messire Georges de La Trimouille, seigneur et baron de Royen, a dict et remonstré qu'il y avoit plusieurs parens desdictz mineurs du costé paternel et mesmes des plus proches qui n'avoient esté appellez, et entre aultres les seigneurs cardinal de Guise, ducz de Guise et du Maine, marquis d'Elbœuf et seigneurs de Fontaines-Guérin, lesquelz il convenoit appeller pour procedder à ladicte eslection. A quoy par ledict Chauveau, procureur de ladicte dame de La Trémoille, a esté dict que pour le regard desdicts seigneurs de Guise et aultres de leur maison, ne leur avoit esté donné assignation, d'aultant qu'il y avoit assez grand nombre de parens, ostant qu'ilz estoient remetz et eslongnez de consanguinité et aultres demeurans en loingtain païs, ès montz Pirénées distant de deux cens lieues de ceste ville, et joinct qu'il y avoit nombre de parens illustres, auroit requis estre passé oultre..... et prendre le serment des procureurs cy-dessus nommiez.....

« Surquoy a esté ordonné qu'il sera passé oultre à l'eslection d'un tuteur et curateur ausdictz mineurs pour régir et gouverner leurs personnes et biens, par les procureurs cy-dessus nommez.., et néantmoins paravant ordonner sur la dation de ladicte tutelle, que lesdictz seigneurs cardinal de Guise, ducz de Guise et du Maine, marquis d'Elbœuf et le seigneur de Fontaines seront appellez et convocquez par devant nous à mercredy prochain en nostre hostel pour donner voix et procédder à ladicte eslection..... » Après avoir reçu l'avis des procureurs ci-dessus nommés il a été « ordonné que ladicte dame Jehanne de Montmorency, dame de La Trémoille, mère et tutrice desdictz seigneurs, sera et demeurera en la charge de tutrice et curatrice desdictz seigneurs, ses enfans, pour régir, gouverner, et administrer leurs personnes et biens et ledict sieur de La Trémoille, sieur de Royan, pour subrogé tuteur quant à leurs actions, confections d'inventayre, partages, et reddiction de comptes.....

« Ce fut faict au Chastellet de Paris par noble homme et sage maistre Pierre Séguier, conseiller du roy, lieutenant cryminel de ladicte prévosté, le sabmedy vingt-deulxiesme jour de febvrier l'an mil v^c soixante dix-huict. Est signé : DROUARD. »

Chartrier de Thouars. Copie parchemin.

II

1580, 27 septembre. Anvers. — « *Nativité de mademoyselle Brabantine Charlotte.* »

« Mardy. Le xxviie de septembre 1580, à cinq heures du matin, madicte dame la princesse accoucha en Anvers de sa cincquiesme fille qui fut baptisée au Temple du chasteau le xxve d'octobre en suivant et nommée Brabantine par messieurs les Estatz de Brabant qui luy ont accordé une rente de deux mil florins par an. »

Chart. de Thouars. P. pap.

III

1588, 8 décembre. La Rochelle. — *Décharge par Henri de Navarre, au S^r de La Corbinière, pour poudre et boulets achetés lors du siège de Vouvant par Claude de La Trémoille.*

« Henry, par la grâce de Dieu, roy de Navarre, premier prince du sang, premier pair de France, gouverneur et lieutenant général pour le roy, en Guienne et Poictou, à tous qu'il apartiendra, salut.

« Scavoir faisons que, sur la requeste à nous présentée par nostre amé et féal conseiller, procureur général de nostre party, le S^r de La Corbinière, qu'au mois de febvrier dernier, nostre cher et bien amé cousin le S^r de La Trémoille, ayant assiegé et battu de canon la ville de Vouvant et maison forte de La Coutandière en Poictou, qu'il auroit prinse d'assault, après avoir enduré plusieurs coups de canon, pour lesquelz coups fournir, oultre les boulletz et pouldres menées de ceste ville devant la dicte ville de Vouvant, ledict de La Corbinière, ayant seul la charge de l'artillerie et des vivres, auroit, par l'advis et commandement de nostredict cousin, envoyé en dilligence en la presente ville, le dix neufième dudict febvrier, achapté six vingtz balles pour les deux grosses piéces de canon estantz au dict siége, et un millier et demy de pouldre fine, n'y ayant lors à canon en la dicte ville, le tout ayant esté emploié, voires tiré, jusques à la dernière piéce, tellement que lors que ledict assault fut donné il ne restoit ne pouldre, ne boulletz, fortz de deux petittes piéces ; et pour faire ledict achapt, ledict de La Corbinière auroit prins de Me Pierre Varenne, recepveur commis au tablier et recepte par nous estably à l'Herbregement-Idreau audict Poictou, aussy par l'advis de notre cousin, la somme de cinq cens quatre vingts quatre escuz, de laquelle il auroit faict la promesse, dont il nous a suplié estre deschargé et que le dict Varenne en demeure quicte.

« Veu en nostre dict conseil la dicte requeste, où estoit nostre dict cousin le S^r de La Trémoille, qui a certiffié le contenu en icelle estre véritable, ensemble les s^{rs} des Bessons et Boisdulis estantz en nostre dict conseil et qui estoient aussy au dict siége et prinse de La Coutandière, avons deschargé et deschargeons ledict de La Corbinière de la dicte somme de cinq cens quatre vingtz quatre escuz par luy receuz dudict Varenne et emploiez en l'achapt des dictes pouldres et balles, vallidé et vallidons ce qui a esté par luy pour ce regard faict et negotié, sans qu'il soit tennu porter l'employ et despence par le menu tant de ladicte somme que des ditz pouldres et boulletz, ne autres descharge que ces présentes qui serviront aussy partout d'acquit vallable audict Varenne, rapportant lesquelles, avecq la promesse qu'il a dudict de La Corbinière, voullons ladicte somme de cinq cens escuz estre passée et allouée en ses comptes par les auditeurs d'iceulx ausquelz est mandé le faire sans difficulté.

« Donné à La Rochelle, le huictiesme jour de décembre mil cinq cens quatre vingtz huict.

« HENRY.

« Par le roy de Navarre, premier prince du sang, premier pair de France

« DE LOMENIE. »

Orig. parch.

IV

1592. — Lettre de du Molin à Madame de La Trémoille.

« Madame, le voyage de S¹ Jehan est si necessaire qu'il ne le fault plus retarder pour les raisons que le porteur vous dira, ayant prins confidence de luy qui est né vostre serviteur. J'ay conferé avec luy plus avant de ce que je desire que Monseigneur, vostre filz, face pour l'establissement de ses affaires. Aultrement je crains qu'il soit enfin deceu selon la lumiere que j'ay de deça et de l'humeur de la sayson dont le mal est quasi incurable. Je n'ay rien en ce monde plus à cueur que le salut de ses affaires et de ceulx qui vous touchent de si près ; touttes les actions de mon ame y sont tendues et n'ay contentement qu'à vous y faire service fidellement. Madame d'Uzès [1] vous baise humblement les mains ; elle desire vous communicquer de grandes intelligences en ce long séjour qu'elle fera en ce pays. Elle ayme unicquement vostre maison, speciallement Monseigneur vostre filz. Je luy ay promis, Madame, de vous donner advis, comme elle le veult perpetuellement aymer comme son filz et l'advantager par adoption qu'elle le veult marier en lieu dont il tirera ung million d'or, à une damoyselle bien née, belle et vertueuse et dont le pere est honoré de reputation, de creance et de gloire, en ung beau gouvernement qui luy seroyt ung jour acquis, qu'elle a la puissance de conduire ce maryage à sa perfection et au contentement de vous, Madame, et de tous les vostres, en quoy elle promet beaucoup d'ailleurs, n'ayant point d'enfans. — Vous adviserez sur cela, Madame ; car je me trouve obligé de luy en faire quelque response, ayant promis de vous en escripre si particulierement, elle veult s'asseurer de moy et croyt de moy plus que je ne puys. Honorez moy, Madame, de la continuation

---

1. Sur ce personnage, voir un récent article de M. de La Ferrière dans la *Rev. Nouvelle.*

de voz bonnes graces et vous souvenez de mes services, car je seray toutte ma vye,

« Madame,

« Vostre tres humble et tres affectionné serviteur,

« Du Molin. »

V

1594, 19 janvier. Nantes. — Ordonnance d'Henri IV pour les préséances.

« Le roy ayant voulu en la ceremonye qui s'est faicte pour entendre la plainte de la royne douarière, vefve du feu roy dernier decedé, que Dieu absolve, estre assisté de messieurs les officiers de la Couronne et entre autres de messieurs les mareschaux de Matignon et de Bouillon en leur qualité de mareschaux de France, Sa Majesté leur a commandé de prandre leur rang et séance selon leur ordre et reception en leurs dictes charges, sans que cela leur puisse nuire ne préjudicier à l'advenir au rang que ledict sieur duc de Bouillon et monsieur de La Trimouille pretendent leur apartenir par dessus messieurs les mareschaulx de France, à cause de leurs qualitez de ducs, et a declaré qu'elle entendra tousjours volontiers les raisons qu'ilz vouldront alléguer pour la conservation du droit qu'ilz pretendent en la dicte préséance, pour y apporter tel réglement qu'elle verra estre nécessaire, et cependant sa dite Majesté m'a commandé leur délivrer le présent acte qu'elle a voulu signer de sa propre main, icelluy faict contresigner par moy son conseiller et secrétaire d'estat.

« Faict à Nantes, le xix[e] jour de janvier mil v[c] quatre vingtz quatorze.

« Henry.

« Ruzé. »

Ch. de Thouars. O. parch.

VI

1595, août. Lyon. — Érection de Thouars en pairie.

« Henry par la grâce de Dieu roy de France et de Navarre, à tous présens et à venir salut.

« Nous estant tousjours disposé, le plus soigneusement qu'il nous a esté possible, à recongnoistre envers Dieu les grandes bénédictions et assistances qu'il luy a pleu nous départir pour la conservation de nostre royaume, nous voulons aussi laisser à la postérité des marques éternelles du désir que nous avons de recongnoistre les grands, signalez et recommandables services qui nous ont esté faictz, en ceste longue et périlleuse guerre, par les princes de nostre sang et les seigneurs, qui n'ont espargné leurs biens ny leur vie pour nous ayder à restaurer cest estat et nous ayder à le délivrer de la servitude de laquelle il estoit menacé par les estrangers, anciens ennemys de ceste couronne. Entre lesquelz nostre très cher et très amé cousin Claude de La Trémoille, duc de Thouars, ayant tousjours paru imitant la générosité, prouesse et fidélité de ses ancestres, mesmes de feu Loys s^r de La Trémoille, [son] trisayeul, qui estoit lieutenant général du roy Charles VIIIe en la bataille de Sainct-Aulbin, et en la journée de Marignan et depuis en celle de Pavie, combattant près de la personne du roy François Ier, nostre très honnoré seigneur et ayeul, fut tué, comme avoit esté en la susdicte journée de Marignan Charles de La Trémoille, prince de Talmond, son filz. Depuis lesquels tous ceux qui sont descenduz d'eulx auroient tousjours continué la mesme affection et obéissance envers noz prédécesseurs, pour la conservation et grandeur de ce royaume, dont ilz ont laissé de très grands tesmoignages ; desquelz nostre très honnoré seigneur et frère le feu roy Charles IXe en auroit perpétué la mémoire, s'estant représenté ceux qu'il auroit pareillement receus de feu nostre cher et amé cousin Loys de La Trémoille, père dudit Claude de La Trémoille, ayant par lettres patentes du mois de juillet mil V cens soixante trois, leues et publiées en nostre court de Parlement le vingt uniesme jour d'octobre audit an, érigé ledit duché de Thouars aux mesmes dignitez, honneurs, prérogatives et prééminances dont ont accoustumé jouyr les autres ducz de nostre royaume, tant en justice, séeance et jurisdiction, faictz d'armes, assemblées qu'autrement, ainsy qu'il est amplement porté par les lettres de chartre de nostredit feu seigneur et frère ; lesquelz exemples domesticques ont tellement animé nostredit cousin dès sa première jeunesse que, tant auparavant nostre advènement à la couronne que depuis, nous l'avons tousjours eu à noz costez aux plus dures et périlleuses rencontres que nous avons eu de nos ennemys et en deux grandes batailles dont Dieu nous a donné la victoire, mesme en ceste signalée journée d'Ivry. Ayans aussi mis en considération que nostredit cousin, outre les susditz mérites, nous attouchant de si près, est digne d'estre honoré, avec la qualité de duc, de celle de pair de France, ce qui fera à jamais congnoistre en quelle recommandation nous avons eu noz bons et fidelles subjects qui se sont maintenuz en nostre obéissance, mesmes ceux qui nous attouchent de si près comme faict nostredit cousin ;

« Sçavoir faisons que nous, pour ces causes et autres bonnes considérations à ce nous mouvans et par ce qu'ainsy nous a pleu et plaist estre faict, de nostre certaine science, pleine puissance et auctorité royale, avons audit duché de Thouars uny et incorporé, unissons et incorporons la qualité de Pair de France ; laquelle qualité nous avons créée et érigée, créons et érigeons, par ces présentes signées de nostre propre main, aux mesmes nom, droictz, dignitez et prééminances que les autres duchez et pairies de France.

« Voulons et nous plaist que ledit duché et pairie de Thouars, ses appartenances et deppendances, soit d'ores en avant dit et appelé Duché et Pairie de Thouars, et qu'en cestedicte qualité nostredit cousin de La Trémoille le puisse tenir et en jouyr et user par luy, ses hoirs, successeurs masles, perpétuelement et à tousjours, à telz et semblables droictz, honneurs, auctoritez, privilèges, prééminances dont ont accoustumé de jouyr et user les autres ducz et pairs de nostre royaume, soit en justice, séeance et jurisdiction, faictz d'armes, assemblées de nobles ou autrement. Et laquelle duché et pairie de Thouars, ses appartenances et deppendances, nous avons d'abondant en tout cas distraicte et exemptée, distrayons et exemptons, par cesdictes présentes, des ressortz et jurisdictions de nostre sénéschal de Poictou, ses lieutenans généraux et particuliers, ensemble de tous autres juges et ressortz, fors et excepté des cas royaux dont la congnoissance appartiendra aux juges ausquelz la cause en appartenoit auparavant la présente création et érection. Et ce faisant, que la justice soit administrée audit duché et pairie de Thouars, et autres villes en deppendantes, par les juges et officiers de nostredit cousin; les appellations desquelz ressortiront en nostre court de Parlement de Paris, sans que nostredit séneschal de Poictou, sesditz lieutenans ny autres en puissent pretendre aucune court, jurisdiction et congnoissance, sinon ès susditz cas ; et à la charge que nostredit cousin, ses descendans masles, tiendront ledit duché et pairie de nous, à cause de nostre couronne de France et de nostre chasteau du Louvre, à Paris, aux charges anciennes et accoutumées et sans aucun accroissement d'icelles. Et seront les vassaux dudit duché et pairie tenuz noblement ou roturièrement d'icelles baronnies, terres et seigneuries, en faisant les hommages et baillant les dénombremens, adveuz et déclarations par escript, et à tous les actes, généralement quelconques, tenuz et abstrainctz doresnavant de nommer, advouer et recongnoistre nostredit cousin et ses descendans masles ducz et pairs dudit Thouars, et reprendront d'eulx leursditz fiefz à cause dudit duché et pairie; et lequel nostredit cousin sesditz hoirs et successeurs masles tenans ledit duché et pairie de Thouars, seront intitulez et nommez ducs et pairs en tous actes et instrumens, soit ès foy et hommage qu'ilz presteront et qui leur seront prestez, en leurs papiers terriers, censiers et tous autres actes quelconques. Et en défault d'hoirs et descendans masles, demeurera ladicte pairie esteinte et ladicte terre en tel estat qu'elle estoit auparavant les présentes, qui seront pour non faictes et non advenues, sans que par le moyen de nostre présente érection et de nostre édict faict à Paris au mois de juillet V cens soixante six, sur l'érection des terres et seigneuries en duchez, marquizats et comtez, et réversion et réunion d'iceux à la couronne de France, en défault d'hoirs masles, on puisse prétendre ores ne pour l'advenir, en défault d'hoirs masles en ladicte maison de La Trémoille, ledit duché et pairie estre réuni à nostre couronne, et sans que nous ou noz successeurs Roys puissent audit cas vindicquer ledit duché; auquel nostredit édict, attendu les causes susdictes, nous avons, pour le regard de nostredit cousin et ses successeurs et ayans cause, masles ou femelles, derrogé et derrogeons par ces présentes; sans laquelle derrogation nostredit cousin n'eust accepté nostredit présent don, grâce et libéralité, ne consenty en aucune chose à la présente érection et création; et soubz ceste charge et condition nous a faict et presté lesdictes foy et hommage et serment de pair, auquel et à la condition et charges susdictes nous l'avons receu comme dit est, et non autrement, le tout sans tirer à conséquence pour autres.

« Si donnons en mandement, par ces présentes, à noz amez et féaux les gens de noz courtz de Parlement, chambre de noz comptes à Paris, présidens et trésoriers généraux de France au bureau de noz finances estably à Tours et Poictiers, au sénéschal de Poictou, Anjou, Touraine, leurs lieutenans et gens tenans les siéges présidiaux en chascun desditz lieux, et à tous nos officiers, justiciers et à chascun d'eulx si comme il appartiendra, que noz présens création, érection, establissement de pairie et union d'icelle audit duché, ilz facent lire, publier et enregistrer, et tout le contenu en cesdictes présentes garder et observer inviolablement de poinct en poinct, selon leur forme et teneur, et en faire jouir et user nostredit cousin Claude de La Trémoille et les siens, comme dit est, ensemble sesditz vassaux et subjects, cessans et faisans cesser tous troubles et empeschemens au contraire; et à ce faire, souffrir et obéir contraignent ou facent contraindre tous ceux qu'il appartiendra, par toutes voyes et manières deues et raisonnables. Car tel est nostre plaisir, nonobstant quelzconques édictz, ordonnances, mandemens, restrinctions, statuz et autres choses à ce contraires, ausquelz, et à la derrogatoire de la derrogatoire y contenue, nous avons de nostre grâce spéciale derrogé et derrogeons par ces présentes, sauf en autres choses nostre droict et l'autruy en toutes.

« Donné à Lyon, ou mois d'aoust, l'an de grâce mil cinq cens quatre vingtz quinze, et de nostre règne le septiesme.

« HENRY.

« Par le roy : FORGET.

« Leues, publiées et registrées, oy le procureur général du Roy et ledit de La Trémoille, receu duc et pair, pour jouir du tiltre et prérogatives, sans préjudice de la réunion au dommayne de la couronne prétendue par le procureur général du Roy du vicomté de Thouars ; et prononcé en Parlement, le dix septiesme de décembre l'an mil cinq cens quatre vingtz dix neuf.

« Du Tillet. »

Chartrier de Thouars.

VII

1596, 2 juillet. Thouars. — Lettre de Claude de La Trémoille au Connétable Henri de Montmorency.

« Monsieur, j'ay su par Madame vostre sœur l'honneur que vous me faiste d'avoir agréable la recherge que je fais de madamoiselle de Toré. Sella ne me pœut pas rendre davantage vostre serviteur, mais bien m'oblige si étroitement à vostre servise que je reconnois vous devoir plus quà personne qui vive. Elle me faist sest honneur de me mander sertaines difficultés que vous faiste, je luy en mande mon avis si conforme à la raison que je me promès, Monsieur, que vous jugerés que je ne le puis aultrement, me promettant tant de vostre bon naturel que vous surmonterés sertaines formalités indifférantes à Madamoiselle de Toré, mais fort importents à mon particulier. Trouvès bon, Monsieur, que je ne fase rien qui blese ma consciense, mon honneur et ma créanse. Vous pouvés tirer des servises de moy, ses trois point conservés, aussi fidelles et aussi utiles que d'aultre parent que vous ayés. Monsieur, faistes moy tour de père et croyès qu'en mobligent je n'en seray ingrat. Je vous ay fort particulièrement faict entendre par Bouron se qui se passe à Loudun, qui m'empeschera de vous en dire rien par setre lettre, sinon que mes travaux pourront un jour servir à l'estat et au soutien de vostre maison. Faiste moy sest honneur de prendre un pœu de soin des affaires de cœux de la religion, vous resouvenant des servises cavés resu d'œux, et pois — qui portent au mintien de l'état et de vostre hotorité — contre les anemis de vostre maison, sest un faict auquel vous devès penser; car je vous jure qui n'est plus posible de mintenir les chosses en l'estat qu'elles sont, comme je l'ay escrit au roy et à vous, je recevray tres grand déplaisir lorsque les affaires ne se termineront à vostre contantement. Je y travailleray, espèrant que la venue de Mr le présedent de Tou aporte quelque bon acheminement, pourvœu que les effais suivent desquels nous avons grand besoin. Le barbe que maves donné est le meillœur et le plus beau cheval de Franse, j'oseray vous dire que vous n'en avés pas un à vostre escurie plus beau ; il se metteroit à aller de lair de largentin, ayant des ailes comme il avoit autant de disposition. Mais que les revoyés, vous le jugerés trop beau pour moy. Je vous baise très humblement les mains, Monsieur.

« De Touars, ce 2 juillet

 « Vostre très humble nevœu et serviteur,

 « Claude de la Trémoille. »

Bibl. nat. Mss. f. franç. 3551, fol. 88.

VIII

1597, 21 septembre. Châtellerault. — *Lettre de Claude de La Trémoille au connétable Henry de Montmorency.*

« Monsieur, souden que j'ay reseu le commandement du roy, j'ay faict partir le régiment de [*en blanc*] pour aller trouver Sa Majesté, se que j'usse moi mesmes faict sens un extrême maladie que j'ai qui m'en a empesché. Je vous assure, Monsieur, que mon mal n'est point si grand que le déplaisir que j'ay de ne pouvoir estre en une si bonne et importante occasion. Si Dieu m'en donne la forse je prenderay la poste, m'asurant que je trouveray un cheval en vostre écurie pour estre le jour de la bataille après vous. Se gentilhomme vous fera entendre tout se qui se passe ysy et comme toutes choses sont au contentement du roy. Je vous supplie très humblement me conserver vos bonnes grasses et vous assurer que je seray toute ma vie

« Vostre très humble nevœu et serviteur

« Claude de la Trémoille.

« De Chastellerost le 21 septembre. »

Bibl. nat. Mss. f. franç. 3551, fol. 86.

IX

Vers 1597. — Instruction pour le s^r de Bourron.

« Premièrement, fera entendre au roy qu'ayans sceu par quelcun de mes amis que Sa Majesté avoit trouvé mauvais de ce qu'il n'avoit esté parlé du mariage de madamoiselle de Nassau et de moy, m'estimant si mal advisé que de vouloir rechercher une estrangère sans le commandement et permission de Sa Majesté, j'ay creu estre de mon devoir de lui despescher le s^r de Bourron pour lui dire

« Que c'est la vérité que mons^r de Bouillon a envoyé le s^r de La Forest pour ses affaires particulières en Hollande et que je l'ay prié de scavoir si madame la princesse d'Orange et monsieur le prince Maurice auroyent agréable que je recherchasse madamoiselle de Nassau.

« Ce qu'ayant sceu, devant que d'y envoyer de ma part, je n'ay voulu manquer de supplier très humblement Sa Majesté de me permettre de prendre ceste alliance.

« Representera à Sa Majesté que de plusieurs autres alliances qui se sont présentées, j'ay creu que celle là lui debvoit estre la plus agréable pour ne m'embrouiller en aucune des factions de ce royaume, et n'y avoir rien en ceste alliance que la grandeur de leur maison, et d'avoir une femme bien nourrie et de mesme religion que moy, et que je deppends tellement des volonté de Sa Majesté que je ne voudroys pour rien du monde faire chose qu'il luy fust désagréable.

« Il dira d'ailleurs toutes les raisons qu'il pourra pour monstrer au roy que je n'ay point d'interest particulier, et que je me suis absolument résolu de dependre de ses volontés.

« Si le roy luy parle du voyage du s^r de Saint-Germain ou quil n'en scache pas le nom le nommant le s^r de Chaligny, luy dira que je luy ay commandé d'asseurer Sa Majesté qu'il ne s'y est rien fait au préjudice de son service et que ce voyage n'a esté seulement fondé que pour empescher que les actions de ceux de l'assemblée ne fussent calomniées envers les estrangers, comme les lettres qui avoyent esté escrites de sa cour tant en Angleterre que ès Pays Bas chargoient la dicte assemblée de grande calomnie.

« Que Sa Majesté doit faire cest honneur à M^{rs} les ducs de Bouillon, de La Trémoille et du Plessis de croire qu'ils ne sont si peu affectionnés à son service que d'avoir voulu estre tesmoins d'une depesche qui eust peu offenser Sa Majesté, laquelle scait mieux que nul autre qu'en pareilles occasions les églises de France ont tousjours informé les estrangers qui sont de mesme confession qu'eux de leurs justes et necessaires procédures.

« Voirra le s^r Aydemont auquel il ne dira rien parlant de nos affaires qui monstre foiblesse et luy monstrera nostre union la plus ferme et la plus solide qu'il pourra, et nos moyens capables de se deffendre en cas que ce mal arrivast.

« Apprendra du dict Aydemont l'estat de l'affaire pour laquelle il est venu en court.

« Luy parlant du traicté d'Espagne, luy dira que nous l'estimons utile à la Crestienté pourveu que la royne d'Angleterre et les autres princes qui y sont interressés y interviennent.

« Apprendra dudict s^r Aydemont s'il luy est possible l'estat auquel est le dict traité d'Espagne.

« Fera voir, passant à Saumur, à Mʳ du Plessis la présente instruction le suppliant d'y adjouster ou diminuer ce qu'il y trouvera à propos. »

Ch. de Thouars. P. pap.

X

1597, 23 octobre. Oldenzeel. — Le prince d'Orange donne pouvoir à Louise de Coligny de traiter en son nom le mariage de sa sœur avec Claude de La Trémoille.

« Nous Maurice, prince en Orange, conte de Nassau,... gouverneur et capitaine général du pays et duché de Gueldres... admiral de la mer, à tous ceulx qui ces présentes noz lettres patentes verront, salut. Comme ainsi soit que, depuis quelque temps en ça, se soient présentées diverses communications et entreparlers de future alliance et mariage entre hault et puissant seigneur Claude de La Trimouille, duc de Tuars, prince de Talmont,... et nostre très chière et très aimée sœur damoiselle Charlotte Brabantine, princesse au dict Orange, contesse de Nassau,... fille de feu très hault et puissant prince Guillaume, par la grâce de Dieu, prince d'Orange, conte de Nassau, nostre très honnoré seigneur et père, et de très haulte et très illustre feue dame Charlotte, duchesse de Bourbon, princesse d'Oranges, contesse de Nassau,... lesquelles communications se seroient avancez jusques à là que pour en conclure et arrester il convienne d'entrer en ultérieure conférence sur les points et articles d'un traicté antenuptial, à l'honneur et la gloire de Dieu et au contentement du dit seigneur et damoiselle princesse, à laquelle conférence ne pouvans, ainsi que le vouldrions bien, nous trouver et y vacquer en personne, tant à cause de noz gouvernemens et charges publicques qu'aultres urgens affaires et empeschemens.

« Scavoir faisons que, pour ne faillir en rien à l'amour et affection singulière que portons à nostre dicte très aimée et très chière sœur, et pour de notre part assister à l'avancement de ladicte alliance et faire paroistre combien elle nous est aggréable, avons prié, requis, député et commis,... haulte et très illustre dame Loyse de Colligny, princesse douaigière dudict Orange, contesse de Nassau,... notre très honnorée et très chière belle-mère, pour entendre, deliberer, resouldre et conclure de et en tous poincts, concernans le dict traicté antenuptial, avec très hault et très puissant prince le duc de Montpensier, cousin germain maternel de notre dicte bonne sœur,... et que ledict traicté conclu et arresté, il plaise à notre dicte très honnorée et très chière belle-mère, à la solennisation du dict mariage, et le festin des nopces, estre, tenir place et furnir à notre dicte très chière et bien aimée sœur, de bonne mère, en notre nom.....

« Faict au camp devant la ville d'Oldenzeel, le 23e jour du mois d'octobre, l'an xve quatre vingtz et dix sept.

« MAURICE DE NASSAU. »

Ch. de Thouars. O. parch.

XI

« 1597, 23 octobre. — Contrat de mariage de « très hault et très puissant seigneur, monseigneur Claude de La Tremoille, duc de Thouars, pair de France, prince de Talmond, comte de Guynes, Benon et Taillebourg, baron de Sully, Mauléon, Doué, Montaigu, L'Isle-Bouchard, Berrie, Didonne, Meschère, Rochefort, etc., conseiller du roy en ses conseils d'estat et privé, capitaine de cent hommes d'armes de ses ordonnances, et filz de très hault et très puissant seigneur Loys de La Trémoille, duc de Thouars,... et de très haulte et très puissante dame, madame Jehanne de Montmorancy, duchesse de Thouars... assisté de très hault et très puissant seigneur, monseigneur Henry de La Tour, duc de Bouillon, prince souverain de Sédan,... et de très hault et très puissant seigneur Henry, comte de Colligny, seigneur de Chastillon, admiral de Guyenne, d'une part », avec « très haulte et très illustre princesse madamoiselle Charlotte-Barbantine de Nassau, princesse en Oranges, comtesse de Nassau, etc., fille de feu très hault et très puissant prince Guillaume, par la grâce de Dieu, prince d'Oranges, comte de Nassau, etc., et de très haulte et très illustre princesse feue madame Charlotte de Bourbon, princesse d'Oranges, comtesse de Nassau, etc., assistée de Loys de Chezelles, escuier, seigneur du Perron », procureur de Henri de Bourbon, duc de Montpensier, « et de très haulte et très illustre madame Loyse de Colligny, princesse douairière du dict Oranges, comtesse de Nassau, etc...

« Faict au camp devant la ville d'Oldenzeel, le 23 octobre 1597. »

Ch. de Thouars. Cop. pap.

XII

« 1599, 3 décembre. Paris. — « Le roy... désirant bien et favorablement traiter la dame de La Trémoille, duchesse de Thouars », lui permet de « faire porter harquebuze en l'estendue de toutes ses terres par telz de ses serviteurs domestisques que bon luy en semblera, pour en tirer aux oyseaux de rivière, loups, renardz, blereaux, bizetz et autre gibier non deffendu par les ordonnances. »

« (Signé) Henry, (et contresigné) Potier. »

Ch. de Thouars. Orig. parch.

XIII

1604, 26 mars. — Testament de Claude de La Trémoille (Extraits).

« Au nom du Père, etc. Nous considerans la mizère hummaine et qu'il est ordonné à tous hommes de mourir, avons de notre propre mouvement et inspiré par la grâce et miséricorde de Dieu, faict... notre testament... comme il s'ensuit, ascavoir que nous croions de cœur et confessons de bouche que Dieu, créateur de toutes choses, s'est reconcillié les hommes et a parfait notre sallut par la mort et passion de son filz bien aimé, nostre saulveur et rédempteur Jésus-Christ, nom bien heureux et auquel les Prophetes et Apostres rendent tesmoignage que par icelluy nous avons sallut en vie éternelle ; nous croyons et confessons que la vraie et parfaitte religion en icelluy Jésus-Christ, nostre saulveur, est celle de laquelle les églizes reformées de France font proffession, à la connoissance de laquelle nous avons esté appellez par la grâce et miséricorde que Dieu nous a faitte ; protestons, moiennant la mesme grâce, de perseverer jusqu'a la fin de noz jours, voullons et commandons en aucthorité de père à noz chers enfants de vivre et mourir en la mesme proffesion et religion, hors de laquelle il n'y a point de sallut, et que lorsqu'ilz seront en aage de se marier de ne s'allier à d'autres personnes, quelqu'aventage qu'humainement ilz en pourroient recevoir, qui ne facent ouverte profession de la religion reformée en France, sur peine de ma malédiction ; et sur les mesmes peines leur commandons de porter tout honneur, respect et obéissance à ma chère et bien aymée femme, leur mère, sa piété et vertu nous estants tellement connües et en sommes sy parfaittement persuadez que nous ordonnons et voullons qu'après nostre mort, elle ait la tutelle, gouvernement et administration de nostre bien aymé filz aisné et principal héritier et de noz autres enfants... Nous luy avons donné et donnons par ces présentes, par don et donnation perpetuelle et aux siens, tous noz biens meubles... avecq la tierce partie de tous noz propres domaines et héritages...

« Nous voullons et ordonnons que les pensions des ministres et proposants soient payées, selon qu'ilz sont maintenant, et que les fermiers et receveurs soient chargez de les acquitter préferablement à toutes autres assignations, et après que le proposant qui est à présent aux escolles aura parfaict ses estudes et sera appellé au ministère, qu'il en soit mis ung en sa place, aux mesmes gages et pensions que celuy qui est à présent entretenu et ainsi estre faict successivement, ce que nous enjoignons à nostre espouze, et après elle à nostre principal héritier et à noz autres enfants, car il n'est pas possible d'avoir bénédiction de Dieu sy l'on n'a soing que Dieu soit servy, car il fault que ce soing aille devant tous autres.....

« Et advenant vaccation des cappitainneries de noz chasteaux et places fortes, nous voullons estre pourveu de personnes faisans profession de la religion reformée, dont la fidellité au service de Dieu et de ses églizes soit connue.....

« Nous deffendons que les munitions de guerre, pièces d'artillerie, armes et toutes autres choses servants à la garde de noz places fortes soient vendues pour quelque occasion que ce soit...

« Ce jourd'huy, vendredi, xxvi⁰ jour de mars mil six cents quatre...

« J'ordonne aussy que Hannibal sera entretenu au collège jusque en l'eage de seize ans, et puis sera envoyé en Hollande porter les armes, entretenu en gentilhomme et reconnu pour mon filz naturel, auquel j'ordonne en le mariant six mille livres... »

Ch. de Thouars. Cop. pap.

XIV

1604, 26 octobre. Thouars. — Ouverture du testament de Claude de La Trémoille.

« Aujourd'huy, vingt sixiesme jour d'octobre l'an mil six cens quatre, sur l'heure de midy dudict jour, très haulte et très puissante personne madame

Charlotte de Nassau, princesse en Orange, vefve de feu très hault et très puissant messire Claude de La Trémoille, vivant duc de Thouars, pair de France, prince de Talmond, comte de Guynes, Benon et Taillebourg, advertye que messieurs Mre Philipes de Mornay, chevalier, sieur du Plessis-Marly, cappitaine de cinquante hommes d'armes des ordonnances du roy, gouverneur pour Sa Majesté à Saumur, messire Odet de La Noue, chevalier, sieur dudit lieu, du Chastellier, de Monstreuil-Bonnyn, messire Gabriel de Poulignac, chevalier, sieur de Sainct-Germain, et Théodoze *(sic)* Agrippa d'Aubigné, escuier, sieur dudit lieu et de Mursay, tous amys dudict deffunct et qui se sont trouvez à son déces, advenu en ceste maison et chastel de Thouars, le jour d'hier, à une heure après mynuict, estoient en déliberacion de partir de ladicte maison pour se retirer, elle les a envoyé supplier de surçeoir leur département jusques après l'ouverture du testament dudict seigneur deffunct, lequel elle leur a envoyé clos et seellée par Me Nicolas du Monceau, conseiller et secrétaire de mondit seigneur et dame, par lequel elle les a suppliez de voulloir faire ouverture dudict testament avecq les formes et solempnitez en tel cas requises, et lequel testament la dicte dame a déclaré avoir trouvé en une boiste ou cassette que ledit deffunct son seigneur et mary luy avoit baillé à garder; lesquelz dessus nommez ayans veu le dict testament clos et seellé et superescript des deux costez Claude de La Trémoille, ont mandé Mes Pierre Pelleus et Mathurin de Marnay, notaires audict duché et pairie de Thouars, en la présence desquelz a esté faict acte de la forme dudict testament et ouverture d'icelluy. En foy et assurance de quoy ladicte dame et les dicts sieurs susnommez ont signé ces présentes pour servir en temps et lieu auquel appartiendra par raison.

« Faict au chastel de Thouars, les jour et an susdictz : Charlotte de Nassau. — Philippes de Mornay. — Odet de La Noue. — Gabriel de Polignac. — A. d'Aubigné.

« Du Monceau. »

Chartrier de Thouars. Orig. pap.

XV

1605, 13 avril. Thouars. — Inventaire des bijoux et de la vaisselle plate de Claude de La Trémoille.

« L'an de grace mil six cens cinq et le mercredy treziesme jour d'avril, nous, Loys de Saincte-Marthe, escuier, docteur en droictz, conseiller du Roy nostre sire, lieutenant general en la seneschalcée et siege presidial de Poictou,.. nous sommes transportez de la ville de Poictiers, nostre demeure ordinaire, en la ville et chasteau de Thouars... pour procedder à l'inventaire des meubles et tiltres et apreciation desditz meubles demeurez du decedz de deffunct tres hault et illustre Claude de La Trémoïlle, duc de Thouars, pair de France, prince de Thalmont; auquel lieu aurions trouvé tres haulte et illustre princesse madame Charlotte de Nassau, princesse en Oranges...

« Premierement

« I. Une chayne de cristal avec gerbes d'or esmaillé, aretiée par ledict Bouchereau [1] à la somme de deux cens livres tournoys, cy.............. IIe l. t.

« II. Douze noeudz esmaillez de gris garny de douze petits diamans, scavoyr une roze au millieu de sept et quatre à l'entour, apretiez à la somme de mil quatre vingtz dix livres, cy........................ M IIII^{xx} x l. t.

« III. Ung grand' diament en triangle, qui est d'ancienneté à la maison, apretié à quatre mil cinq cens livres tournoys, cy.................. IIII^M v^c l. t.

« IIII. Deux cordes de perles rondes, à raison de six livres pièce lesdictes deux cordes, contiennent le nombre de troys cens perles, apretiées à la somme de dix huict cens livres tournoys, cy........................ XVIII^c l. t.

---

[1]. Anthoine Bouchereau, maître orfèvre, expert et appréciateur pour les bagues, joyaux, vaisselle d'argent.

« V. Une corde de perles d'Escosse contenant sept vingtz troys perles, à raison de quarante solz piece, à quoy elles ont esté apretyées ; se monte la somme de deux cens quatre vingtz six livres, cy.......................... II^c IIII^{xx} VI l. t.

« VI. Une chaine de boutons de parfun contenant cinquante grains, garnis de gerbes d'or esmaillé de gris, estimée la somme de deux cens livres tournoys, cy .... II^c l. t.

« VII. Une chaine de grains d'amatiste, contenant deux cens dix grains, ou il y a entre deux, quatre à quatre, six cens soixante douze perles à l'once, seize gros grains d'amatiste qui les marquent et trante grosses perles qui marquent avecq les grains ; estimée ladicte chayne à trois cens livres tournoys, cy. III^c l. t.

« VIII. Treize pieces de carcans desquelles il y en a quatre de rubiz et neuf de perles, deux à deux, dont il y en a six de perdues, apretiées à la somme de deux cens livres tournoys, cy....,............................. II^c l. t.

« IX. Deux cordes de petittes perles à l'once, estimées la somme de cinquante livres tournoys, cy .... L. l. t.

« X. Six gros bouttons d'or où il y a dix diamans sur chacun bouttons, estimez à la somme de cent cinquante livres chescun, qui est pour lesdictz six bouttons, neuf cens livres tournoys, cy .... IX^c l. t.

« XI. Ung grand nœud d'or esmaillé, gris et vert, au millieu duquel y a ung grand brilland de neuf diamans, estimé à la somme de douze cens livres, cy.. XII^c l. t.

« XII. Une enseigne ronde ou il y a quatre vingtz dix sept diamans, estimez la somme de mil livres tournoys, cy............................... . M. l. t.

« XIII. Une enseigne de diamans et rubiz contenant vingt cinq diamans, comprins celluy du millieu, apretyés à la somme de cinq cens livres tournoys, cy.. V^c l. t.

« XIIII. Cinquante deux petitz brillans, ou il y a quatre diamans sur chescun, estimez la piece vingt livres qui seroit pour le tout la somme de mil quarante livres tournoys, cy........................... .... M XL l. t.

« XV. Une paire de pendans d'oreille en poyre d'emeraulde, estimés la somme de cent cinquante livres tournois, cy............................. CL l. t.

« XVI. Deux escotz d'or ou sont troys dyamans sur chacun, appretiez à la somme de quatre vingtz dix livres tournoys, cy.......... ...... IIII^{xx} X l. t.

« XVII. Ung mirouer d'or avecq une chesne aussy d'or, ledict mirouer esmaillé de zizolin, estimé la somme de cent cinquante livres tournois, cy. cl l. t.

« XVIII. Ung plotton d'or avecq une chaine d'or representant quatre A; à chacun desquelz y a ung rubiz, apretié à la somme de soixante quinze livres tournoys, cy... lxxv l. t.

« XIX. Une boiste à mettre portraict d'or esmaillé de vert, estimée trante livres tournoys, cy.. xxx l. t.

« XX. Une paire de pendans d'oreille de Chastellerault, estimez à la somme de six livres tournoys, cy... vi l. t.

« XXI. Ung saphir viollet en cœur, estimé la somme de cent livres tournoys, cy... c l. t.

« XXII. Une bague d'un cœur de ruby viollet avecq deux petits diamans, esmaillée de vert, estimée la somme de quarante livres tournoys, cy. xl l. t.

« XXIII. Ung bracelet contenant cinquante grains d'or et cinquante perles, apretié à la somme de trante six livres tournoys, cy.............. xxxvi l. t.

« XXIIII. Une paire de pendans d'oreille, à chacun desquelz y a vingt ung diamans; apretié à la somme de quatre cens livres tournoys, cy.... iiii^c l. t.

« XXV. Ung bracelet contenant trante boutons de parfun et soixante perles à l'once, apretié à la somme de douze livres tournoys, cy............. xii l. t.

« VAISSELLE D'ARGENT

qui estoit tant à la panneterye, sommelerie, fruicterye que cuisine, du vivant dudict seigneur duc, trouvée et randue apres son decedz.

« Premierement

« XXVI. Ung bassin d'argent doré en ovalle, marqué des armes dudict feu seigneur duc, poisant sept marcs, une once et demye, cy. vii mars i once et demye.

« XXVII. Ung bassin d'argent doré en ovalle, marqué des armes de la ditte dame duchesse, poisant sept marcs trois onces, cy....... vii mars iii onces.

« XXVIII. Ung bassin rond d'argent blanc, lequel est rompu, marqué des armes de feue madame de La Trémoille, mere de mon dict sieur le duc, poisant six marcs et demy, six gros, cy............ vi mars et demy, vi gros.

« XXIX. Douze grandz platz neufz d'argent, marquez des armes de mondict sieur, poisans quarante troys marcs et demy, cy........ xliii mars et demy.

« XXX. Douze aultres grandz platz neufz d'argent marquez des armes de madame la duchesse, poisans quarante deux marcs, cy.......... xlii marcs

« XXXI. Six grandz platz vieux d'argent, marquez des armes de ladite dame duchesse, poisans treize marcz trois onces, cy......... xiii marcs iii onces.

« XXXII. Dix huict vaisselles moyennes aussy d'argent, marquées des armes de feu mondict sieur, poisans quarante cinq marcs, cy..... xlv mars.

« XXXIII. Dix huict pieces de vaisselle neufves d'argent, marquées des armes de ma dicte dame duchesse, poisantes quarante deux marcs six onces, cy... xlii mars vi onces.

« XXXIIII. Six moyennes vaisselles vieilles, marquées des armes de madicte dame duchesse, poisans dix marcs, cy...................... ... x marcs.

« XXXV. Douze vaisselles de fruicterie d'argent, marquées des armes de feu mondict sieur le duc, poisans vingt ung mars, six onces, cy. xxi mars vi onces.

« XXXVI. Douze aultres vaisselles de fruicterie, marquées des armes de madicte dame la duchesse qui poisent vingt marcs d'argent, cy...... xx marcs.

« XXXVII. Trante deux assiettes d'argent, dont y en a deux rompues, marquées des armes de feu mon dict seigneur le duc, poisans trante deux marcs trois onces, cy................................... xxxii marcs iii onces.

« XXXVIII. Ung cadenas d'argent doré marqué des armes de feue madame de La Trémoille poisant trois marcs, troys onces, deux gros, cy.. iii marcs iii onces ii gros.

« XXXIX. Ung grand cadenas d'argent doré, marqué des armes de feu mon dict seigneur le duc poisent cinq marcs cinq onces, cy..... v marcs v onces.

« XL. Troys sallieres carrées d'argent doré, lesquelles ne sont marquées d'aulcunes armes, poisans neuf marcs deux onces, cy..... ix marcs ii onces.

« XLI. Deux sallieres rondes, une de vermeil doré, l'autre dorée par les bords, poisans ung marc deux onces et demye, cy.. i marc ii onces et demye.

« XLII. Une grande esguiere de vermeil doré, couverte, marquée des armes de feu mondict sieur le duc, poisant six marcs moings deux gros, cy... vi marcs moings ii gros.

« XLIII. Deuz esguieres blanches descouvertes, marquées des armes de feu mondict seigneur qui poisent huict marcs moings troys onces, cy... viii marcs moings iii onces.

« XLIIII. Une esguiere blanche descouverte, marquée des armes de ma dicte dame la duchesse poisant quatre marcs, moings une once, cy... iiii marcs moings i once.

« XLV. Une petite esguiere faicte en vase vermeil doré marquée des armes de ma dicte dame duchesse poisant deux marcs, deux onces, deux gros, cy... ii marcs ii onces ii gros.

« XLVI. Une grande esguiere blanche, marquée des armes de feue madame de La Trémoïlle, poisant cinq marcs, cy...................... v marcs.

« XLVII. Une cuillere dorée, poisant une once, trois gros, cy i once, iii gros.

« XLVIII. Douze fourchettes d'argent blancq, marquées à ung double ƆC, qui poisent ung marc, demye once, cy............... i marc, demye once.

« XLIX. Douze cuilleres d'argent à manche plat, marquées ƆC, poisans deux marcs et demy, cy........................... ii marcs et demy.

« L. Quatre vieilles cuillères dont il y en a deux vermeil doré et deux blanches, poisans quatre onces, six gros, cy................ iiii onces, vi gros.

« LI. Deux flacons d'argent blanc marqués des armes de feu mondict seigneur, poisans neuf marcs, moings deux onces, cy. ix marcs moings ii onces.

« LII. Deux couppes dorées dont une est couverte et l'autre non ; marquée l'une des armes de feu mon dict seigneur le duc et l'autre des armes de ma dicte dame la duchesse, poisans deux mars deux gros, cy... ii marcs, ii gros.

« LIII. Deux essais dorez, l'un grand et l'autre petit ; ung marqué des armes de feu mon dict sieur ; l'autre non marqué ; poisant ung marc, deux onces et demye, cy............................. i marc ii onces et demye.

« LIII. Ung vinaigrier blanc à vase marqué des armes de feue madicte dame de La Trémoïlle qui poise ung marc demye once, cy... i marc demye once.

« LV. Ung aultre vinaigrier d'argent doré faict en piramide, marqué des armes de ma ditte dame la duchesse poisant ung marc deux onces et demye, cy... i marc ii onces et demye.

« LVI. Ung aultre vinaigrier doré sans estre marqué, poisant ung marc, deux onces, cy.. i marc ii onces.

« LVII. Ung coquemard d'argent blancq qui est marqué des armes de ma dicte dame la duchesse poisant un marc sept onces, cy.... i marc vii onces.

« LVIII. Deux grands flambeaux d'argent blanc marquez des armes de ma ditte dame la duchesse qui poisent huict marcs moings deux onces, cy... viii marcs moings ii onces.

« LIX. Ung rechault d'argent marqué des armes de feu mondict seigneur poisant quatre marcs deux onces, cy.... .... iiii marcs ii onces.

« AULTRE VAISSELLE,

dont se servoit particullièrement feu mondict seigneur, trouvée en ses coffres apres son decedz, ladicte vaisselle d'argent :

« LX. Troys flambeaux d'argent à la Romayne, poisant dix marcs, cy.. x marcs.

« LXI. Ung bassin à cracher, poisant deux marcs, moings demye once, cy.. . ii marcs, moings demye once.

« LXII. Une petite esguiere couverte poisant troys marcs et demy, moings demye once, cy.................. iii marcs et demye, moings demye once.

« LXIII. Une bassinouere poisant sept marcs moings demye once, cy.. vii marcs moings demye once.

« LXIIII. Ung boujouer d'argent poisant ung marc, demye once, cy i marc, demye once.

« LXV. Deux petitz chandeliers de cabinet qui poisent ung marc cinq onces, cy... i marc v onces.

« LXVI. Une grand placque qui poise deux marcs deux gros, cy ii marcs ii gros.

« LXVII. Une petite placque poisant un marc, deux gros, cy i marc ii gros.

« LXVIII. Une escuelle à oreille avecq son couvercle qui poise deux marcs moings demye once, cy...................... ii marcs moings demye once.

« LXIX. Ung pot de chambre poisant deux marcs, six onces, cy   II marcs VI onces.

« LXX. Six grandz flambeaux d'argent doré poisans vingt troys marcs deux onces, cy.. XXIII marcs II onces.

« Toutte la dicte vaisselle d'argent cy dessus se monte quatre cens vingt six marcs sept onces, troys gros, apretyé chescun marc dix neuf livres, qui est pour le tout la somme de huict mil cent douze livres sept solz six deniers tournoys, cy.. VIII^M C XII^l VII^s VI^d.
....

« IIII$_{xx}$ IX. Une monstre avecq une chaine d'or apretiée à la somme de quarante cinq livres tournoys, cy............................. XLV l. t. »

Chartrier de Thouars.

XVI

1608, 31 janvier. Paris. — Henri IV remet à la duchesse de La Trémoille les droits qui lui appartenaient à cause de la vente des terres de Meschers et de Didonne.

« Aujourd'huy dernier janvier mil six cens huict, le roy estant à Paris, voullant grattiffier et favorablement traicter madame la duchesse de La Trémoille pour ses mérites, Sa Majesté luy a liberallement accordé et faict don des droictz seigneuriaux qui luy seront deubz à cause de la vente que la dite dame duchesse pretend faire des terres et baronnies de Meschers et Didonne, scises au pais de Xaintonge, appartenans aux enffans de la dicte dame duchesse, à quelque pris et somme qu'ilz puissent monter, relevans les dictes terres et baronnies de Sa Majesté... En tesmoing de quoy sa dicte Majesté m'a commandé luy en expédier toutes lettres nécessaires et icelles faict contresigner par moy son conseiller et secretaire d'estat.

« Henry.

« Ruzé. »

Ch. de Thouars. O. parch.

XVII

1608, juin. Fontainebleau. — Henri IV permet à Charlotte-Brabantine de Nassau de résider en France.

« Henry, par la grâce de Dieu, roy de France et de Navarre, à tous présens et advenir, salut. Scavoir faisons que nous inclinans liberallement à la supplication et requeste qui nous a esté faicte de la part de notre chère et bien amée cousine Charlotte-Brabantine de Nassau, native de la ville d'Anvers en Brabant, veufve de feu notre très cher et bien amé cousin le s^r de La Trimouille, duc de Thouars, pair de France, ayant esgard à la proximité du sang dont nous attouche notre dicte cousine et la maison de laquelle elle est yssue, avons à notre dicte cousine, permis, accordé et octroyé... qu'elle puisse et luy soit loisible résider et habiter en cestuy notre royaume, pais et seigneuries de notre obeissance, tant que bon luy semblera, y avoir, tenir et posséder tous et chacuns les biens meubles et immeubles qu'elle peut avoir ja acquis et pourra cy après justement acquérir, comme aussy succéder à ses parents, tout ainsy que sy elle estoit née dans notre dit royaume, et de recueillir et avoir toutes hereditez, legs, dons et aultres advantages qui luy escherront et seront faictz.....

« Sy donnons en mandement à noz amez et féaux conseillers les gens de noz comptes à Paris, trésoriers généraux de France, etc... que de noz presentes grâce, permission et octroy... ilz facent, souffrent et laissent jouir notre dite cousine, ses héritiers et autres...

« Donné à Fontainebleau, au mois de juing l'an de grâce mil six cens huict et de notre règne le dix neufiesme.

« HENRY. »

Ch. de Thouars. O. parch. scellé du sceau royal.

XVIII

1618, 31 janvier. Sedan. — Lettre de Charlotte-Brabantine de Nassau.

« Haults et puissans Seig^{rs},

« Ayant apris depuis quelques jours de mon fils le duc de La Trimoille que le Roy luy auoit fait l'honneur d'auoir agreable la recherche qu'il a desiré faire de Mad^{le} de Bouillon, j'ay creu estre de mon debuoir d'en aduertir aussytost vos Seig^{rs} lesquelles je crois me feront l'honneur d'y donner leur agreation que j'estime necessaire pour mon contentement à l'accomplissement de ce dessein, ne doubtant nullement que vos Seig^{es} ne le jugeront conuenable, puisque c'est lier de plus en plus deux maisons du tout affectionnées à la prosperité et grandeur de vostre Estat comme elles y sont entierement obligées, et moy particulierement qui ay receu de vos Seig^{es} de sy particuliers tesmoignages de leur bienveuillance en ce dernier voyage, que ie ne puis auoir un plus grand desir que de veoir les miens selon ce qu'ils doibuent se desdier entierement à vostre seruice, comme de leur naissance je les y ay vouez. Je supplie donc bien humblement vos Seig^{es} de conseruer à eux et à moy le bonheur de leurs bonnes graces, et de croire que personne n'est plus desireuse de tesmoigner par toutes sortes de respect et d'obeissance à vos voluntez la recognoissance que i'ay de vos bienfaits, et qui prie Dieu plus ardemment que je suis

« Hauts et puissans Seig^{rs}

qu'il veuille affermir et accroistre vostre Estat et vous conserver en longue et heureuse vie selon le desir de

« Votre plus humble et obeissante à vous faire service

[« Signée] Charlotte Brabantine de Nassau
« duchesse de La Trimoille. »

Copiée d'un manuscrit de la Bibliothèque Royale de la Haye (B 86), intitulée: « Recueil des hauts faicts du duc de Bourgundie », in-folio, sur papier.

XIX

1626. — Lettre de Charlotte de Nassau à Richelieu.

« Monsieur, le desplaisir extresme que j'ay receu de l'action de mon jeune filz attirée, comme j'estime, par le despit qu'il a eu de celle de son frère, m'a donné la hardiesse d'en faire moy mesme la confession et la plainte à la roine, ayant tant esprouvé ses bontez envers moy que j'ay creu qu'elle y supporteroit ceste importunité, puis qu'elle ne procedde que du mal que je ressens de veoir que ce qui est sorty de moy, se soit si temérairement eschappé à mériter l'indignation du roy et la sienne. Cela mesme me porte à vous supplier que vostre mediation me soit une ayde envers elle affin que je ne particippe point au juste couroux que ceste mauvaise action mérite. Toutes confusions ont leurs issues, et souvent les mesmes instruments qui ont servy au mal se trouvent enfin propres aux remèdes, et ce que les hommes ont pensé en mal, Dieu le convertit en bien ; ce que je n'oserois attendre de ceste action si desreiglée, si je ne tournois les yeux vers les tesmoignages que le roy et la reine ont receu de l'assistance de Dieu en toutes leurs entreprises, qui me fait espérer que les choses les plus mauvaises peuvent tourner à l'avantage des affaires de Leurs Majestez. Monsieur, je jette cecy en vostre sein, attirée par les tesmoignages que j'ay receu en toutes occasions de vostre bienveillance, lesquelz je vous supplie ne me poinct desnier en ceste cy, et si vous le jugez à propos, porter voz conseilz à ne le desesperer point, affin que s'il reste encores en luy quelque sentiment des devoirs de la nature, on me reserve le moyen de luy faire sentir sa faulte, et donne pouvoir de m'acquitter des très humbles devoirs et obeissances dont je suis tenue au service du roy, de la roine et bien de cest estat, à la grandeur et prospérité duquel je me recognois si obligée, comme je fays à vous en vostre particullier, pour les continuelles faveurs que j'en ay receu qui me feront souhaitter toute ma vie de vous pouvoir tesmoigner que je suis, » etc

Ch. de Thouars. Cop. pap.

XX

1626. — Instructions de M^r de La Trémoille.

« Le s^r de Pontobré yra droit à Amiens, la saura si on y attend le roy et les reines, pour, si on les attendoit dans un jour, les y attendre, sinon aller par le chemin qu'ils tiendront pour présenter mes lettres à ceux à qui elles s'adressent. Après avoir seu des nouvelles de la santé de Leurs Majestez, verra messieurs les Ambasadeurs d'Engletaire, surtout M^r le conte Carly, affin de luy presenter mes lettres et faire tous les complimens qu'il sait leur convenir ; leur dira que je n'ay pas su l'arivée de M^r le duc de Bouquingant que le jour devant son partemant, qui m'a faict regreter le mien pour n'avoir eu cet honeur de le voir et le depècher pour leur en dire mon déplaisir, leur faire resouvenir que lors que je partis on ne parloit nullement de sa venue; faire qu'après avoir vu mes lettres, il recevra leur comendemant, et en cas qu'il luy face la reverance, fera ce qu'ils luy diront, selon ce que je les en supplie. Aussy le supplier de se resouvenir de l'affaire de madame l'Electrice.

« En particulier, dira à M. le conte de Carly que je suis en extrême peine de le voir partir de France sans voir les affaires de La Rochelle finies. Le supplira que je puisse savoir quelle croyance il en a, s'il croit que les choses iront à la paix ou à la guerre et que je l'ose supplier de me donner ses bons conseils pour mes enfans et s'il n'y a rien que je doive mander à mon fils de Laval sur ce sujet. Voira le secretaire d'estat qui sera là et lui dira que je lui envoye pour aprendre la santé de Leurs Majestez et particulièrement celle du roy. Verra Mr de Boutilier pour savoir l'etat de celle de la reine, sa mère, et de m'avertir s'il y a esperance de madame la marquise de Maury, pour celles de la reine, et ausy pour avoir des lettres pour l'Infante pour lui demander un passeport, comme la reine a fait l'honneur de me le promettre.

« Verra M. de St Georges pour en apprendre de celles de la reine d'Angleterre que ayant su quelque retardement à son voyage, je me suis encore voulu informer de sa santé devant son partement et lui envoye exprès pour cela et pour l'assurer de mes très humbles services.

« Si M^r le conte de Carly lui parle de ma fille, lui dira que je n'oublieray jamais, et aussi au conte de Holland, l'obligation que je leur ay, que j'atenderay à Sedan des nouvelles selon ce qu'ils m'ont parlé et qu'après je me prepare d'aller en Hollande. Saura si les députés de La Rochelle doivent bientot venir et que si on croioit mon fils pouvoir servir à ces acomodemens qu'il attende la dessus, là où il est, les commandemens du roi, que je say bien qu'il ne désire rien que de voir les choses en tel estat que l'autorité du roy demeure en son entier et ses sujets en la liberté qu'il leur a octroyé selon ses édits. »

Ch. de Thouars. Pap.

XXI

1631, 17 août. « Au chasteau de La Mothe de Chasteauregnard ».— Testament de « très haulte et illustre princesse madame Charlotte de Nassau, princesse en Orenge, duchesse douairière de La Trimouille et de Thouars,... en son lict, malade de corps et saine d'esprit. »

Ch. de Thouars. P. pap.

XXII

1631, 19-21 août. Château-Renard. — Inventaire après décès de Charlotte de Nassau, duchesse douairière de La Trémoïlle.

« Ce jourd'huy, dix neufiesme jour du mois d'aoust mil six cens trente ung, au chasteau de la Mothe de Chasteauregnard, est comparu pardevant nous Estienne Venierre, licentyé es lois, advocat en parlement, bailly et juge ordinaire du bailliage de la Mothe de Chasteau-Regnard et de Villegis, maistre Estienne Bourgoing, advocat en parlement, procureur de la seigneurye de la dicte Mothe, lequel nous a remonstré que de nagaire et ce dict jour, environ sur les trois à quattre heure du matin, deffuncte tres haulte et tres illustre princesse madame Charlotte de Nassau, princesse en Orange, duchesse douariere de La Trimoïlle et de Thouars, seroit deceddée audict chasteau de la Mothe où elle faisoit sa demeure depuis peu de temps en sa, et d'aultant qu'il n'y a en ce lieu aulcuns des heritiers de la dicte deffuncte, ains qu'ils sont esloignés de ce pais, estant les ungs en Bretaigne et les aultres en Angleterre, requiere que, pour la

conservation des droictz desdictz heritiers et aultres qu'il appartiendra, il soit fait par nous bon et fidele inventaire des meubles, or, argent, pierres precieuses, bagues, joyaulx, vezeles d'argent, linges et aultres meubles dellaissés par la dicte deffuncte dame ....
....
en presence de tres haulte et tres ilustre princesse madame Amelie de Nassau, duchesse de Landsberc, sœur de la dicte deffuncte dame, haulte et puissante dame, madame Anne de Pollignac, dame de Chastillon, mareschal de France, et madame Françoise de Colligny, vefve feu monsieur de Coudriere... »

« Ce faict, sont comparus devant nous, bailly et juge susdict, en presence que dict est :

« Damoiselle [....] d'Auvilliers, dame d'honneur de la dite deffuncte dame ;

« Damoiselle Marye de Marcilly, damoiselle de la ditte dame ;

« Damoiselle Suzanne Frette, dicte du Mesnil ;

« Charlle de Launay, escuyer de feu Madame ;

« Noble homme P. du Mousseau, secretaire de feu maditte dame ;

« Me Gille Brisseau, argentier de feu Madame ;

« François Benoist, homme de chambre de laditte deffuncte dame ;

« René Brisseau, sommellier ;

« Sipion, escuyer de cuisine ;

« Anthoinette Guillemard, femme dudit Bresseau, argentier, femme de chambre,

« Marie La Touche, femme de garde robe,

« Marie Robert, aussi femme de garde robe,

« et Henri Greffulle, suisse de feu maditte dame...

« ... Une petite cassete fermant à clef, couverte de veslain tanné, qu'elle [la femme Guillemard] a dict estre nommé ung coffre aux piere, » contenant le testament de Charlotte de Nassau.

« Item, s'est aussy trouvé en ladicte cacette ung gros et precieux diament, taillé en fassette et maillé de noir et de blanc, que ladicte femme Brizeau a dict estre celluy qui a esté donné à deffuncte madicte dame par monseigneur de La Trimoulle, son mary.

« Item, ung aultre diament precieux aussy taillé en fassette, en forme de cœur, aussy maillé de noir et de blanc, que laditte femme Brizeau a dict avoir esté donné à feu madicte dame par la Royne Mere [1].

« Item, ung aultre gros diament plain, en table, esmaillé de noir et de blanc, que ladicte femme Brizeau a dict avoir esté donné à feu ma dicte dame par le roy de la Grande Bretaigne [2].

« Item, une boueste de portraict couverte de diamens, estant au nombre de cinquante huict, tant gros que petitz, estans en une boueste de vellours cramoisy.

« Item, une aultre boueste de portraict couverte de diamens, dedans laquelle est le portraict enchassé de la royne de Bouesme [3]; la dicte boueste estant dans une aultre boueste de cuir rouge doré.

« Item, une enseigne de diament double, ayant des diamens de deux faces, qui nous a esté rapporté avoir esté donné à feu ma dicte dame par feu monseigneur l'électeur palatin [4], estant dans une petite boueste de sapin.

« Item, vingt quattre petitz brillantz de diamens, contenant chascun d'iceux quattre diamens, estant sur une carte et dans une boueste de cuir noir doré.

« Item, une boueste d'or esmailé de noir, dans laquelle est le portraict de feu monseigneur le prince d'Orange, pere de feu ma dicte dame.

« Item, une petite placque rondes d'argent, sur laquelle est pinct feu monseigneur l'electeur palatin.

« Item, deux petites tables de rubicq enchassé dans de l'or.

« Item, deux pandelocques de diamens, avec environ à demy le creux de la main, de semances de perles, faisant ung quart d'onces ou environ, qui ont esté trouvés en une boueste de sapin.

« Item, ung brasselet de diamens estant au nombre de quarente huict, qui nous a esté rapporté avoir esté donné à feu madicte dame par la reyne de Bouesme.

« Item, ung collier de grosse perles ronde, estant au nombre de quarente deux.

« Item, deux brasseletz de perles rondes, le premier estant au nombre de

---

1. Marie de Médicis.
2. Charles I.
3. Élisabeth, fille de Jacques I, roi d'Angleterre, mariée à l'électeur palatin Frédéric V.
4. Frédéric V, roi de Bohême.

deux cens dix, qui est le plus petit, et l'autre de trois cens quarente et six ; toutes les dictes perles avec ledict brasselet ont esté trouvés dans une petite boueste de sapin blanc.

« Item, s'est trouvé dans ladicte cacette ung petit sac de thoilles, dans lequel y a cinq quadruples d'Espagne ; cent vingt sept pistolles d'Espagne ; sept pistolles et demye d'Espagnes et vingt solz de monnoyes, faisant en tout unze cens vingt cinq livres.

« Item, s'est aussy trouvé dans une bources de cuir cent aultres pistolles d'Espagne.

« Item, une bource de vellours vert, dans laquelle s'est aussy trouvé cinq quadruples d'Espagne et cent quarente quattre vieux escu d'or.

« Item, a esté tiré de la malle au linge de la ditte deffuncte par la ditte femme Brizeau, une coupe d'or esmaillé de vert, blanc et gris, avec son couvert aussy d'or esmaillé pareillement.

« Item, une salliere, avec son couvert aussy d'or, esmaillé de la mesme sorte, une forchette aussy d'or esmaillé ; ung cousteau dont le manche est aussy d'or esmaillé ; une cuillier aussy d'or esmaillé.

« Item, un lingau d'or massif.

« Item, a esté presenté par le sommellier de feu madicte dame, vingt trois assiette neufves d'argent à la nouvelle fasson ; sur chascunes d'icelles sont gravés les armes de feu maditte dame.

« Item, demye douzaine d'aultre assiette vielles de mesmè fasson, dorés sur les bortz et gravés des armes de feu maditte dame.

« Item, une demye douzaine d'assiette d'argent vermeil doré, sans armoisye (sic).

« Item, quattre aultres grande assiette d'argent à la fasson, gravés desdictes armes.

« Plus, six grands plaictz d'argent neufz, à servir à la quisines, gravés desdictes armes.

« Item, une douzaine et demye d'aultres plaictz moiens, aussy d'argent, gravés desdictes armes.

« Item, six aultres petitz plactz de cuisines, aussy d'argent et gravés desdictes armes.

« Item, une douzaine de plactz d'argent à mecttre le fruict, gravé desdictes armes.

« Item, deux bassins d'argent en oval; l'ung d'iceux vermeil doré et l'aultre blanc, gravé desdictes armes.

« Item, ung cadenacq d'argent, sans cuillier ny fourchette, aussy gravé desdictes armes.

« Item, ung porte veres aussy d'argent vermeil doré avec son pied gravé desdictes armes.

« Item, une esguiere d'argent vermail doré, garny de son couvert, garny comme dessus.

« Item, deux esguieres d'argent gravé, comme dict est.

« Item, deux sallieres d'argent vermeil doré, gravé comme dessus.

« Item, une aultre salliere d'argent, aussy gravé desdictes armes.

« Item, ung vinegrier aussy d'argent vermeil doré, gravé desdictes armes.

« Item, deux flacons d'argent à vis, garnys de leurs chesnes et couverts, tenant chascun une pincte, gravés des dictes armes.

« Item, six cuilliers d'argent, marqués au poinsson de Paris, avec toutes ladicte vezelles cy-dessus.

« Item, ung rechauf d'argent aussy marqué desdictes armes, avec sa queue qui est rompue.

« Item, sept flambeaux d'argent aussy gravés desdictes armes; qui est tout la vezelles d'argent qu'il a dict luy avoir esté mises en sa charge et garde et qui a appartenu à la ditte deffuncte dame; et qu'il a esté perdu pendant sa malladye une assiette et deux cuilliers d'argent et qu'il n'en retient aulcunes choses, sinon son esay et sa cuillier d'argent...

« Du vingtiesme jour dudict mois d'aoust, au dict an.

« Continuant par nous bailly et juge sus dict le present inventaire, a esté tiré du coffre au linge de ma ditte deffuncte dame et representé par la dicte femme Brizeau, une boueste carrée d'argent vermeil doré, le couvert de laquelle y a ung lion gravé, enfermé en un rond de graveures, dans laquelle boueste ont esté trouvés les papiers et tiltres qui ensuivent....

« Item, a esté representé par la ditte femme Brizeau demye douzaine d'assiette d'argent, les bordz dorés, gravés des armes de la dicte dame, icelles assiettes neufves et qui n'ont encore servy.

« Item, ung petit cabinet d'Alemagne d'ebeyne dans lequel sont trouvés trois pierres de besoir.

« Item, ung morceau de licorne en rond et creusé en forme d'agneau...

« ... Item, ung aultre rond de corne de licorne faict en forme d'anneau à passer quattre doibtz.

« Item, une boueste d'allebastre avec son couvert.

« Item, une boueste de baulme.

« Item, une boueste de bois dans laquelle est du beaulme blanc.

« Item, deux boulle de jaspe.

« Item, le portraict de madame de Guise.

« Item, deux bouestes de confection d'acquelmeie.

« Item, quatorze paire de gangs blancz...

« Item, une petite bible couverte de vellours noir dorés sur la tranche, dont les fremoirs sont d'or.

« Item, les pesceaulmes de David en françois, couvert de broderies d'or avec semances de perles; les fermoirs d'argent.

« Item, une langue de serpent.

« Item, le portraict en plate de cuivre de deffunct monseigneur l'Électeur palatin.

« Item, environ une livre de bingoin.

« Item, du baulme dur, en environ demye livre.

« Item, un linciel de thoille d'Olande.

« Item, une bouteille plaine d'huille d'Hébé.

« Item, une petite boueste plaine de cordial...

« ... Item, deux estuictz de pignes de torteux avec leurs pignes...

« Item, deux morceaulx de pied d'eslan.

« Item, deux sachetz, l'ung de satin blanc et l'aultre de tafetas changeant, dans lesquelz il y a plusieurs pouldres de santeurs.

« Item, dix sept morceaux d'ambres jaulnes tant gros que petitz...

« Item, ung masque de vellours noir ;

« Item, une pierre nommée *contra herna* de monsieur du Maine.

« Et en la malle de la ditte deffuncte nous a esté représenté par la ditte femme Brizeau une cuillier d'argent doré.

« Item, ung portraict de madame l'Electrice[1], estant dans une boueste d'or esmaillé de noir en ouvale.

« Item, cinquante deux perles de petite barocque et une petite quantité de semances de perles.

« Item, deux fertz d'esguiletz d'or esmaillés de noir avec quattre queus de pouisson d'argent doré.

« Item, ung portraict de deffunct monseigneur de La Trimouille sur ung morceau de carte.

« ... Item, trois petite bouteille de verre d'huilles de santeurs estant dans une boueste de sapin blanc.

« Item, une piece de ruban d'Angleterre de broderye d'argent et d'or.

« Item, ung aultre pacquet de ruban incarnat et ung aultre de blanc et noir.

« Item, une cuillier d'argent à vif et ung cousteau pleigé dans ung estuyt de cuir rouge.

« Item, une paire de brasseletz de broderie de soyes d'or et d'argent.

« Item, une bource de vellours vert dans laquelle y a quattre vingtz quattre jetons d'argent, ou il y a sur une fasse ung lion tenant une espée; et de l'aultre ung fesseau de fleiches.

« Item, deux paires de gans de fleur d'orange et encorre une paire de gans de jasemain.

« Item, une couverture de livre d'argent fassonné à jour.

« Item, ung couvert de cocquemart d'argent.

« Item, unze sachetz de poudres de santeurs, scavoir quattre de satin et sept de tafetas de diverse coulleurs.

« ... Item, a esté tiré du cabinet de ma ditte dame et representé par ladite femme Briseau une basinoire d'argent, le couvert de laquelle ladite femme Brizeau a dict estre au logis de feu ma ditte dame à Paris.

« Item, une escuelle d'argent doré avec son couvert marqués des armes de deffuncte ma ditte dame.

---

1. L'Électrice palatine (?)

« Item, une aultre escuelle d'argent à oreille, non marcqués.

« Item, trois poislette d'argent, marqués d'ung double C.

« Item, deux petitz bassins d'argent à laver la bouche où les armes de la ditte deffuncte sont gravés.

« Item, deux goubleictz d'argent, l'ung d'iceux garny de son couvert, sans marcque, sinon que celluy qui est couvert est marcqué au pouisson de Paris.

« Item, une coupe d'argent doré, garny de son couvert, et marcqué des armes de la ditte deffuntte.

« Item, une cuillier d'argent marcqués d'ung double C, et une aultre cuillier à netoier la bouche, marqué d'une M et d'une F.

« Item, ung bougoir d'argent avec ung tour chandellier au dessus, marcqué par dessus au pouisson de Paris, et la placque d'icelluy gravé.

« Item, deux petitz chandelliers d'argent à servir au cabinet, marcqué des armes de feu maditte dame...

« ... Item, ung inventaire des meubles, livre et armes, appartenant à monseigneur de Laval, trouvé au chasteau de l'Ille-Bouchard, lors de la dellivrance qui a esté faitte dudict chasteau à monseigneur le cardinal de Richelieu, signée : le Lieu ; du Bourg Dieu et du Mousseau, en datte du neufiesme mars mil six cens trente.

« Item, ung aultre inventaire de meubles appartenans à feu ma ditte dame, trouvés dans le chasteau de l'Ille-Bouchard, le vingt deuxiesme mars six cens vingt sept ; signé de feu maditte dame, du Bourgdieu, de Mousseau et le Bourgignon, notaires.

« Item, ung aultre inventaire de meubles appartenant à feu maditte dame audict chastelle de l'Ille-Bouchard et transportés au chastelle de Berie en Laudaumois ; signé de Serisier, Poudry, notaires, en datte du neufiesme may mil six cens trente...

« Item, a esté representé par la femme dudict Brizeau et tiré d'une cassette noire :

« Item, ung grand miroir couvert à l'enticque.

« Item, une ploctte en fasson de petit bahu, dans laquelle s'est trouvé une piece d'Angleterre et une petite bague d'or appellé jon...

« Item, une paire de cousteaux et une forchette ayant le manche de cornaline ; une pomme de baulme de santeurs ;

« Item, une peau de vauthour ỳ.

« Item, une boueste d'argent.

« Item, trois sacheitz, deux de satin et ung de tafetas à mettre pouldre...

« ... Item, nous nous sommes transportés au cabinet de feu maditte dame où avons trouvés les meubles qui ensuivent :

« Premierement, une montre sonnante, la boueste estant de cuivre doré et la bource de vellours tanné.

« Item, trois livres de bougie et deux livres de flambeaux avec une boueste dans laquelle est une coueffures neufves.

« Item, trois bande d'ouvraiges de broderie d'or, d'argent et de soye commancé, et vingt cinq eschevaulx de soyes de diverses coulleurs à travailler en tappiserye; deulx baubines, l'une d'or et l'aultre d'argent ; et une bource en broderye d'or, argent et soye, dans laquelle y a plusieurs plottons de soyes de diverses coulleurs.

« Item, une bource de vellours vert, dans laquelle y a cent jettons d'argent, marcqués de l'escusson de trois fleurs de lix.

« Item, une grande escharpte de tafetas noir avec une vitre ? au mellieu.

« Item, le cachet de feu ma ditte dame, d'argent, et ung ancrier.

« Item, la bible en folio, de l'imprecion de Sommur.

« Item, deux aultres bibles in octavo, l'une, en flament, couverte de vellours noir, et l'aultre en françois, couverte de veslin rouge.

« Item, les *Memoires* de messire Philippes de Mornet[1], in quarto ; couvert de perchemain.

« Item, l'*Institution* de Calvin, in folio.

« Item, le troisiesme livres des *Homelie* dudict de Morné, avec les *Histoire du consil de Trante*.

« Item, le *Juge de Contreverse ;* sept sermons de Gille Cameron soubz le chappistre de l'evengille Sainct Jehan.

---

1. Philippe de Mornay, « *le pape des huguenots.* »

« Item, l'*Art de la divine Meditation;* plus dans la Chambre ou la ditte deffuncte dame est deceddée, avons trouvé les meubles qui ensuivent :

« Premierement, ung lict de campagne, garny du petit chaslit, sans fasson; deux mathelactz de futaine et travers lict de coty remply de plume; une catologne de Monpeslier, barré de rouge, bleu et vert; ung antour de damas gris brung usé; une couverture de tafetas gris brung doublé de serges de gris, et deux rideaulx aussy de damas gris brung, le tout fort usé; ung entour de serges de drapt du sceau de coulleur de pencée; trois pommes couverttes dudict damas à mettre sur ledict lict; deulx verges de fer à mettre les rideaux.

« Item, une table brisée avec son tapy de camellot ondé, fort usé; une chaise avec son bassin, et ung escran blanc à mettre devant la cheminée, garny de thoille bleu.

« Item, quattre oreillers de thoilles, tant grandz que petitz et ung aultre de marocquin tanné...

« ... Item, avons trouvé en une aultre grand chambre proche ledict cabinet, ung grand charlict à pan, garny de deux grandz matraictz de futaine des deux cottés, avec ung travercier de vielle cottise; une catalogne de Montpeslier, marcqué de barre bleu.

« Item, ung entour de tafetas de Florances, tainct en noir, garny de frange de soyes, avec trois rideaux et quattre bonnegrasse; la couverture de parade; le tout de mesme estofe avec les foureaux des piedz et quattre pommes avec quattre houppes et les franges ; ensemble le subastement avec leurs franges, le tout de soye; et trois verges de fer et une couverture de mulles, de drapt gris brung, doublé de thoille, marcqué aux armes de feu ma dicte dame.

« Item, ung grand tappy de Turquis qui sert de parterre, estant rompu en plusieurs endroictz et fort usé.

« Item, ung aultre tapy de Turquis à mettre sur une table, aussy fort usé.

« Item, six escabeaux pleigant, couvert de vellours noir figuré; et deux chaire brisés aussy de vellours noir, l'une figuré et l'aultre de vellours plain avec clous de cuivre doré.

« Item, ung viel carreau de vellours noir rompu en plusieurs endroictz avec ung aultre carreau de cuir tanné.

« Item, une table à chassif, et une petite selle de bois de chesne et dix pièces de tappiserye de cuir d'Espagne dorés à font noir.

« Item, une piece de tappiserye entiere avec figures de femmes et escriteaulx.

« Item, ung daiz de damas à fleurs, de coulleur noire, avec passement de soyes, garny de trois pantes de velloux noir avec crespines et franges de soyes de mesme coulleur, ensemble les cordons.

« Item, deux malle de cuir à mettre matelaictz; ung fourreau de cuir à mettre chaire, brisés; ung aultre fourreau à mecttre la table, brisés; ung aultre viel fourreau à mettre trois escabeaulx, et ung aultre fourreau à meittre la chaire d'affaire.

« Item, deulx grand envelope de thoiles pour meittre les matellaictz...

« Item, en la halle de laditte escurye, avons trouvé ung viel carosse de feu maditte dame garny de ses roux et ustancilles... »

Chartrier de Thouars.

CHAPITRE II

HENRI DE LA TRÉMOILLE

EXTRAITS DES COMPTES

EXTRAITS DES COMPTES

1606, 1 mai. — « *Memoyre des livres qui ont esté achettez à Paris pour Monseigneur, le premier jour de may 1606.*

« Des declinaisons.............................	VIII s. t.
« Ung Despautere[1]............................	XVIII s. t.
« Colloques de Cordier[2]; latin françoys.........	VIII s. t.
« Dialogues de Vivès; latin françoys............	VIII s. t.
« Distiques de Caton..........................	IIII s. t.
« Sentences de Cicéron; latin françoys...........	XII s. t.
« Dictionnaire latin françoys...................	XVIII s. t.
« Phrases de Manuce; latin françoys............	VIII s. t.
« Offices de Cicéron; latin françoys.............	XII s. t.
« Colloques d'Erasme.........................	XII s. t.
« Térence; latin françoys......................	XII s. t.

« Tous lesquels livrent coustent, en blanc, le prix susdict qui revient à la somme de cinq livres dix sept solz tz.   V liv. XVII s. t.

---

[1]. Auteur d'une grammaire latine publiée en 1537.
[2]. Grammairien, maître de Calvin; ses ouvrages sont encore estimés en Angleterre où leur auteur est appelé *Cordery*.

« J'ay faict marché avecq ung relieur pour les relier de marroquin viollet, avecq deux filletz d'or dessus, et le nom du livre au dos, reliez à la grecque, pour unze sols, chascun vollume, qui reviennent pour dix vollumes, à la somme de cinq livres dix sols.   V liv. X s.

« Somme toute de ce que coustent lesditz livres; unze livres sept solz, cy................................ XI liv. VII s.

(*Au dos*) :

« Memoyre de livres achettez pour Monseigneur ; employé en la despence du mois d'apvril 1606. »

Chartrier de Thouars. Pap.

1636. — « *Mémoire de ce que jé achepté pour Monseigneur à Nante, et par son commandement.*

« Premier, vingt livres de dragée de plomb............ 50 s.
« Plus, une aulne de ruban pour enfiller un chappelet.... 3 s.
« Plus, pour du clou pour attacher les pistolets et les bottes de Monseigneur.................................... 2 s.
« Plus, pour du papier de garde-robe................ 10 s.
« Plus, une baguette pour un des fusilz de Monseigneur. XI s.
« (*Au dos*): Memoire de Desmares............ III liv. XVI s.

« Escoitte. »

Chartrier de Thouars. Pap.

1638, 4 février. Vitré. — « *Memoire des peau de tope que Jehan Chenbatard m'a donné pour fouré le menteau de Monseigneur.*

« Le tout se monte huict cent quatre vingt peau de tope, tent pour les avoir abillée, que pour faire ledict menteau de Monseigneur, deux sol pièce; le tout se monte quatre vingt huict livres. J'ay receu unne pistole.

« Les parties cy dessus, apres avoir esté reduite, se monte quarante et quatre livres; sur quoy il fault deduire dix livres. Fait à Vitré ce quatriesme fébvrier mil six cents trante et huit.

« DE POMIER. »

Ch. de Thouars. Pap.

1638, février-juin. — *Extrait des* « *Partys que j'ay fourny pour Monseigneur. Du 9ᵐᵉ febvrier 1638.*

« Premier, doibt du depuis les partys arestez, pour luy, une medicinne laxative.................................... 30 s.
« Plus, du XIIe, pour Monseigneur un clistere......... 25 s.
« Plus, du 15e, estant à Ollivet, pour Monseigneur, une medicinne par ordonnance de Me Provost........................ 50 s.

« Plus, pour Monseigneur, du 10ᵉ mars 1638, 4 onces de sucre, rozat .... 20 s.

« Plus, pour avoir enbaulmé des gans pour Monseigneur que j'ay poyé chez un appotiquere et par son commandement.. 4 liv.

« Plus, du 20ᵉ jour de juin 1638, pour Monseigneur une livre de conserve de rosse liquide .... 4 liv.

« Plus, pour Buris le page, pour luy faire passer la galle. 10 s.

« Plus, du 15ᵉ, un clistère laxatif, lequel Monseigneur n'a pas voulu prendre, apprèz m'avoir commandé de le faire .... 25 s.

« Plus, Monseigneur doibt pour pouldre de Cippre qu'il m'a faict achepter d'un homme qui venoit de Monpellier ...... 6 liv.

« Plus, une pinte de eaue rosse pour faire du sucre rosat. 24 s.

« De Pomier. »

Chartrier de Thouars. Pap.

1638, 1ᵉʳ mars — 22 avril. Vitré.— « *Parties pour Monseigneur et Monsʳ le comte de Laval de la besoigne que moy, Marie Louin, a faicte pour le servisse de leur grandeur.*

« Et premier

« J'ai faict quatre rabats de Hollande, pour Monseigneur, pour ce .... 24 s.

« Plus, pour monsieur le comte dix rabats avec dantelles, partie sans dantelle, à six sols piesse .... 3 l.

« Les parties cy dessus fournies à mon dit seigneur ont esté par moy, Marye Louin, touchées et delivrée par les mains de l'argentier de mondict seigneur.

« A Vitré, le premier mars mil six cens trante huict.

« Marye Louin.

« Nous certifions le contenu au present memoire cy dessus avoir esté fait et fourny pour le service de Monseigneur et de Monseigneur le Comte.

« A Vitré, le troisiesme mars 1638.

« La Font.   La Roche.

« Les parties cy dessus se monte quatre livres quatre solz. Faict à Vitré ce vingt et deuxiesme apvril mil six cents trante et huict.

« De Pomier. »

Chart. de Thouars. Pap.

1639, 6 janvier. Nantes. — Mémoire pour Monseigneur de La Trémoille.

« Monsigneur de La Trimouille doibt à Nicollas Charron, du dernier jour desambre 1638, par M^r de La Tour.

« Un cordon de sois noirt de Grenade.............. 3. o
« Trois paire de gans de chevrotin, bordé d'un grand ruban noirt à 16 s. pièce........................... 2. 8
« Deux paire de gans de chevrotin purgé, coupé au dois, à... 1. o

« Les parties cy dessus se monte cinq livres dix solz. Faict à Nantes, le sixiesme janvier mil six cents trante et neuf.

« De Pomier. »

Chartrier de Thouars. Pap.

1639, 15 février. Vitré.— *Quittance de Jean Froger, pelletier.*

« Le quinziesme jour de feubvrier, mil seix centz trante et neuf, davant les soubzsignés, notaires de la Cour de Vitré, a comparu Jean Froger, peltier, lequel a confaissé avoir receu pour les partyes controllées cy devant, tant en ce jour que auparavant, du sieur argentier de Monseigneur, la somme de quarante et quattre livres, y comprins les reçus cy devant; de laquelle somme de quarante et quattre livres, ledict Froger, peltier, est content et a quitté ledict argentier, sans recharche, voulu faire au contraire, audict Vitré; lesdicts jour et an et a ledict Froger, peltier, signé :

« Jehan Frogier.

« J. Martin, notaire. »

Chartrier de Thouars. Pap.

1639, 8 avril. Vitré. — « *Mémoire de la despence des oyseaux de Monseigneur, du mois de febvrier 1639.*

« Premierement ;

« Le premier jour de febvrier.........	quatre livre de bœuf.
« Plus, le cinquiesme................	quatre livre de bœuf.
« Plus, le dixiesme..................	quatre livre de bœuf.
« Plus, le treiziesme.................	quatre livre de bœuf.
« Plus, le seizeisme	quatre livre de bœuf.
« Plus, le vingtiesme................	quatre livre de bœuf.
« Plus, le vingt cinquiesme...........	cinq livre de bœuf.
« Plus, le vingt neuf.................	trois livre de bœuf.
« De plus, le premier jour de mars.....	quatre livre de bœuf.
« Le tout ce monte à	trante six livres.

« Certifie avoir receu du Ricantois, boucher de Monseigneur, le contenu cy dessus, pour la despence des oyseaux.

« Lamote.

« Les parties ci dessus se monte cinq livres huit solz. Fait à Vitré, ce huitiesme apvril mil six cents trante et neuf.

« De Pomier.

« Je soubsigné, à requeste de Michel Davoult, quy confesse avoir receu de Monseigneur, par les mains de son argentier, la somme de singt livres huict soulz.

« A Vittré, ce vingt et septiesme jour d'apvrill, mil six cent trante et neuf.

« G. Le Maszurier. »

Chartrier de Thouars. Pap.

1639, 9 avril. Vitré. — I. *Parties pour Monseigneur.*

« Fourny par Daniel Grinpré du 5me febvrier 1638, par le commandement de monsieur le Maistre et de monsieur du Montet, quatre vingts seize aunes de passement, noir et blanc, qui peise quinze onces et demie ; pris faict avec monsieur le Maistre à 24 s. l'once ; de ce.. 18 liv. 12 s.

« Plus du 18 apvril, pour le train de Monseigneur quatre cents quarante et quatre aunes de passement noir et blanc qui peize soixsante et treze onces et demye, à 24 s. l'once, qui ce monte.. 88 liv. 14 s.

« Plus, baillé au foureux pour accommoder le manteau de Monseigneur, demye once de soie noire, de ce................ 12 s.

« Plus du 26e juin 1638, baillé au Bragart, tailleur, pour l'habit d'un laquais de Monseigneur qui s'appelle Martinais, vingt et sinq aunes de passement pour mettre sur un abit pesant quatre onces ; pris faict à 24 s. l'once, de ce.................... 64 liv. 16 s.

« Le tout ce monte................. 112 liv. 14 s.

« ... A Vitré, ce 9 avril 1839.

« De Pomier. »

II. *Parties pour Madame.*

« Fourny par Daniel Grinpré, du 9me de decembre 1637, par le commandement de monsieur Le Maistre : premier, vingt et deux aunes de passement à jour, de soie verte, pris faict à 8 s. l'aune .... 8 liv. 16 s.

« Plus, vingt et quatre aunes de passement noir et blanc qui peze 4 onces, à 24 s. l'once............................. 4 liv. 16 s.

« Livré au Fresne, vallet de chambre de madame.

« Plus, du 7me de janvier 1638, dix huict aunes de passement noir et blanc qui peize 3 onces........................ 3 liv. 12 s.

« Livré au Bragart pour accommoder deux juste à corps.

« Le tout se monte.................. 17 liv. 4 s.

« ... A Vitré, ce 9 avril 1639.

« De Pomier. »

Chartrier de Thouars. Pap.

1639, 5 et 17 avril. Vitré. — « I. *Parties de la besongne que j'ay faicte pour Monseigneur.*

« Savoir une arquebuze à fusil ou je n'ay point fourni le canon.. 30 liv.

« Plus, pour avoir poli et mis en couleur d'eau tout l'éguipage du carosse de Monseigneur.......................... 15 liv.

« Plus, pour avoir faict un fer à couper des fleurs pour Madame; prix faict.. 5 liv.

« Plus, pour avoir faict une noix et un resort nettoié deux foix au fusil de monsieur le Comte............................. 2 liv.

« Les parties si dessus se montent................... 52 liv.

« ... A Vitré, le cinquiesme d'avril 1639.

« LAFONT... »

« II. *Parties de la besongne que j'ay faicte pour Monseigneur.*

« Premier, j'ay poly quatre pistolets................ 4 liv.

« Plus, j'ay faict un arquebuze de quatre piés et la charge, garnis d'argent.. 60 liv.

« Plus, j'ay faict une baguette garnis d'argent, au petit fuzil de Monseigneur... 1 liv.

« Plus, un carteron de pierre......................... 10 s.

« Plus, une perre de pistoletz montés en ebeine....... 200 liv.

« Les parties se monte............. 265 liv. 10 s.

« ... A Vitré, le XVII avril 1639... »

Chartrier de Thouars, 2 pièces pap.

1639, 18 avril. Vitré. — « *Memoirre de la despance que j'ay faicte pour fer fer les bresche de Vittré à Marcillié*[1].

« Premierement.

« Le mardy 8me jour de feuvrier 1639, poyé pour le diné de trois homme que j'ay menée avecque moy pour faire les dict bresche et pour moi.............. 13 s.

« Plus, pour le soupé des dict homme et de moy, vingt et quatre soulz, cy......................... 1 liv. 4 s.

« Plus, poié pour leur sallerre à chacun vingt soulz pour deux jour que je les é emploié eux trois......... 3 liv.

« Plus, baillié dix soulz pour leur digné par les chemains.................................... 10 s.

« Plus, le samedy, 19me jour dudict mois, j'ay esté envoyé par le commandement de Monseigneur, au paroisse sirconvoisine de la Lande d'Ertiés[2], lequel a esté deux jour et deux nuict...................... 2 liv. 6 s.

« Les parties cy dessus se monte sept livres treize solz. Fait à Vitré ce dix et huitiesme apvril mil six cents trente et neuf.

« DE POMIER.

« Soubsigné confesse avoir receux de M^r l'argentier la somme de sept livre traise soulz pour le contenu du memoire cy dessus, ce vingt troisieme jour d'avril mil six cens trente neuf.

« DU ROSOY. »

Chartrier de Thouars. Pap.

[1]. Marcillé-Robert (Ille-et-Vilaine, canton de Rétiers).
[2]. De Rétiers.

1643, 15 janvier. Paris. — Extrait d'une lettre de Marie de La Tour, duchesse de La Trémoille, à M. de Champdor.

... « Les anciens de l'église de Thouars m'ayant escrit pour me remonstrer qu'ils doivent quelques arérages à M. Chabrol et me suplier de voulloir donner ordre que ce que je contribue pour sa subvention leur soit deslivré, je seray bien aise que, du premier argent que vous aurez, vous leur donniez deux cents livres pour une année d'icelle, et sur l'advis que vous m'en donnerez, je vous envoyeray une quittance de pareille somme, comme si vous l'aviez mise en mes coffres, afin que cela ne paroisse point en vos comptes. »

Chartrier de Thouars. Pap.

1644, 25 juin. Paris. — Mandement de Henri de La Trémoille.

« Nous ordonnons au sieur de Champdor, l'un de nos conseillers et secretaires, et thresorier general de nostre maison, de payer les espices et fraiz du bail au rabais fait et adjugé par devant Messr[s] les thresoriers de France de la generalité de Poictiers, pour le batiment et construction du pont qui doit estre fait sur la riviere de Dive, au lieu apellé Pont-Jaquet. Et raportant nostre present ordre, avec l'estat desdicts fraiz et espices, les sommes qu'il aura payées en vertu d'icelluy, luy seront passées et allouées en la despence de ses comptes sans aucune dificulté.

« Faict à Paris en nostre hostel, le vingt cinquiesme juin mil six cents quarente quatre.

« Henry de la Trémoille.

« Par Monseigneur :
« Boullenois.

(*Au dos*) : « Mandement pour les espices du bail au rabais du Pont-Jaquet. »

<small>Chartrier de Thouars. Pap.</small>

Vers 1645.— « *Mémoire des choses que Monseigneur a commandées à Champdor, trésorier de sa maison, lors de son partement pour Bretagne.*

« Premièrement, de faire faire le parterre du chasteau de Thouars, et pour cest effet prendre trois jardiniers pour ayder à Courbois et quatre manœuvres pour continuer à passer et porter les terres pour rendre ledit parterre au niveau ; en faire le pris et le payer de sepmaine en septmaine sur les certifficats de M⁰ Morice Roy, en la maniere accoustumée.

« Plus, fera griser les croisées du bastiment dudit chasteau, ainsy que sont les autres ; et le prix qu'il payera tant à l'ouvrier que pour les matières, luy sera alloué en ses comptes, en rapportant acquit du marchand qui fournira lesdites matières et certifficats des journées qui y auront estés employées.

« Continuera à faire carreller les chambres du bastiment dudit chasteau, ensemble la gallerie, au pris du passé; lequel luy sera passé en despence sur le toisage qu'en fera maistre Jacquet, et les quittances des massons.

« Fera faire vingt milliers de fagots au parc pour la provision de la maison, et s'il s'en peut faire davantage les vendra à la meilleure condition que fere se pourra.

« Fera dellivrer la quantité de roertées de gros bois, contenue par les mandements à donner audit de Champdor et particullierement cinquante une roertées aux dames Urselines qui ont retenu le mandement par devers elles.

« Fera dellivrer et peser à M. de St Cir le foing que Monseigneur luy a ordonné pour deux chevaux, à raison de vingt cinq livres par jour jusques à la fin de juillet de la présente année.

« Fera aussy peser et mettre à part, hors la grange, du foing pour la nourriture des deux mulets qui menent un tombereau, à raison de vingt huict livres par jour jusques à la fin dudit mois de juillet.

« Plus, fera donner à l'estelon quinze livres de foing par jour et demy boiceau d'avene, aussy par jour, et trois solz à André, qui le pense, outre les us qui luy sont ordonez par charité.

« Plus, fera mettre à part une charretée de foing pour la vache. Cela faict, il envoyera la clef de la grange à Monseigneur, à Vitré, son Altesse ne voulant que la dite grange soit ouverte pour quelque autre cause que ce soit.

« Fera donner au tapissier deux fagots par jour durant que fera froit, et une petite chandelle jusques au mois d'avril.

« Vendra en saison convenable le bled et foing provenant de la recepte de Berrie, tant de celle du sieur Jannel, que de l'année presente, commise aux fermiers dudit Berrie.

« Fera refondre la vaisselle dudict Berrye, fort une buye, pour en faire des plats de la grandeur qui sera jugée convenable, et en payera la façon qui luy sera passée et allouée sur l'acquit de l'ouvrier.

« Ledit Champdor ayant envoyé par commandement de Monseigneur quarente quatre pippes de vin, Son Altesse luy allouera les fraiz de la voyture sur l'estat qu'en dressera le sieur Rivière, auquel la conduitte en a esté donnée. Et outre payera au sieur Pelleus, procureur fiscal de ce duché, dix pippes qu'il a fournyes pour faire ledit nombre, au pris que les s^{rs} Normandine et de la Ville, et la damoiselle Chaufreau auroit vendu le leur. Le surplus dudict vin a esté fourny, scavoir huict pippes par le sieur de la Lande Bazourdy; quatre pippes par le sieur de la Briandière; trois pippes par Espoudry à mesme condition que celuy dudict sieur Pelleus, à desduire sur le premier terme de leurs fermes; plus, dix pippes provenans de la recepte du sieur Jannel; quatre bariques de la Bauve, et sept pippes de la ferme du sieur Thevenot.

« Fera faire la visite de l'estang de Jeuigné, lorsque l'eau passera au ratteau, et en payera les fraiz qui luy seront allouez sur le certifficat du sieur Pelleus ou, en son absence, du sieur advocat fiscal.

« Vendra le nombre de [*en blanc*] vin blanc et bariques de Baune, pour et au meilleur pris que faire se poura.

« Payera les fraiz de la voyture de quatre bariques de vin gris envoyées à monseigneur le Prince en Holande, qui luy seront allouez avec la despence des doubles fusts dans lesquels elles ont esté misez.

« Ira au printemps prochain à La Trémoïlle pour faire comptes des parties casuelles reservées par la ferme, receues par le fermier et autres ; et faire les autres choses necessaires pour la conservation des droicts de la terre.

« Ira aussy à Talmond pour assister à l'inventaire que Monseigneur a commandé estre faict des tiltres de la principaulté, et pour pourveoir à plusieurs affaires qui regardent le service de Monseigneur, et fera tout son possible pour faire obliger au payement de la ferme, la femme dudit Coutriere.

« Payera à maistre Henry Cherpentier la somme de quatre vingts dix livres seize sols, restant du contenu en ses partyes arrestées le 7ᵉ juillet 1644, lesquelles rapportant avec quittances, la dite somme luy sera allouée en la despence de ses comptes.

« Payera au sieur du Chaffault, capitaine de la Porte au Proust[1], la somme de quarente cinq livres par an, à la charge que de la dite somme il donnera par an à la veuve des Bournais la somme qu'elle reçoit aussy par an des loyers du logement qui luy a esté donné à ladite Porte au Proust, afin qu'il en puisse oster les locataires qu'elle y a mis, et demeure seul à la garde de ladite porte.

« Monseigneur permet au dit Champdor de faire un jardin au chasteau, entre le bastion et la court du chenil, tirant la muraille du jambage de la porte de ladite court et le coing du buscher.

« Plus, payera à Hedin la somme de soixante et douze livres pour deux années de ses gages escheuz à la Sᵗ Jean 1643, et en rapportant son acquit, la dite somme luy sera passée en despence.

« Vaillant. »

Chartrier de Thouars. Pap.

1. La Porte au Prévôt à Thouars.

PIÈCES JUSTIFICATIVES

PREMIÈRE PARTIE

DOCUMENTS DIVERS

PIÈCES JUSTIFICATIVES

I

1619, mars. Paris. — Dispense de parenté pour le mariage du duc de La Trémoille avec sa cousine Marie de La Tour.

« Louis, par la grâce de Dieu roy de France et de Navarre, à tous présens et advenir, salut.

« Sur ce qui nous a esté remonstré par nostre très cher et bien amé cousin Henry de La Trimoulle, duc de Thouars, conte de Laval et pair de France, qu'estant chef des deux anciennes et illustres maisons de La Trimoulle et de Laval, il ne lui eust esté convenable de s'allier qu'avec personnes de grande et ancienne maison, sy bien qu'ayant vouleu éviter une recherche et alliance estrangère, il n'a peu en cestuy nostre royaume et parmy ceux de la Religion Prétendue Refformée, dont il faict profession, faire autre élection que de la personne de nostre cousine Marie de La Tour, fille aisnée de nostre très cher et bien amé cousin Henry de La Tour, duc de Bouillon, prince souverain de Sedan et premier mareschal de France, et de nostre cousine Elisabeth de Nassau d'Aurange, son espouze ; avec laquelle, par l'advis et conseil de nostre cousine Charlotte de Nassau d'Aurange, sa mère, et avec ses plus proches parens, il auroit puis quelque temps contracté et consommé le mariage. Mais parce qu'il est cousin germain de ladicte Marie de La Tour, son espouze, du costé maternel, et ysseu de germain, du costé paternel, et qu'à cause de la Religion dont il faict profession, il n'a peu recourir aux dispences et remèdes en tel cas accoustumés, il craint qu'à l'advenir les conventions dudit mariage, ensemble l'estat des enfans qui naistront d'icelluy, puis estre troublé, soubz prétexte de leur proximité de paranté ez degrez prohibés par les loix de nostre royaume, s'il ne nous plaist luy pourvoir, par nostre authorité et bénéfice, de noz lettres sur ce nécessaires, lesquelles il nous a très humblement supplié luy vouloir octroyer ;

« A ces causes, ayant esgard aux signalés services que les feus roys et nous avons receus de nosditz cousins et de leurs prédécesseurs, et désirant que telles maisons, qui sont les colonnes de nostre estat, ne soient affoiblies ou ruynées par les troubles et différendz qui y pourroient naistre à semblable occasion, ains qu'elles puissent, comme elles ont faict par le passé, servir au bien de cest estat et appuy de ceste couronne ; pour ces considéracions, de l'advis de nostre conseil et de nostre grâce espécialle, plaine puissance et authorité royalle, avons par ces présentes, signées de nostre main, déclaré et déclarons que ne voulons et n'entendons que nosdictz cousins le duc de La Trimoulle et ladicte Marie de La Tour, sa femme, ny les enfans qui seront procréez dudict mariage, puissent estre troublés, ny les pactions et conventions faictes entre eux pour raison d'icelluy révocquées en doubte, lesquelles en ce qui deppend de nostre authorité nous avons agréez et confirmez ; voulons et nous plaist que les enfans qui en naistront succèdent comme vrais et légitimes héritiers, et qu'ils soient d'ailleurs capables de toutes successions, droictz, rangz et honneurs deubz et accoustumez à ceux de semblables familles.

« Sy donnons en mandement à noz amez et féaulx conseillers les gens tenans nostre cour de Parlement en la chambre de l'Edict, à Paris, et à tous noz autres officiers chascun en droit soy, ainsin qu'il appartiendra, que ces présentes ilz ayent à faire enregistrer en leurs registres, et de tout le contenu en icelles faire jouir et uzer plainement et paisiblement nostredit cousin le duc de La Trimoulle et nostredicte cousine Marie de La Tour, son espouze, et leurs enfans, cessant et faisant cesser tous troubles ou empeschemens au contraire, non obstant toutes ordonnances et lettres à ce contraires, auxquelles, pour ceste fois tant seulement et sans tirer à conséquence, nous avons desrogé et desrogeons par ces présentes ; car tel est nostre plaisir. Et affin que ce soit chose ferme et stable à tousjours, nous avons faict mettre nostre scel à cesdictes présentes ; sauf en autres choses nostre droit, et l'autruy en toutes.

« Donné à Paris, au moys de mars, l'an de grâce mil six cens dix-neuf, et de nostre règne le neufviesme.

« Louis.

« Par le Roy : De Loménie. »

Preuves de la Maison de La Trémoille.

II

1621, 23 février. Thouars. — Lettre de M. de La Trémoille au roy.

« Sire, aussi tost que messieurs de Rohan, du Plessis et moy, avons entendu que Vostre Majesté n'auroit point desagreable que nous nous trouvassions ensemble pour moyenner par commun advis qu'elle receut contentement et satisfaction de la part de ceux de la Religion assemblez à La Rochelle, nous avons estimé pouvoir asseurer V. M. n'avoir rien recognu en leurs intentions qui s'escarte à leur escient du respect qui luy est deu, s'estant les uns persuadez qu'ils estoient fondez en la volonté de V. M. en ce qui est de la convocation de ceste assemblées, et les autres y ayant comparu de bonne foy pour le presenter aux pieds de V. M. avec leurs requestes très humbles. C'est pourquoy, Sire, nous la supplions très humblement de ne souffrir point que les choses soient pressées à la rigueur, ains en desployant vostre bonté et benignité sur eux, passer par dessus le mescontentement qui pourroit estre, pour vouloir entendre leurs remonstrances par la bouche des deputez de vos subjectz de la Religion, residans sur le bon plaisir de V. M., près de sa personne. Moyennant quoy, Sire, nous nous assurons que V. M. recognoistra qu'ils ne desirent plus grand heur que sa bonne grâce, et leur continuer son accoustumée equité et justice. V. M. est si haute eslevée au dessus de toutes les considerations qu'on pourroit alleguer la dessus, que le bien qu'il vous plaira leur faire ne pourra estre imputé qu'à sa debonnaireté ; comme de fait aussi il n'y a celuy d'entre nous qui n'ait matière de ressentir qu'entre tous voz subjectz il n'y en a point qui soient plus interessez à la conservation de vostre auctorité, de laquelle nostre manutention depend uniquement. Je sçay que ceux qui ont plus de cognoissance que moy des misères passées ont fait entendre à V. M. l'estat dont les Provinces [1] *(sic)* et les calamitez des guerres civiles ont cy devant agité vostre royaume. C'est pourquoy, je m'en suis retenu, et si je suis honoré de ses commandemens, je tascheray de luy tesmoigner de plus en plus ma fidelité. Et cependant je fais une depesche ausdits deputez de La Rochelle, à ce qu'ils ne s'allarment point sur la nouvelle qu'ils pourront avoir receue de l'indignation de V. M., leur faisant esperer qu'elle daignera appaiser son courroux vers eux, dont nous ayons tous matière de louer Dieu ; et moy encore, en recognoissance de ceste grâce, de me continuer à jamais, Sire, vostre très humble et très obeissant subject et serviteur,

« La Trimoille.

« Touars, ce 23 fevrier 1621. »

III

1625, 17 mars. Paris. — Commission de maréchal de camp de cavalerie légère donnée au duc de La Trémoille.

« Louis, par la grâce de Dieu roy de France et de Navarre, à nostre cher et bien amé cousin le duc de La Trimouille, salut.

1. *Corr.* Princes ?

« Le soing que nous avons de tenir noz frontières en seureté, nous a obligé d'y mectre de bonnes et grandes forces, tant de cheval que de pied, par le moyen desquelles nous espérons empescher tous les desseings que l'on pourroit avoir préjudiciables au bien de noz affaires, estans mesmement conduictes et exploictées par des grandz et signallez personnages, de l'expériance, valleur et fidellité desquelz nous prenons plaine et entière confiance ; spéciallement en l'armée que nous avons mis sus en nostre païs Messin, composée entre autres gens de guerre de bon nombre de cavallerie, de laquelle nous faisons grand estat pour cognoistre tous les cappitaines particuliers de chacune des compagnies, braves, courageux et très affectionnez à nostre service.

« Et d'autant qu'il est nécessaire de commettre quelqu'un qui la puisse commander, scachans que nous ne pouvons faire meilleure ny plus digne eslection que de vostre personne, pour les bonnes et excellantes quallitez dont vous estes abondamment et richement revestu, Nous, à ces causes et à plains confians de vos sens, suffisance, loyauté, preud'hommie, expériance et bonne dilligence, vous avons commis, députté et estably, commettons, députons et establissons par ces présentes, signées de nostre propre main, mareschal de camp de noz armées, pour commander à nostredicte cavallerie legère, estant à présent et qui pourra estre ci après en nostre armée du païs Messin, conduicte par nostre très cher cousin le duc d'Angoulesme, nostre lieutenant général en icelle, et en tous les lieux et endroictz où elle sera par luy exploictée ; et ce en l'absence de nostre très cher cousin le comte d'Alex, colonnel général de nostre cavallerie légère, avec plain pouvoir de commander et conduire, aux occasions qui s'en offriront, toutes les compagnies de chevaux légers qui sont et se trouveront en nostredicte armée, leur ordonner conjoinctement ou séparément ce qu'elles auront à faire pour nostre service, selon qu'il sera commandé par nostredict cousin le duc d'Angoulesme, et les faire vivre en bonne pollice et discipline et faire tout ce que nostredict cousin le comte d'Alex feroit ou faire pourroit, s'il y estoit en personne, tant et si longuement que nostredicte armée sera sur pied ; et ce aux estatz à apparoir, qui vous seront par nous ordonnez.

« De ce faire vous avons donné et donnons plain pouvoir, auctorité, commission et mandement spécial. Mandons et commandons à nostredict cousin le duc d'Angoulesme qu'en ce qui dépendra de ladicte charge, il ayt à vous faire obéir et recognoistre par tous ceux que besoing sera, et à tous les cappitaines chefs desdictes compagnies de chevaulx légers, arquebuziers à cheval, officiers et soldatz d'icelles, et à tous autres qu'il appartiendra, qu'à vous, en ce faisant, ilz obéissent et entendent dilligemment ez choses touchans et concernans la présente commission : car tel est nostre plaisir.

« Donné à Paris le xvıj[e] jour de mars, l'an de grâce mil six cens vingt cinq, et de nostre règne le quinziesme.

« Louis.

« Par le Roi : De Beauclerc. »

Chart. de Thouars. Original.

IV

1627, 20 avril. Saint-Macaire. — « *Procès-verbal de plantement de poteau au bourg de Saint-Maquaire.* »

« Le mardy vingtiesme jour d'apvril mil six cens vingt sept, nous, Anthoine Clabat, escuier, sieur de la Maisonneufve, licentié ès loix, advocat en parlement et au siège presidial de Poictiers, seneschal et juge ordinaire du duché et pairie de Thouars, et Pierre Pelletier, greffier ordinaire audict lieu, à la requeste et en presence de maistre Joseph Favereau, procureur fiscal dudit duché de Thouars, nous sommes transportés de la ville dudict Thouars, nostre demeure, jusques au bourg de Saint-Macquaire, ayans avecq nous maistre Daniel Guerineau, recepveur audict duché ; Nicollas Janson, sergent ordinaire d'icelluy duché, et René Falligan, sergent bailliager du bailliage de la Petite Marche ; où estans, avons, ce requerant ledict procureur fiscal, et suivant le commendamant de monseigneur le duc dudict Thouars, faict planter ung potteau auquel sont les armes de mon dict seigneur, peintes, de fer blanc et attachées de clous, en la face d'icelluy, posé au bout du cimetiere de l'eglize dudict Saint-Macquaire, au carrefour y estant, et prez le grand chemin tendant de ladicte eglize de Saint-Macquaire au Puy-Nostre-Dame, comme estant icelluy bourg et paroisse de Saint-Macquaire, en sa jurisdiction et chastellenie de Thouars et Ferrière, ès marches communes d'Anjou et Poictou, et à faire la fosse pour l'apposition dudict posteau et enlevement d'icelluy, aurions faict venir par devant nous les nommez Jehan Rouger et Audet Dupuy, demeurans en la ville de Thouars, et autres habitans dudict bourg et paroisse Saint-Macquaire, lesquelz aurions menez audict carrefour ; et par eux faict faire ladicte fosse et enlevement de potteau ; de laquelle apposition de potteau avons audict procureur fiscal, ce requerant, octroyé acte pour servir et valloir à mon dict seigneur, en temps et lieu, ce que de raison ; faict et faisons deffences à touttes personnes, de quelque quallitté et condition qu'ilz soient, de faire ne entreprendre aucune chose contre et au prejudice de ce que dessus et des presentes, sur les peines que de droit, et encorres decerné acte audict procureur de ce que, estans entrez en ladicte église de Sainct-Macquaire, nous avons trouvé par le dedans d'icelle et au dessus de la porte principalle et fort proche de la vouste, les armes de mon dict seigneur gravées en pierre ; et au dessoubz d'icelles, autres armes que le vicquaire nous auroit dict estre celles des comtes de Sanzay, pour servir et valloir ce que de raison audict procureur.

« Faict audict bourg de Saint-Macquaire[1], les jour et an susdicts. Ainsi signé en la minutte du present procès verbal : A. Clabat ; Favereau ; D. Guerineau et Pelletier, greffier.

« (Signé) : ALLARD, commis du greffier

« trante solz. »

Chartrier de Thouars. Orig. parch.

---

1. Saint-Macaire-du-Bois (Maine-et-Loire, canton de Montreuil-Bellay).

V

1628. — Conversion du duc de La Trémoïlle.

« Monsieur le Cardinal de Richelieu ayant reconnu en quelques conferences qu'il eut avec monsieur le duc de La Trémoïlle qu'il n'avoit pas peu de disposition à se faire instruire, il voulut estre luy-même le principal ministre de sa conversion. Il luy donna diverses fois quelques heures de son loisir, et comme il n'y a rien d'égal à sa doctrine et à la clarté de son esprit, il luy fit voir des lumières qui resolurent en peu de temps tous ses doutes et qui dissipèrent son erreur.

« Ce seigneur estoit né avec tant de modération et avoit conduit ses actions avec une telle douceur, mesme dans l'ardeur de sa jeunesse, qu'il ne participoit nullement à l'orgueil et à l'insolence ordinaire de ceux dont il avoit la créance; et comme les espritz moderez sont beaucoup plus capables d'instruction que les autres, il se portoit assez facilement à suivre les instinctz dont la main de Dieu le touchoit. Neantmoins il voulut voir la verité et estre satisfaict sur plusieurs difficultez; auxquelles personne n'avoit donné jusques à l'heure de resolution qui le contentast; mais ayant esté si heureux que d'en estre instruict par Monsieur le Cardinal, il luy fut d'autant plus facile d'abandonner son erreur que l'esprit incomparable de ce grand ministre de l'Eglise et de l'estat la luy fit connoistre clairement, comme il a diverses fois déclaré luy-mesmes. Ce ne furent ny les honneurs ny les richesses qui le porterent à changer de religion. Il estoit né dans la gloire que ses ancestres luy avoient donnée par succession, ainsy que dans les grands biens qu'ils luy avoient laissez. Mais ce fut la seule cognoissance de la verité, dont il voulut estre tellement instruict, avant que faire sa profession de foy, qu'il n'y a aucun poinct dont il n'eust une exacte connoissance. La joye qu'en receut le Roy fut telle qu'il n'y a jamais eu de trophées ny de depouilles de l'ennemy qui luy ayent plus agrée que la victoire que Monsieur le Cardinal remporta en ceste occasion. Aussy pour temoigner au duc de La Trémoille la joye qu'il en recevoit, Sa Majesté luy promit qu'il communieroit avec luy à la première feste. Et mesme le sieur de la Curée s'estant demis de la charge de mestre de camp de la cavalerie legère, que son aage ne luy permettoit plus d'exercer, elle l'en honora, s'estudiant de faire voir en sa personne combien elle estoit affectionnée au salut de ses sujets. »

Bibl. nat. *Cabinet des Titres.* Vol. rel. 561.

VI

1636. — Description de la ville de Laval.

« De Cossé qui est à M^r de La Trimouille et en partie à un gentilhomme de la, sieur de Montmartin, à Laval, 4 lieues de très horrible chemin par les fondrières, en hyver. Ruisseau du Pont au Bray, moitié chemin,.....

« Laval, bonne ville, comté très célèbre, en errière de la comté du Mayne, et jouissant du privilege de pairie de France, apartient à Henry, duc de La Trimouille et de Thouars, par succession de Guy 20e, comte de Laval, mort en Hongrie, comme sera dit cy-aprez de luy. Il a de longueur 20 lieues ; mais de largeur peu et contient 24 paroices ; vaut 20 mil livres de bail à ferme sans les forges, le bois, les reliefs et autres casuels, et la pollette des offices y subjets et qui payent aus coffres du comte susdict. Le tout va as presquez à 25 ou 30 mille livres par an ; la ville et fauxbourg fournira cinq ou six mille habitans en armes, 15 à 20 mil communians et en tout 20 à 30 mille âmes. Les deux fauxbourgs ensemble sont plus grands et plus peuplés que la ville qui est ramassée, et le petit, mais beau circuit, bien tourrelé, à la mode d'autrefois, de l'an 1300 et l'an 1400. Dans son enclos, il y a un chasteau sur le fin ault precipiteux du costau, finissant sur la rivière du Mayne, laquelle passe le long dudit costeau ; et au dessous dudict chasteau, entre le fauxbourg et pont de Mayne cy aprez et ledict chasteau, c'est à dire la ville. Ce chasteau est un vieil bastiment de pierre cailloteuse avec grand'salle et apartemens ault exaucés, au bout duquel, avec quelque intervalle vuide, est une gallerie couverte et fermée soustenue sur un ambulacre ouvert accompagné d'un balcon ou terrace suspendue du costé de la rivière, ayant une très belle veue ; et du costé de la couste du chasteau et de là, il y ha une grande place verte en quarré, jadis jardin, au bout de laquelle est le portail séparant le pourpris de tout le chasteau d'avec la ville; le premier logis de laquelle est le parquet ou chambre de la justice de Laval, où les sièges et parois au dessus d'iceux sont tendus d'une tapisserie d'azur semée d'alerions ou aiglettes d'or qui sont les armes de La Trimouille, petit bourg en Poitou, simple seigneurie, quoy que le seigneur, qui est bien duc de Thouars, se face aussy appeller duc de La Trimouille. La justice de Laval ordinaire est au comte..... Chambre des Comptes de Laval, unique de France avec celles de Nevers et de Blois, qui sont les 3 seules chambres des Comptes non royales et à seigneurs particuliers. »

Itinéraire de Bretagne, dans lequel il est parlé des bourgs, villages, fleuves, rivières, églises, monastères, familles, villes de Bretagne et de ses limites, par Mr Dubuisson Aubenay, fait en 1636 (relié sur la fin de l'année 1688). Bibl. nat. Nouv. fr. 4375.

VII

1642, 15 mai. Paris. — Permission donnée par Henri de La Trémoille de bâtir un temple à Thouars.

« Henry, duc de la Trémoïlle et de Thouars, pair de France, prince de Talmond, comte de Laval, Monfort et Taillebourg, vicomte de Rennes, baron de Vitré, etc., salut.

« Scavoir faisons que, sur l'advis qui nous a esté donné par l'advocat fiscal de nostre duché dudict Thouars, en consequence des plaintes cy devant portées aux Grands Jours de Poictiers, que le lieu où se faict à present l'exercice de la Religion prétendue reformée est scitué entre l'eglize parroissielle de Sainct-Medard et l'eglize des Cordeliers, et par sa proximité aporte de l'incommoditté aux catholicques en l'exercice de leur religion ; et bien que les habitans de ladite Religion prétendue reformée soient en pocession dudict lieu depuis l'année mil cinq cens quatre vingtz neuf, ainsy qu'ilz nous ont fait voir par actes valables, mesmes par la concession dudict lieu qui leur a esté faicte par feu nostre très honoré seigneur et père ; et nous ayent requis les maintenir en la pocession dudict lieu ; neantmoins desirant favorablement traicter lesdicts catholicques, depuis que nous avons embrassé la religion catholicque, apostolicque et romaine, et oster ausdicts habitans de l'une et l'autre religion tout pretexte de division, et les entretenir, en paix, en l'observation des ecdictz: à ces causes, nous declarons que nostre intention est de changer le lieu de l'exercice de ceux de ladicte religion prétendue reformée et l'esloigner desdictes églizes de Sainct-Medard et des Cordeliers et le transferer en un autre endroict qui n'aporte aucune incommodité aux catholicques. Et après avoir faict visiter les lieux convenables pour ledict exercice par nos officiers catholicques et avoir ouy leur raport, nous avons jugé qu'il n'y en avoit point de plus propre que le lieu qui sert à présent de cimetiere à ceux de la dicte religion prétendue reformée ; scitué près les murailles de la dicte ville et y joignant par le derrière ; d'autre par le devant à la rue qui va du carrefour Tifauge au batteau de passage du bourg Sainct-Jacques ; d'une heurée[1] aux maisons et jardin de la veufve et heritiers Paul Geslin, sieur de la Pilletière ; d'autre heurée à la rue qui va dudict carrefour ausdictes murailles ; lequel lieu leur a esté donné par les commissaires de Sa Majesté. En consequence de quoy, nous entendons et ordonnons que l'exercice de ladicte religion y soit transferé ; et, pour cet effect, permettons aux habitans de ladicte religion prétendue reformée d'y bastir un temple en telle forme qu'ilz adviseront pour y continuer par eux et leurs successeurs à l'advenir l'exercice de ladicte religion, sans toutefois que lesdicts

---

1. D'un bord ; forme extensive du latin *ora*.

habitans de ladicte religion reformée puissent estre depossedez du temple ou ilz font à present leur exercice, qu'ilz ne soient préalablement en possession réelle et actuelle de faire l'exercice de la dicte religion au nouveau temple qui sera par eux basty. Sy donnons en mandement à noz chers et bien amez les officiers de nostredict duché de Thouars, chacun en droict soy, et comme luy appartiendra, qu'ilz aient à faire enregistrer ces présentes et les faire executer selon leur forme et teneur. Car telle est nostre intention. En temoing de quoy nous avons signé ces presentes, faict contresigner à l'un de nos secrétaires et y aposer le scel de nos armes.

A Paris, le quinziesme may mil six cents quarente deux. »

« HENRY DE LA TRÉMOILLE.

« *(Et sur le repli)* : Par Monseigneur :

« BOULLENOIS. »

(*Acte autrefois scellé sur double queue.*)

(*Au dos*) : « Lettres de permission de bastir un temple, données par mong^r Henri duc de La Trémoïlle et de Touars, du 15 mai 1642, après nous avoir osté l'ancien. »

Chart. de Thouars. P. parch.

VIII

1645, 15 mars. Paris. — Mandement de Marie de La Tour, duchesse de La Trémoïlle.

« Marie de La Tour, duchesse de La Trémoïlle et de Thouars, procuratrice géneralle de nostre très cher et très honoré seigneur et espoux Henry duc de

La Trémoïlle et de Thouars, pair de France, prince de Talmond, etc. Au sieur de Champdor l'un de nos conseillers et secrétaires et thrésorier général de nostre maison, nous vous mandons et ordonnons par ces présentes de bailler et payer à celuy des anciens de l'eglise réformée de Thouars qui a la charge de recevoir les deniers de l'entretien du pasteur de lad^{te} église la somme de cinq cents livres tournois, que nous restons de nostre contribution des quatre années escheues au mois de decembre dernier, et ce des sommes que vous toucherez du casuel de nostre dit duché des années dernières. Et outre vous mandons de payer doresnavant, par chacun an, sur les deniers de vostre recepte, la somme de deux cents livres pour nostre ditte contribution à la subvention dudit pasteur, et ce par demies années, aux festes de St Jehan Baptiste et Noel, le premier payement commançeant à la festé de St Jan prochaine ; et raportant quittances valables du payement que vous aurez fait de la ditte somme de cinq cents livres, et deux cents livres par chacun an, avec copie de ces présentes pour la première fois seullement, le tout vous sera passé et alloué en la despence de vos comptes sans aucune dificulté. En tesmoin de quoy nous avons signé ces présentes de nostre main et fait contresigner par l'un de nos secrétaires, en nostre hostel à Paris, le quinziesme jour de mars mil six cents quarente cinq.

« Marie de la Tour. »

Chartrier de Thouars.

IX

1646, 24 novembre. Vitré. — « *Affranchissement des rentes sur le fons du Temple basti en la rue des Fousteaux,* » *à Vitré.*

« Les bourgeois et habitans de cette ville de Vitré, faisans profession de la Religion P. R. audit lieu, aiant faict construire et batir un Temple dans la dicte ville sur la rüe du Vieil Bourg d'icelle pour l'exercice de ladicte Religion, procez se seroit meu pour les en faire déguespir, à cause que la proximité d'iceluy de l'église Nostre-Dame troubloit le service qui s'y faizoit, ainsi que prétendoient les habitans de la religion catholique de la dicte ville ; et sur ce arrest se seroit rendu au Conseil d'Estat de Sa Majesté le 12e février 1644, par lequel il auroit esté ordonné qu'à la diligence et fraiz desdits habitans de la Religion, il seroit baty un nouveau Temple pour l'exercice d'icelle, de telle structure, longueur et largeur que bon leur sembleroit, dans le jardin du nommé Leurot, situé en la rüe de la Folie, près le faubourg de la Hellerie, et ce dans la feste de St Jean Baptiste, lors prochaine, pour tout délay, sans espérance d'autre, et que ledit jour avenu, lesditz de la Religion seroient dépossédez de leur ancien Temple, fait en ladite ville, duquel une portion convenable seroit emploiée en chapelle qui seroit dotée par Monseigneur, suivant l'ofre par luy volontairement fait ; et le surplus en une auditoire pour l'exercice de la jurisdiction dudict lieu ; pour servir à la construction duquel nouveau Temple auroit esté ajugé par le susdit arrest ausdits de la Religion la somme de dix mil cinq cent livres pour leur désinterressement du batiment dudit ancien Temple, à prendre sur les deniers communs et d'otroy de ladite ville. Et d'autant que pour l'exécution dudit arrest lesdits de la Religion n'estoient lors en puissance de fournir et avancer si promptement ladite somme de dix mil cinq cent livres, et que pour plusieurs autres considérations ils ne pouvoient entreprendre et se charger de la construction dudit nouveau Temple, ils eurent recours à très haute et illustre princesse, madame Marie de La Tour, duchesse de La Trémoïlle et de Thouart, laquelle par un effet de sa piété et de l'afection particulière qu'elle a toujours portée ausdits de la Religion auroit (en inclinant à leur suplication) eu agréable de se charger du batiment dudit Temple, moiennant la subrogation, laquelle luy fut consentie de la part desdits de la Religion pour recevoir et prendre ladite somme de dix mil cinq cent livres avec les intérests à eux ajugez de par ledit arrest ; et en conséquence auroit madite dame fait construire et batir ledit nouveau Temple sur l'emplacement cy dessus désigné, dans lequel lesdits de la Religion font à présent leur exercice. Ce qui ainsi reconnu, ont esté présans devant nous les notaires royaux de Rennes et de Vitré, madite dame autorisée, en tant que mestier, de très haut et illustre prince monseig^r Henry, duc de La Trémoïlle et de Thouart, pair de France, baron dudit Vitré d'une part ; et nobles gens Paul Le Moyne, s^r de La Marche ; Pierre de La Place, pasteur ; Jean Ravenel, s^r de l'Isle ; Jaques Hardy, s^r de la Touche ; Jaques Guesdon s^r de la Gayinière, et Guy de Gennes s^r du Chalonge, anciens de ladite église ; faisans pour le général desdits de la Religion, d'autre. Et a ma dite dame déclaré ne prétendre aucune chose audit nouveau Temple, pavillons au devant et dépandances, reconnoit que le tout apartient ausdits de la Religion, comme aiant fait l'achat de l'emplacement et construit le tout de ladite somme de dix mil cinq cent livres par eux, comme cy devant luy, subrogée ; laquelle elle a touchée pour la plus grande partie, se réservant de se faire païer du par sus, ainsi qu'elle le verra bon ; ce que lesdits Le Moyne, de La Place, Ravenel, Hardy, Guesdon et de Gennes esdits noms, qualitez et audit nom, ont accepté avec très humbles remerciemens, qu'ils ont fait à madite dame des efets qu'elle a eu agréable de leur donner en cette ocurence de sa piété et de son afection envers eux ; et en faveur de madite dame, mondit seigneur a baillé pour indamnisé l'emplacement dudict nouveau Temple, pavillon et dépendances, lequel est sous son fief de la baronnie de Vitré, sans y pouvoir cy après prétendre aucun avènement dudit fief ; mesmes a cédé et gratuitement donné à perpétuité ausdits de la Religion toutes et telles rentes qui pouvoient luy estre dues sur et pour raison dudit emplacement, ensemble les lodes et ventes qui luy apartenoient à cause de l'aquisition d'iceluy faite par lesdits de la Religion. Et de ce que dessus, mondit seigneur, madite dame et lesdits Le Moyne, en qualité de procureur desdits de la Religion ; de la Place, pasteur ; Ravenel, Hardy, Guesdon et de Gennes, ausdits noms, sont demeurez d'acord ; et l'ont [consenti] et acepté, promis et juré tenir ; nous partant [la délibération] de nos dites cours, par le jugement d'icelles, [sur leur foi] jurée, néantmoins induces, les y avons de leur [consentement] jugez et condamnez ; tesmoin, etc.

« Fait et consenti au chasteau dudit Vitré sous le seing desdites parties, le vingt quatrième jour de novembre, mil six cent quarante six, avant midy. Ainsi signé au regestre : Henry de La Trémoïlle, Marie de La Tour ; P. de La Place ; J. Hardy ; P. Le Moyne ; G. de Gennes ; Ravenel ; J. Guesdon ; C. Ernaud, notaire royal ; J. de Lespine, notaire royal.

« Par copie [collationnée par nous] soussignés, notaires et tabellions en la cour et baronnie de Vitré, à l'original à nous aparu et représenté par maistre Pierre Gauvin, sr de la Malcotière, l'un des anciens de ceux qui font profession de la Religion P. R. audit Vitré, et luy rendu avec la présente pour servir ce que de raison.

« Fait audit Vitré le vingt et cinquième jour d'aoust mil six cent soixante et unze. Et a signé :

« P. Gauvaing.

« De Lespine, notaire.

« Durosoy, notaire de Vitré. »

Chartrier de Thouars.

X

1650, 8 juillet. Thouars. — Lettre de Marie de La Tour à son frère.

« Mon frère, j'ay receu par ce messager vostre lettre du quatre de ce mois. Je me sers de la mesme voye pour y respondre et commenceray par vous dire que vous m'avés fait fort grand plaisir de me mender des nouvelles de mon fils et de ce qui se passe en vos cartiers. Je n'ay point doutté que plusieurs personnes le voyant s'aprocher de Bourdeaux n'en conceusses des espérances de le pouvoir attirer à leur party et ne fissent toutes les tantative nécessaires à ceste fin ; mais de l'humeur que vous le cognoissez, il n'est pas aysé de luy faire changer ses résolutions ; et quand son devoir et sa conscience ne l'auroient pas déterminé en celle cy, tant de raisons l'obligeroient à le faire que je ne puis comprendre comment il se trouve des personnes capables de luy donner un conseil si ruineux. Je ne doutte point qu'il ne servit de beaucoup au party de Bourdeaux, quand il ne feroit autre choze que d'obliger le Roy à s'asseurer de Taillebourg ; et le temps qu'il y emploiroit seroit autant de répit pour eux qui, cepandant, auroient moyen de ce recognoistre et d'avizer de quelle façon ils se resoudront à recevoir le Roy : et voila ce qu'ils pouroient profiter de la perte de mon fils, qui, je cray, n'est pas en intention de servir de ceste sorte ses amis.

« Quand à ce qui se publie des deux millions six centz milles livres qui doivent venir d'Espagne cela est bon à dire et à estre creu de ceux qui croyent les chozes sans juger de leur possibilité. Mais, qui considérera que la dizete ou ils sont d'argent est encore plus grande que la nostre, ils ajousteront difficilement foy à ses bruitz ; et pour moy qui me souviens d'avoir ouy dire à M^e ma belle seur, après le traité que feu M. le comte et M. mon frère avoient fait à Sedan avec eux, que de cinquante article ils n'avoient peu satisfaire à quatre et qu'au lieu d'un grand nombre de pistolles qu'ils s'estoient obligez de donner, ils amenèrent de misérables voiture de sols qui n'estoient pas capables de payer les espions ; et à cela elle adjoustoit que cognoissant leur foiblesses comme elle faisoit, il ne luy arriveroit jamais de rien négocier avec eux. Cependant voila que le malheur de mon frère [1] le réduit encore à ceste misérable extrémité ; et, sans mentir, je n'y puis penser sans larmes ; je ne doute point que le lèvement du siège de Guise, jointe à la venue du Roy, ne mete ce party en une estrange consternation ; et il y a grande assurence que la plus saine partie du parlement de Bourdeaux, quand elle ce verra fortifiée de la présence du Roy, que ses deux puissance jointe ensemble ne rameine l'autre à son devoir. Je me prépare pour mon voyage de Poitiers et je cray que mon fils, comme il l'avoit résolu, fera le semblable, car je tiens avec lui qu'il est bien plus à propos qu'il vienne au devant de la cour jusques la, qu'en l'attendant à Saintes, donner sujet de dire qu'il n'y est venu qu'à toute extremité. On l'escrit de Paris merveilleusement contente de cet heureux évenement de Guise. Et en effet, ce sont des prospérités qui estonneroient, si le Roy n'estoit en possession d'avoir de pareils avantages en toutes ocasions. Je loue Dieu de la bonne santé de mon fils et le suplie de tout mon cœur de l'acompagner tousjours de la conduite de son esprit, dont on a bien besoin en

---

1. Turenne.

ses temps facheux. J'avoue que ce secours d'Espagnols et le dessein de metre l'ennemy de l'estat au milieu de la France me choque à tel point que je ne trouve rien qui le puisse colorer. Et je le tiens si préjudiciable à celuy que l'on a de proccurer la liberté des princes qu'il me semble qu'on ne pouvoit rien faire qui l'élongnast davantage. Je n'escris point à mon fils, l'ayant fait depuis deux jours par un des miens. Vous luy direz que l'on m'asseure que Mademoiselle vient avec la cour et que l'on n'en nomme point d'autre. On escrit à Marie que l'on chante sur le Pont-Neuf l'engagement de M^r de La Trémoïlle au party des princes ; que l'on fait courir le bruit d'une blesure de mon frère de Turenne, mais que l'on le croit faux. Il ne me reste qu'à vous asseurer que je suis très véritablement, mon frère,

« Vostre très affectionnée à vous faire service

« MARIE DE LA TOUR.

« Vous me ferés plaisir de me donner promptement des nouvelles de mon fils. »

Chartrier de Thouars.

XI

1661. — Extrait du Mémoire justificatif de Marie de La Tour, duchesse de La Trémoille.

« La conduite que j'ai tenue au maniement des affaires de notre maison me devoit apparemment exempter de la peine de la justifier, car, outre que j'y ai agi avec toute la sincérité imaginable et qu'elle a eu des succès avantageux, je puis dire, sans vanité, qu'elle a toujours été accompagnée de témoignages et publics et particuliers si conformes à mon intention et à la vérité, que je ne pouvois m'imaginer qu'il se pût trouver des esprits assez malicieux pour s'efforcer d'en étouffer la créance. Mais sachant que des personnes qui ne sont pas très suspectes, poussées du ressentiment qu'elles ont de ce que je me suis toujours opposée au dessein qu'elles avoient de faire leurs affaires aux dépens des nôtres, s'efforcent autant qu'elles peuvent de déguiser ma conduite, et qu'elles réservent les derniers efforts de leur calomnie pour les produire après ma mort, je suis contrainte de laisser après moi un abrégé de la manière dont j'ai agi dans les affaires de notre maison, et particulièrement en celles que Monsieur mon mari a commises à mon soin, afin de donner moyen à ceux qui conserveront quelque estime ou amitié pour ma mémoire de justifier pleinement ma conduite, et faire tomber le blâme et les reproches sur ceux qui la voudroient noircir.....

CHATEAU DE THOUARS

« En l'année 1635, le château de Thouars fut commencé de rebâtir. Si cette entreprise mérite du blâme, j'avoue que je le dois aussi porter ; mais, afin que l'on ne m'en donne pas plus que de raison, je dirai par quels motifs j'y fus portée. J'étois logée assez incommodément ; j'avois proche de ma chambre trois ou quatre petits lieux qui estoient inutiles, et une petite cour qui ne servoit qu'à donner du froid et du vent. Monsieur mon mari me permit de faire, dans les espaces, deux cabinetz et une garde robe, dont la dépense ne pouvoit pas monter à mille écus, pour ce que toute la charpenterie en étoit toute prête, ayant été achetée pour un autre dessein qui n'avoit pas eu d'exécution. En travaillant donc à celui-ci, et voulant joindre ce bâtiment neuf au vieux, on y remarqua des ruines si apparentes que chacun conclut à n'en demeurer pas là, étant tout évident qu'il n'y avoit nulle sureté à y loger. Cela nous fit résoudre de continuer sur le même dessein que nous avions commencé, et c'est d'où viennent les défauts qui s'y remarquent ; car, même pour y remédier autant que nous avons pu, nous avons fait faire par deux fois le devant du premier pavillon qui regarde sur le parterre, duquel l'alignement ne pouvoit être suivi pour ce que le corps du logis eut trop avancé dans la cour.

« Chacun peut juger que ce bâtiment, qui a près de soixante toises de longueur, ne s'est pu faire qu'avec une grande dépense ; et néanmoins il est constant qu'il ne nous revient pas à la moitié de ce que tout autre en auroit déboursé, ayant des commodités que peu de gens ont d'avoir un parc qui nous a fourni tout le bois nécessaire tant pour la charpenterie que pour faire la chaux, dont il a fallu une si grande quantité, à cause de l'épaisseur des murailles qui ont en leur empatement plus de vingt pieds, que ce seul article nous auroit cousté plus de 10,000 écus. Nous avions la pierre de taille pour un sol le pied en carré, et presque tout le moëllon s'est tiré de la démolition du vieux château. Les charrois qui ont été nécessaires pour le transport de tous les matériaux ont été pris sur les corvées que nous doivent les laboureurs ; et celles qui nous sont dues par les hommes à bras ont fait tout l'ouvrage qui paroit le moins, mais qui en effet est le plus long et le plus difficile, qui est le transport des terres, sans quoi nous eussions fait un grand bâtiment sans aucune issue. Il nous a donc fallu raser un donjon ou motte de terre, qui avoit de longueur quarante toises et de largeur vingt sept, qui, en sa plus grande hauteur, pouvoit être de trente huit à quarante pieds et au plus bas environ de vingt pieds du rez de chaussée de la cour. Sa figure étoit tout à fait irrégulière, et pouvoit contenir cinq mille toises de terres cubes en sa solidité. C'est en ce lieu que nous voulons faire nos basse-cours ; et les terres qui en ont esté tirées ont servy à remplir deux terrasses, en forme de bastions plantés d'allées, qui font toute la décoration du château et qui ne se sont pas faites sans peine, ayant été obligés d'ôter de la plupart des allées huit pieds de roc pour les remplir de bonne terre.

« Je n'aurois jamais fait si je voulois spécifier par le menu des travaux qui se sont faits avec un ménagement qui étonnera ceux qui se voudront donner la peine d'en voir les comptes, lesquels se trouveront dans nos chartres. Je dirai seulement encore ce mot, que qui considérera la beauté de la terre de Thouars ne s'étonnera point qu'on y ait voulu joindre un château qui y fut proportionné, principalement ceux qui se souviendront d'avoir vu le vieux, qui avoit toujours été négligé par ceux qui l'avoient possédé, s'étant contentés d'y bâtir une chapelle qui fait assez voir qu'ils ne manquoient que de volonté et non de puissance.

« Je puis encore ajouter à tout ce que dessus que nos maisons, qui n'avoient pour meubles que quelques tentures de tapisseries, et encore pour la plupart si vieilles et si usées qu'elles n'étoient plus d'aucun usage, se voient présentement garnies de tous les meubles qui y sont nécessaires, c'est-à-dire les châteaux de Thouars, Laval, Vitré, Ollivet, Louzy et notre logis de Paris, qui sont les lieux où nous faisons nos principales demeures [1].....

Copie contemporaine, appartenant à M. Audebert, notaire à Thouars.

[1]. Le texte complet de ce document a été publié par M. Imbert, dans les *Mémoires de la Société des Antiquaires de l'Ouest*, tome XXXII, Ire partie, pages 89-129. Nous avons rectifié l'orthographe du présent extrait.

DEUXIÈME PARTIE

TITRES DE VITRÉ

I

*1451, 25 mai. Vannes.—Arbitrage du duc de Bretagne, Pierre II,
sur les prééminences des comtes de Laval, seigneurs de Vitré, et
des vicomtes de Rohan, barons de Léon, aux Etats de la province.*

« Pierre par la grâce de Dieu, duc de Bretaigne, comte de Montfort et de Richemont. — Comme contrariétez et débats fussent à présent entre nostre très cher et très amé frère et féal Guy, comte de Laval, seigneur présumptiff de la baronnie et seigneurie de Vitré, et nostre très cher et très amé oncle et féal, Alain, vicomte de Rohan et baron de la baronnye et seigneurie de Léon, touchant leurs rencs et assieptes, et lequel d'elx auroit le premier et le plus haut lieu au prochain de nous et des seigneurs de nostre sang, du costé senestre de nostre siège, en cest nostre présent général parlement; lequel lieu disoit nostre dit frère de Laval luy appartenir par cause de la baronnye de Vitré et en avoir eu autreffoiz possession es parlemens généraulx de Bretagne, et autres estatz, jaczoit qu'il ne fust que présumptiff héritier; ce que nostre dict oncle de Rohan luy contrarioit: ainczoys disoit celuy premier lieu appartenir par cause de sadite baronnye de Léon, obstant que nostre dit frère n'estoit à présent seigneur propriétaire de ladite baronnye de Vitré; et que nostre dit frère de Laval n'estoit recevable à y faire demande ne aucune question, attendu ce que dit est, et que belle cousine Anne de Laval, sa mère, en estoit dame et héritière de son héritaige et en joissoit en propriété et possession : sur lesquelles contrariétez nosdits frère et oncle et chascun de sa part se fussent et soint rapportez à nous de enquérir de leurs droictz, pour sur ce en ordonnez et discuter entr'elx ; promettans en tenir de chaincune part nostre déclaration..

« Scavoir faisons que, emprès avoir veu et examiné aucunes lettres et faict certaines autres informations en ceste matière, et eu advis et délibération sur ce avecques les seigneurs de nostre sang et autres seigneurs barons et gens d'estat se y assemblés pour le faict de nostre dict parlement, et affin de soppir et estaindre en perpétuel ladicte question entre nosdits frère et oncle et leurs successeurs, entre lesquelz désirons bonne amour estre entretenue à touzjoursmais, avons en présence de nosdits frère et oncle, ordonné et ordonnons par cestz présentes que nostre dit oncle de Rohan, à cause de la baronnye de Léon aura son assiepte en cedit présent parlement et autres parlemens généraulx à venir, le premier jour que y serons, au prochain et au plus hault lieu du costé senestre, emprès les seigneurs de nostre sang qui y seront, et que le second jour ensuyvant tant de cedict présent parlement que autres à venir, nostredict frère de Laval ledict premier hault lieu dudit costé senestre ; et que ainsi continueront leur dite assiepte à touz les parlements à venir *alternis vicibus et diebus*, jucques à ce que nostre dit frère de Laval soit entièrement seigneur propriétaire de ladite baronnye de Vitré. Mais icelle seigneurie de Vitré luy advenue, en celuy cas nous avons déclairé et déclairons que nostre dit frère de Laval et ses successeurs, seigneurs propriétaires dudict lieu de Vitré, auront et leur appartient avoir leurs rancs et assiepte en notz parlemens généraulx et aultres estanz à venir, au premier et plus hault lieu de nostre costé senestre, et, ailleurs, au prochain de nous et emprès les seigneurs de nostre sang qui y seront ; et que iceluy lieu pourront garder et continuer sans alternative ne interposition pour les temps à venir, réservé les droictz des barons d'Avaulgour et de Foulgières. Et durant le temps de l'alternative entre nosdicts frère et oncle, ordonnons que celuy de nostredit frère et oncle qui ne seront au premier lieu dudict costé senestre es jours dessurdiz ordonnez, se seoirront de l'autre part et au costé dextre, devers les prélatz, emprès les seigneurs de nostre sang, se aucuns en y a. Laquelle déclaration et ordonnance, en la manière dessurdite, avons ordonné à nosdits frère de Laval et oncle de Rohan et chaincun d'elx tenir pour elx et leurs héritiers et successeurs.

« Donné en nostre ville de Vennes, le vignt cinquiesme jour de may l'an mil quatre cens cinquante ung. — Signé : PIERRE. — Par le duc, de son commandement; présens : monsieur le comte de Richemont; vous[1] ; le grand maistre d'ostel; Guillaume Chauvin, président des comptes et plusieurs autres : Odet Coetlogon. — Et saellé en cire rouge.

« Donné et faict par transumpt et vidimus, collation faite à l'original ; celuy transumpt adjugé à hault et puissans seigneur, Guy, comte de Laval, de Montfort et de Quintin, sires et baron de Vitré, etc., à l'encontre de missire Franczois Brullon, docteur aux droictz, procureur de ceste court, o déclaration d'autant de foy y estre adjoustée, comme au dict original, le vingt ouictième jour de janvier l'an mil cinq cens vingt ouict, par la court et aux généraulx plez de Rennes, davent monsieur le senneschal d'icelle, durant l'expédicion du congié dudict sires de Vitré.

« M. CHAUVIRY, passe.

« Par transumpt et vuydimus.
« Collation faicte à l'original.

« *(Sceau plaqué du parlement de Rennes.)*

« *Au dos :* Ceste lettre est de conséquence, par laquelle appert quelles prééminences doibvent avoir les s[rs] de Lavail et Rohan estans au parlement de Bretaigne. »

Chartrier de Thouars. Copie du XVIe s. sur parchemin.

1. Le chancelier.

II

1619, 9 avril. Vitré. — « *Acte de maison de ville du 9ᵉ apvril 1619, par lequel est advisé que d'ores en avant l'en tirera à l'oiseau roiaul de le harquebuse, à bras ouvert et qu'il sera publyé par trois jours.*

« Du mardy neufiesme jour du moys d'apvril, à l'heure de midi, mil seix centz dix neuf, estantz, messieurs les nobles bourgeoys et habittantz de ceste ville de Vittré, congrégez et assemblez en leur maison de ville, en forme de corps polliticq, après le son de la grosse cloche, en manière acoustumée, pour traicter et libérer des affaires de leur communauté de la part de honnorable homme Bodinays Guesdon, sieur de la Gouynière, l'ung desdictz bourgeoys, et leur procureur sindicq ; a esté remonstré que par cy devant il auroict esté mins en délibération et qu'il seroict advizé sy à l'advenir l'on tireroict le papegault et oyseau royal de ceste ville, à bras ouvertz et sans auchune appuiettes ny barrières, pour les grandz abutz qui s'y sont commins par le passé, au grand préjudice et nottable interrestz du publicq ; quelle délibération auroict esté jucq à présant retardée ; et que à présant il est requis d'en délibérer et advizer à ce qu'il y soict donné ordre pour l'advenir, pour évitter aus dictz abus, à l'endroict, Mᵉ Jean Pichot, sieur de la Morrandière, cy présent comme substitud de monsieur le procureur fiscal de la court dudict Vittré, a requis qu'il soict délibéré présantement que à l'advenir il n'y aura auchunes barières ny apuiettes pour tirer audict oyseau royal, ains que ceux qui y tireront, que ce sera à braz ouvertz, attendu les grandz abus qui s'y sont commis, et a déclaré se joindre avecq ledict sieur procureur sindicq à ce qu'il soict ainsy délibéré et ordonné. Sur quoy ayant la dicte communauté muremement délibéré, a esté par les voix communes advizé et délibéré que à l'advenir il ne sera tiré aus dictz papegaulx et oyseau royal par ceux qui y tireront et soint enrollez, que à bratz ouvertz, sans appuyettes ny barrières. Et a esté ordonné que la présante délibération et ordonnance sera, à la dilligence dudict sieur procureur sindicq, bannye par troys jours de dimanches consécutifz et précédantz le plant dudict oyseau royal par ceste ditte ville et forbourgs, à son de tambour, et mesmes soubz ledict oyseau, lorsqu'il sera planté ; et enjoinct à tous de garder estat à la présante ordonnance sur peine de demeurer descheuz du proffict dudict oyseau et de le faire remonter à leurs fraiz ; dont pour valloir et servir, ou et ainsy qu'apartiendra, a esté ordonné au soubzsignant, nottaire et greffier de ladicte communauté, raporter le présanct acte.

« Faict audict Vittré en la dicte assemblée et maison de ville lesdictz jour et an que devant.

« Bidault. »

III

1661, 6 juillet. Nantes. — Lettre du roi convoquant aux Etats de Bretagne qui se tiendront à Nantes.

« A mons^r le duc de La Trémoille.

« Mon cousin, ayant jugé à propos de convoquer et assembler, en la forme ordinaire, les Estatz de mon pays et duché de Bretagne, pour leur faire entendre plusieurs choses touchant le bien de cest estat, et particulièrement celuy dudit pays, j'en ay ordonné et assigné la tenue en ma ville de Nantes, au quinziesme jour d'aoust prochain. Et désirant que vous y assistiez pour donner vostre advis sur ce qui y sera proposé, mesmes consentir à ce qu'on estimera y devoir estre résolu et arresté à l'avantage de mes affaires ou de la province, je vous escris cette lettre pour vous en advertir et vous dire que vous ne manquiez pas de vous trouver à cet effect en madicte ville de Nantes, au jour susdit, afin de vous employer et concourir avec les autres de l'assemblée à tout ce qui s'offrira pour l'utilité de mon service et le soulagement de mes sujets dudit duché. La présente n'estant à autre fin, je prie Dieu qu'il vous ayt, mon cousin, en sa saincte et digne garde.

« Escrit à Fontainebleau, le vi^e jour de juillet 1661. »

Chart. de Thouars. Copie contemporaine.

TROISIÈME PARTIE

TITRES DU COMTÉ DE LAVAL

I

(*Sans date*). « *Mémoire sur ce qui peult appartenir à Monseigneur le Comte et à Madamoiselle au Comté de Laval.*

« En mettant le comté de Laval en soixante et douze escuz, les premiers puisnez qui sont messieurs de Guymené, la Roche-Guyon et Chastillon en emportent le tiers, qui sont vingt quatre escuz. — Des quarente huict restans, Mrs de Boisdauphin, Noirmoustier, Sancerre et Mirepoix, en emportent le tiers qui sont seize escuz. — Des trente deux restans, madame la Princesse en emporte le tiers, qui sont dix et deux tiers. — Des vingt ung et ung tiers restans, monsieur le comte de Laval et madamoiselle de La Trémoïlle en ont tous deux sept escuz et ung neufviesme.

« C'est ung dixième qu'ilz ont eux deux, desduict le préciput.

« Quand monsieur le comte de Laval est décedé, il debvoit cinq cens mille livres au plus sur toute la succession de Laval, Rieux et d'Andelot, dont Laval debvoit environ le cinquième, qui est cent mille livres ; partant doibvent lesdits puisnez environ dix mille livres eux deux.

« Et leur dixième vault à prendre le comté à VIIᶜ Lᴹ. liv., outre le préciput la somme de soixante quinze mille livres.

« Tellement qu'il leur revient de net soixante cinq mille livres aux deux pour le regard du principal.

« Quant aux fruitz à prendre, le Comté tout entier et non démembré a quinze mille livres de rente, il leur en revient quinze cens livres par an, sur quoy fault desduire la rente et fraiz des dix mille livres qu'ils doibvent, qu'il fault prendre à environ sept cens livres, resteroit huict cens livres par an qui est en treize années, finies en décembre 1618, dix mille huict cens livres ; mais il fault desduire environ ung tiers à cause de la jouissance de madame de Fervacques, tellement qu'il ne reste que sept mille deux cens livres.

« Somme toute de ce que Laval doibt ausdicts puisnés . . . . . . LXXII^M II^c liv.

« Laquelle somme il leur fault desduire sur ce qu'ilz doibvent de la succession de La Trémoïlle, ainsy qu'il sera dict en la feuille de papier cy attachée.

« HENRY DE LA TRÉMOILLE. »

Chartrier de Thouars. P. pap.

II

1429, 17 juillet. Reims. — Erection de Laval en comté.

« Charles, par la grâce de Dieu, Roy de France et de Navarre, sçavoir faisons à tous présens et advenir, que ayans bien en mémoire la bonne loyauté que entre tous autres nous ont recommandablement et de tout temps tenue nos chères et amées cousines les dames de Laval, et nostre cher et féal cousin, le sire de Laval, leur aisné fils, et leurs autres enfans en eux tenans fermes et stables en nostre vraye obéissance, sans jamais avoir voulu varier, quelque temps qui ayt couru pour menaces ou promesses que leur ayent peu faire nos anciens ennemis les Anglois, ne pour pertes de plusieurs de leurs baronnies, villes, chasteaux et terres, ayant regard aussi aux très grands bons et honorables services que nous ont faits, tant en l'expédition de nos guerres contre nosdits anciens ennemis que autrement leurs dits enfans, et encores font présentement en cestuy nostre voyage à Reims, où avons ce jour d'huy receu, s'il a pleu à Nostre Seigneur, nostre sacre et couronnement, et que ont fait paravant leurs prédécesseurs et ceux de leur hostel à la maison de France en plusieurs manières ; en quoy, sans aucune espargne, ils ont exposé leurs corps, amis, puissance et chevance, et fait de très grands et grosses mises en portant le faix et charge de la guerre à leurs propres cousts et despens contre nos dits ennemis ès frontières où leurs places sont assizes ; voulans et désirans leur dite loyauté et iceux services reconnoistre tellement (comme bien l'ont déservy) que ce soit à l'exaltation, honneur et décoration d'eux et de leur postérité et hostel, et que les autres nobles et vassaux de nous et de nostre royaume, à celle exemple soient plus enclins de nous et de nos successeurs bien et loyaument servir ; considérant aussi que leur terre et seigneurie de Laval est une noble, ancienne et grosse baronnie moult notable et de grand nom et valeur ; outre les autres terres et baronnyes qu'ils tiennent en Bretagne, Normandie, Flandre, Haynau et ailleurs en ce royaume en divers lieux, et qu'en icelle baronnye a ville notable et plusieurs chasteaux, chastellenyes, seigneuries et autres notables et anciennes places mouvans et tenues de ladite baronnye, dont ceux qui les tiennent sont hommes et vassaux de ladite seigneurie et baronnie de Laval ;

« Nous, pour les causes et considérations dessusdites et autres bien raisonnables, de nostre mouvement, et par l'advis aussi et délibération de plusieurs de nostre sang et lignage et autres de nostre grand conseil, icelle seigneurie et baronnie de Laval, de nostre certaine science, pleine puissance et authorité royale, avons créé et eslevé, et par la teneur de ces présentes, de grace spécial créons et eslevons en comté de Laval, Voulons, ordonnons et décernons que d'oresnavant et perpétuellement nosdites cousines et cousin, et leurs successeurs, seigneurs de Laval, soient tenus, réputez, appellez comtesses et comte de Laval, jouyssent et usent en tous cas de tous droicts, noblesses, authoritez, prééminences et prérogatives en faicts de guerre, assemblées de nobles et autrement, en tous lieux et places, dont usent et jouyssent et ont accoustumé jouyr et user les autres comtes de nostre royaume, et que tous les vassaux et autres gens de quelque estat et condition qu'ils soient, tenus noblement ou roturièrement de ladite seigneurie de Laval, quand ils feront leurs hommages et bailleront desnombrement de leurs terres, les fassent et baillent à nostre cousine la dame de Laval, la jeune, propriétaire et usufructuaire de ladite baronie, et après elle à nostre dit cousin et féal son aisné fils, et à leurs successeurs, comme à comtesse et comte de Laval. Et outre, voulons, ordonnons et décernons que nostredite cousine de Laval, la jeune, nostre dit cousin, son fils aisné, et leurs successeurs, tiennent et possèdent d'oresnavant ladite comté de Laval aux charges deues et anciennes, tant envers nous, comme autres, sans quelconque condition ou accroissement de charge ou redevance nouvelle, et en la forme et manière qu'elle estoit tenue paravant qu'elle feust créée et eslevée en comté. Si donnons en mandement, par la teneur de ces présentes, à nos amez et féaux conseillers les gens de nostre parlement et de nos comtes, et à tous nos sénéchaux, baillifs, prévosts et autres nos justiciers et officiers, ou à leurs lieutenans qui sont à présent et seront pour le temps advenir et à chacun d'eux, si comme à luy appartiendra, que nosdites cousines et cousins et leurs successeurs, comtes de Laval, fassent et souffrent jouyr et user de nostre dite présente grâce, création et ordonnance, et en la forme et manière que sont et ont accoustumé de faire les autres comtesses et comtes de nostre dit royaume et qu'il appartiendra par raison, en contraignant à ce faire et souffrir, si mestier est, ceux qui seront à contraindre, par toutes voyes et manières, deues et raisonnables. Et afin que ce soit chose ferme et stable à tousjours, nous avons fait mettre nostre scel à ces présentes, sauf en autres choses nostre droict et l'autruy en toutes.

« Donné à Reims, le dix septième jour de juillet, l'an de grâce mil quatre cens vingt neuf et de nostre règne le septiesme. Ainsi signé sur le reply : Par le Roy en son grand conseil, auquel monseigneur le duc d'Alençon, les comtes de Clermont et de Vendosme, vous, les évesques de Chaalons, de Séez et d'Orléans, les sieurs de Lebret et de La Trémoïlle, le bastard d'Orléans, le maréchal de Saincte-Sévère, le maistre des arbalestriers, l'admiral, les sires de Raix, de Montjean, d'Argenton, de Gaucourt et de Tucé, le doyen de Paris et plusieurs autres estans. Signé au dessous : Budé, *Visa ;* et sellées en lacqs de soye vert et rouge, de cire verte, et au dos est écrit : *lecta et publicata Pictavis in parlamento regio, decima septima die maii, anno millesimo quadringentesimo trigesimo primo.* Ainsi signé : BLOIS. »

III

1467, 19 novembre. Le Mans. 1483, octobre. Blois. — Lettres patentes du roy Charles VIII, confirmatives de celles du roy Louis XI pour les rangs et prérogatives des comtes de Laval.

« Charles, par la grâce de Dieu, Roy de France, sçavoir faisons à tous présens et à venir, nous avoir receu les lettres patentes de feu nostre très cher seigneur et père, qui Dieu pardoint, en forme de chartre, scellées de son grand seel en lacs de soye et cire verte, à nous présentée par nostre très cher et amé cousin François de Laval, comte de Montfort et sire de Gavre, desnommé esdites lettres, desquelles la teneur s'ensuit.

« Louis, par la grâce de Dieu, roy de France ; scavoir faisons à tous présens et à venir, que nous, considérans la proximité de lignage en quoy nous attient nostre très cher et amé cousin François de Laval, seigneur de Gavre, voulant l'eslever en honneurs et privilèges ainsi qu'à sa personne appartient selon le degré de lignage en quoy il nous attient, à iceluy nostre neveu et cousin avons octroyé et octroyons par ces présentes, et par privilège spécial, et à ses hoirs comtes de Laval, que d'oresnavant ils soient en tels honneurs, lieu et prééminences, soit en nostre grand Conseil, en nostre Parlement, en tous autres lieux ou il se trouvera, et qu'il précède nostre chancelier et tous les prélats de nostre royaume, tout ainsi qu'ont fait et font nos très chers et amez cousins les comtes d'Armagnac, de Foix et de Vendosme. Si donnons en mandement à nostre amé et feal chancelier, et à tous nos autres justiciers et officiers, ou à leurs lieutenans, présens et à venir, et à chacun d'eux, si comme à luy appartiendra, que nostre dit neveu et cousin et sesdits hoirs comtes de Laval, ils fassent, souffrent et laissent jouir paisiblement de nos privilèges et octroy, car tel est nostre plaisir, nonobstant quelconques statuts ou ordonnances à ce contraires ; et afin que ce soit chose ferme et stable à tousjours, nous avons fait mettre seel à cesdites présentes, sauf en autres choses nostre droict, et l'autruy en toutes.

« Donné au Mans, le dix neufième jour de novembre, l'an de grâce mil quatre cens soixante sept, et de nostre règne le septième. Ainsi signé : Par le Roy, le comte de Longueville, Guillaume de Varie, général, et autres présens : DE LA LOERE. *Visa.*

« Lesquelles lettres dessus transcrites, après ce qu'elles ont esté bien au long veues et visitées en nostre grand Conseil, auquel estoient plusieurs grands seigneurs de nostre sang et lignage, prélats, barons et autres notables personnages, tant d'Eglise que laïcs, ausquels lesdittes lettres et le contenu en icelles ont semblé justes et raisonnables, avons eues et avons pour agréables, et icelles avec tout ce qu'elles contiennent, par l'advis et délibération des dessusdits seigneurs de nostre sang et gens de nostre conseil, et aussi en faveur et contemplation de nostredit cousin le comte de Montfort, réduisant en mémoire les causes contenues esdites lettres dessus incorporées, qui meurent nostre dit feu seigneur et père à octroyer le privilège contenu en icelles ; et aussi les grands services que nostredit cousin a dès son jeune aage fait à nostre dit feu seigneur et père, et continué jusques à son trespas, et depuis à nous fait chacun jour à l'entour de nostre personne, en très grand cure et solicitude, et qui continuellement est occupé avec nous et lesdits sieurs de nostre sang en nos plus grands et plus principaux conseils et affaires de nostre royaume, aussi la grande proximité de lignage, en quoy luy qui est fils de la fille de la propre sœur germaine de feu nostre très cher seigneur et ayeul (qui Dieu absolve), le roy Charles VIIe de ce nom, nous attient, la familiarité parfaite et entière confiance que nous avons de luy, et les grandes et louables vertus qui sont en sa personne, avons louées, ratifiées, approuvées et confermées, et de nostre certaine science, grâce spécial, pleine puissance et authorité royal, louons, ratifions, approuvons et confirmons par ces présentes ; par lesquelles, en tant que mestier est, les privilèges, faculté, octroy et autres choses déclarées esdites lettres dessus transcrites, avons de nouvel données et octroyées, donnons et octroyons à nostre dit cousin le comte de Montfort, seigneur de Gavre, par cesdites présentes, pour par luy, ses hoirs et successeurs comtes de Laval, en jouir et user à tous jours perpétuellement, pleinement et paisiblement, tout ainsi et par la forme et manière qu'il est contenu esdites lettres cy dessus incorporées. Si donnons en mandement, par ces mesmes présentes, à nostre amé et féal chancelier et à tous nos autres justiciers et officiers, ou à leurs lieutenans, présens et à venir, et à chascun d'eux, si comme à luy appartiendra, que nostredit cousin et ses hoirs et successeurs comtes de Laval, ils fassent, souffrent et laissent jouir et user de nos présens, grâce, privilège, octroy et confirmation, à tous jours, perpétuellement, pleinement et paisiblement, sans leur faire, mettre ou donner, ne souffrir estre fait, mis ou donné aucun destourbier ou empeschement au contraire, ainçois si fait, mis ou donné leur estoit, le réparent et mettent ou facent réparer et mettre tantost et sans délay à pleine délivrance : car ainsi nous plaist il estre faict, nonobstant quelsconques ordonnances, usage, coustume, mandemens ou défenses à ce contraires. Et afin que ce soit chose ferme et stable tousjours, nous avons fait mettre nostre seel à cesdites présentes, sauf en autres choses nostre droit et l'autruy en toutes.

« Donné à Blois au mois d'octobre, l'an de grâce mil quatre cens quatre vingts trois, et de nostre règne le premier. Ainsi signé ; par le Roy en son conseil, auquel estoient monsieur le duc de Bourbon, les comtes de Clermont, d'Albret, de Dunois, de Comminge, vous [1], les évesques d'Alby, de Langres et de Coustances, les sires de Saint-Valier, de Curton et autres présens. E. PETIT. Visa. »

Traité du droict appartenant au duc de La Trémoille au royaume de Naples. Paris, Deshayes, 1648, in-4°, p. 35.

IV

1619, avril. Saint-Germain-en-Laye. — Confirmation du droict de nommer aux offices royaux.

« Louis, par la grâce de Dieu, roy de France et de Navarre, à tous présens et advenir, salut. Le roy Louis XI, l'un des plus prudens et plus advisez de

---

1. Le chancelier, Pierre d'Oriole.

nos prédécesseurs roys, considérant les grands et signalez services qui de tout temps ont esté rendus à cette couronne par les comtes de Laval et de Montfort en Bretagne, et pour leur donner plus de moyen de continuer par eux et leurs successeurs comtes de Laval les services qu'ils doivent à nostre couronne, par ses lettres patentes en forme de chartre, en datte du mois d'avril mil quatre cens quatre vingt deux, leur accorda et à leurs successeurs comtes de Laval la nomination de tous les offices royaux, tant ordinaires, que des aydes et du grenier à sel de la ville de Laval, et autres estans en iceluy comté ; voulant que ceux qui seroient nommez ausdits offices par lesdits comtes de Laval successivement, fussent pourveus par luy et ses successeurs roys ; ce qui avoit esté confirmé par les roys Louis XII, François I et Henry II ; et auroient esté lesdits comtes de Laval successivement conservez en ladite possession, jusques à ce que les guerres civiles commencées en l'an 1561, et la minorité et condition desdits comtes de Laval auroient troublé la dite possession : tellement que le juge des exempts par appel de ladite ville de Laval, nommé maistre Pierre Noury, se seroit fait par nous pourvoir dudit office sans la nomination de nostre très cher cousin le comte de Laval, duc de Thouars, lequel sur ce subject auroit mis en procez ledit Noury en nostre dit Conseil, et auroit en cette instance si clairement fait apparoir de sesdits droicts, que, par arrest de nostre dit Conseil du 21 mars 1619, cy attaché sous le contre seel de nostre chancellerie, nostre dit Conseil a esté d'avis (sous nostre bon plaisir), que toutes lettres de confirmations nécessaires seroient accordées à nostre dit cousin comte de Laval, pour jouyr à l'advenir de la nomination desdits offices royaux dudit comté de Laval ; et en conséquence d'iceluy nostredit cousin nous a très humblement supplié de les luy vouloir octroyer.

« A ces causes, sçavoir faisons que, désirans en cet endroit bien et favorablement traiter nostre dit cousin, tant pour les causes cy dessus, que pour luy donner d'autant plus de moyen et à ses successeurs comtes de Laval, de nous continuer les signalez services de leurs prédécesseurs comtes de Laval, et anciens seigneurs de La Trémoille, lesquels en toutes occassions et dedans et dehors le Royaume, se sont employez avec une singulière vertu et générosité pour la deffence et manutention de cet estat et couronne, à iceluy nostre dit Cousin, pour ces considérations et autres à ce nous mouvans et de nostre grâce spéciale, pleine puissance et authorité royale, avons confirmé et continué, confirmons et continuons, par ces présentes, ledit droict de nomination ausdits offices royaux de ladite ville et comté de Laval ; voulons qu'à l'advenir ceux qui seront nommez ausdits offices par nostre dit cousin le comte de Laval ou ses successeurs comtes dudit Laval, vaccations advenant d'iceux par mort, résignations ou forfaiture, soient par nous et nos successeurs roys, pourveus desdits offices, et que toutes lettres nécessaires leur en soient expédiées sans aucune difficulté. Si donnons en mandement à nos amez et féaux les chancelliers et gardes des seaux de France, présens et advenir, et à tous nos autres justiciers et officiers chacun en droict soy, ainsi qu'il appartiendra, que ces présentes ils ayent à faire garder, entretenir et observer de poinct en poinct selon leur forme et teneur, et de tout le contenu en icelles faire jouyr et user plainement et paisiblement nostre dit cousin et ses successeurs comtes de Laval, sans souffrir ny permettre qu'ores ny à l'advenir, il y soit contrevenu en aucune façon ou manière que ce soit, ny qu'il leur soit sur ce donné aucun trouble ou empeschement; au contraire si aucun leur estoit fait, mis ou donné, ils ayent à l'oster incontinent et sans délay, car tel est nostre plaisir, nonobstant quelconques lettres, arrests et ordonnances à ce contraires, ausquelles et aux dérogatoires y contenus, nous avons dérogé et dérogeons par ces présentes, ausquelles, en tesmoin de ce, nous avons fait mettre nostre seel, sauf en autres choses nostre droict et l'autruy en toutes.

« Donné à S. Germain en Laye, au mois d'avril, l'an de grâce mil six cens dix neuf, et de nostre règne le neufième. »

Titres du comté de Laval et de ses privilèges. Paris, 1657, in-4º.

V

1644, février. Paris. — Lettres patentes portant que le comté de Laval appartenant à monsieur le duc de La Trémoille relèvera de la Couronne.

« Louis, par la grâce de Dieu, roy de France et de Navarre, à tousprésens et advenir, salut. Que nostre très cher et bien amé cousin, Henry de La Trimouille, duc de Thouars, pair de France, comte de Laval, nous ayant faict remonstrer que pour aucunement récompenser ses prédécesseurs, comtes de Laval, de leurs grandz et signalez services rendus à noz prédécesseurs roys et à nostre couronne, et mesmes pour la perte de plusieurs notables terres souffertes par lesdits comtes de Laval pour avoir demeuré ferme en l'obéissance qu'ils leur devoient, et leur fidellité n'ayant peu estre esbranlée par les anciens ennemis de nostre dite couronne, le roy Charles septiesme, dès l'an quatorze cents [vingt] neuf auroit érigé la terre de Laval (l'une des plus anciennes baronnie de nostre royaulme) en comté, avec tous les honneurs, privilèges et prérogatives convenables à ce tiltre et dignité, le roy [Louis] unziesme auroit confirmé ceste érection et y adjoustant auroit voulu et ordonné que ledict comté relevast pour l'advenir nuement et sans moien à foy et hommage lige de nostre couronne et non plus du comté du Mayne, comme il faisoit auparavant, et avec ce auroict ordonné que dès lors en avant, les subjetz tenans en fief et arrière fief et censive dudict comté de Laval, membres, appartenances et deppendances d'icelluy, ne peussent ou deussent estre convenus, adjournez, traictez ny mis en cause ou procès en première instance par devant aucuns aultres juges ny ailleurs que par devant le seneschal ou bailly dudict comté de Laval ou ses lieutenans..... les appellations duquel seneschal ou bailly seroient rellevées et desvolus sans aucun moien en nostre cour de parlement à Paris et non aillieurs..... purement et simplement et sans aucune modiffication; de l'effet desquelles lettres les prédécesseurs de nostre dit cousin le duc de La Trimouille auroient jouy paisiblement et sans aucun contredict jusques en l'année mil cinq cent cinquante deux..... Pour ce est il que réduisant en mémoire les services que nostre dict cousin a rendus à nostre dict feu seigneur et père, et le voullans favorablement traicter,..... nous avons, par l'advis de la royne régente, nostre très honnorée dame et mère, confirmé et confirmons par ces présentes lesdictes lettres et privilèges, voulu et ordonné, voulons et ordonnons que nostre dict cousin, le duc de La Trimouille, jouisse plainement de l'effect desdictes lettres des années mil quatre cent vingt neuf et mil quatre cent quatre vingt un, sans aucun trouble ny empeschement, nonobstant les créations desdicts sièges présidiaux du Mans et de Chasteau-Gontier, ausquelles nous pour cest effect [avons] desrogé et desrogeons..... à la charge néantmoings de desdommager par nostre dict cousin le duc de La Trimouille nosdictz officiers de Chasteau-Gontier suivant la liquidation qui en sera faicte en nostre dict conseil. Sy donnons en mandement à noz amez et feaux conseillers les gens tenans nostre cour de Parlement à Paris et tous aultres noz justiciers et officiers qu'il appartiendra, que de l'effect de noz présentes lettres ilz fassent, souffrent et laissent jouir et user plainement et paisiblement nostredict cousin et ses successeurs, comtes de Laval, sans luy faire, donner ny souffrir estre faict ou donné aucun trouble ny empeschement, car tel est nostre plaisir ; et affin que ce soit chose ferme et stable à tous jours, nous avons faict mettre nostre scel à cesdictes présentes, sauf en autre chose nostre droict et l'aultruy en touttes.

« Donné à Paris, au mois de febvrier, l'an de grace mil six cens quarente quatre et de nostre reigne le premier. *Signé :* LOUIS ; et sur le reply : par le roy, la royne régente, sa mère, présente : DE LOMENIE. A costé : *Visa ;* et scellées sur double queue du grand sceau de cire verte sur lacz de soye rouge et verte. Registrées, ouy le procureur général du roy, pour estre exécuttées selon leur forme et teneur et jouir par l'impétrant et ses successeurs, comtes de Laval, de l'effect y contenu aux charges et conditions portées par l'arrest de ce jour, à Paris, en parlement, le premier jour de septembre mil six cens cinquante sept. *Signé :* DUTILLET. »

Arch. nat. X ¹ a 8660.

QUATRIÈME PARTIE

PREUVES POUR NAPLES

I

Vers 1629. — Brevet ordonnant que les La Trémoille jouissent des prérogatives accordées aux autres princes, issus de maisons souveraines.

« Aujourd'hui..... jour de..... le roi étant à..... Sa Majesté voulant témoigner sa bonne volonté à monsieur le duc de La Trémoille, Sa Majesté a déclaré que son intention est que lui et ses descendants jouissent plainement des titre, prééminences, rangs, prérogatives et préséances accordés en ce royaume aux autres princes issus de maisons souveraines, et qu'ils soient comme tels reconnus et traités dans tous les lieux et cérémonies où les rangs des Princes sont gardés et observés ; et ce en considération de ce que ledit sieur duc de La Trémoille est héritier descendu en droite ligne de Frédéric d'Aragon, roi de Naples, par représentation de Charlotte d'Aragon, sa fille, mère d'Anne de Laval, dame de La Trémoille, bisayeulle dudit sieur duc. Dont sa Majesté m'a commandé de lui en expédier toutes lettres nécessaires, et cependant le présent Brevet, qu'elle a voulu signer de sa main et fait contresigner par moi, son conseiller et secrétaire d'état et de ses commandemens. »

Collection de Dom Fonteneau, à la Bibliothèque de Poitiers, vol. 26, p. 787. Copie d'une minute.

II

1647. — Mémoire de M. Godefroy sur l'affaire de Naples.

« Le droit que prœtend monseigneur le duc de La Trémoille au royaume de Naples provient de ce qu'il est issu de Charlotte d'Arragon, fille de Frideric d'Arragon, qui fut investi dudit royaume de Naples par le pape Alexandre III et ensuitte couronné l'an 1496. Il estoit filz du roy Ferdinand, aussi investi du mesme royaume par le pape Pie II.

« Et les investitures des Papes aux roys d'Espagne, depuis Ferdinand IIe roy d'Arragon, sont postérieures et ne se sont pu faire au prœjudice dudict Frédéric et de ses descendans.

« Les roys de France au contraire soustiennent que ce royaume leur apartient, comme y ayant droict à cause de Charles Ier, comte d'Anjou, frère du roy saint Louis et de ses successeurs roys de Naples, de la première et seconde branche d'Anjou.

« De sorte que si monseigneur le duc de La Trémoille veult représenter son droict au royaume de Naples contre le roy Philippes IIIIe, à présent régnant, à l'assemblée pour la paix à Munster et y faire sa protestation, il est nécessaire qu'il ait le consentement du roy de ce faire, comme il l'a obtenu par les lettres du roy à ses plénipotentiaires à Munster, données à Paris, l'an 1643, le 26° d'octobre, qui ne se peuvent entendre que contre le roy d'Espagne et nullement contre Sa Majesté, puisqu'il est dict en termes exprès, que ce soit sans préjudice de ses droicts.

« Et conséquemment il peult estre stipulé au traité de paix qui se doibt faire entre les couronnes de France et d'Espagne que le droict apartenant au royaume de Naples, à monseigneur de La Trémoille contre le roy d'Espagne luy sera réservé et luy en sera fait justice par le pape et le colège des cardinaux qui en jugeront dedans un ou deux ans, le jugement luy apartenant, d'aultant que ce royaume est de la souveraineté et tenu à foy et hommage du pape, de mesme qu'à l'empereur et aux electeurs de l'Empire de juger de la propriété de Milan, et au roy de France et Pairs du royaume de juger de la propriété du duché de Bourgongne.

« Sinon, il se peult adjouster, à l'entremise du pape, celle de la république de Venise, du grand duc de Toscane et de quelqu'aultre prince qui en jugent par forme d'arbitrage.

« Ainsi que par le traité de paix à Cambray, en l'an 1508, entre l'empereur Maximilian Ier et son petit-fils Charles, prince d'Espagne, depuis V[e] du nom, empereur, d'une part, et le roy Louis XII d'aultre, il fut convenu que le différend entre ledit prince d'Espagne et Charles de Gueldres, aultrement surnommé d'Egmond, pour raison de la propriété du duché de Gueldres, fief de l'empire, seroit jugé, si faire se pouvoit, dedans un an par l'empereur et les roys de France, d'Angleterre et d'Escosse comme arbitres.

« Et comme pareillement par l'acte concerté à Paris, l'an 1514, le 31 de mars, entre les ambassadeurs du roy François Ier et ceux dudict prince Charles pour le recouvrement du royaume de Navarre occupé par Ferdinand IIe roy d'Arragon (ayeul maternel dudict prince Charles) il fut convenu que ledict roy François et ledict prince Charles envoyeroient leurs députez par devers ledict roy Ferdinand pour le persuader de vouloir entretenir ce que par ces députtez seroit advisé pour vuider un tel différend ; et si ledict Ferdinand et ledict roy de Navarre ne s'y vouloient accorder, moyenner de les faire condescendre à eslire des arbitres.

« Le différend, tel que dessus, pour raison du royaume de Naples estant vuidé par jugement du Pape ou par des arbitres, monseigneur le duc de La Trémoille peult ensuitte faire cession et transport à la couronne de France de son droit audit royaume moyennant quelque récompense, comme il s'est fait pour le duché de Bretagne à ceux de la maison de Pentièvre ; et pour les comtez de Champaigne et de Brie, aux roys de Navarre de la maison d'Evreux, qui sera accumuler droits sur droits à nos roys sur ce royaume, auquel le roy François Ier a esté forcé par l'empereur Charles V de renoncer contre toute justice, par les traitez de Madrid, Cambray et Crespy, ès années 1526, 1529, 1544. »

Chartrier de Thouars. P. pap.

III

1647. — Titres des ducs de La Trémoille au trône de Naples.

A la suite d'un « arrest du Conseil d'Estat du roy, par lequel sur la demande faite par messire Henry de La Trémoille, duc de Thouars, pair de France, pour la délivrance des terres assignées en dot, par le roy Louis XI à Anne de Savoye, sa niepce, espouse de Frideric d'Arragon, prince de Tarente, et depuis roy de Sicile et de Hiérusalem (desquels ledit seigneur duc est issu en droitte ligne) Sa Majesté le renvoye en sa cour de parlement de Paris, pour son procureur général oüy, estre pourveu sur sa dite demande ainsi qu'il appartiendra, » on lit :

« Louys, par la grâce de Dieu, roy de France et de Navarre, à nos amez et feaux conseillers les gens tenans nostre cour de parlement à Paris, salut. Suivant l'arrest, dont l'extraict est cy attaché sous le contreseel de nostre chancellerie, donné en nostre conseil, nous y estant, la reyne Régente, nostre très honorée dame et mère, présente, sur la requeste de nostre très cher cousin le duc de La Trémoille, pair de France, comte de Laval, nous vous renvoyons ledit sieur duc de La Trémoille, et vous mandons et ordonnons, par ces présentes signées de nostre main, que nostre procureur général oüy, vous ayez à pourvoir sur la dite requeste ainsi qu'il appartiendra, vous en attribuant à cette fin toute cour, jurisdiction et connoissance, et icelle interdisans à tous autres juges; commandons au premier nostre huissier ou sergent sur ce requis, faire pour l'exécution dudit arrest tous exploicts nécessaires sans autre permission ; car tel est nostre plaisir.

« Donné à Paris, le vingt sixiesme jour d'avril, l'an de grace mil six cens quarante sept, et de nostre regne le quatriesme. Signé : LOUYS. *Et plus bas:* Par le roy, la reyne Régente, sa mère, présente: DE LOMENIE. La dite commission est seellée du grand seau en queue, et attachée à l'arrest cy dessus sous le contreseel du petit. »

IV

1648, 15 décembre. Munster. — « *Acte donné par messire Abel de Servien, ambassadeur extraordinaire en Allemagne et plénipotentiaire pour le traitté de la paix générale, justificatif de la protestation faite par le sieur Bertaut, pour monsieur le duc de La Trémoille.*

« Nous Abel Servien, comte de La Roche des Aubiers, conseiller du roy en tous ses conseils, l'un de ses ministres d'estat, son ambassadeur extraordinaire en Allemagne et plénipotentiaire pour le traité de la paix générale, certifions à tous qu'il appartiendra, qu'ayant pleu à Sa Majesté de permettre à monsieur le duc de La Trémoïlle de faire les poursuites qu'il estimeroit à propos, tant dans cette assemblée que par tout ailleurs, et de représenter les raisons, dont il estime pouvoir appuyer sa prétention sur le royaume de Naples, comme estant descendu de Charlotte d'Arragon, mère d'Anne de Laval son ayeule, et fille de Frideric, dernier des roys qui ont possédé ledit royaume, avant qu'il eust esté usurpé de nouveau par les roys d'Espagne, et Sa Majesté nous ayant donné ordre de favoriser en laditte poursuitte ledit sieur duc, et celuy qu'il députeroit icy, nous avons ensuitte du dit ordre le 13 de ce mois, conduit avec nous, le sieur Bertaut, abbé de Sainct-Thomas, comme ayant charge dudit sieur duc de La Trémoille, au logis de monsieur Chigi, nonce extraordinaire de Sa Saincteté, l'un des médiateurs du traicté de la paix généralle, où estoit aussi monsieur Contarini, ambassadeur extraordinaire de la république de Venise, l'autre desdits médiateurs, ausquels ledit sieur Bertaut a exposé sa commission en nostre présence, leur a demandé justice au nom dudit sieur duc, de la violence avec laquelle le roy d'Espagne détient le royaume de Naples qu'il a dit avoir esté usurpé par les prédécesseurs dudit roy, sur ceux dont il est descendu, et qu'il représente, a desduit les raisons pour lesquelles il prétend que ledit royaume luy appartient; et après que chacun d'eux a eu un factum imprimé à Paris avec privilège du roi, contenant plus au long les titres et pièces par luy alléguées, sur ce que lesdits sieurs médiateurs n'ont pas pu lui donner une responce telle qu'il auroit souhaitée, il a enfin déclaré et protesté que tout ce qui s'estoit fait ou pourroit estre fait dans le présent traité de la paix générale, ou autres, esquels ledit sieur duc ne seroit point intervenu, ne pourroit acquérir plus grand droict audict roy d'Espagne sur ledit royaume de Naples, ny diminuer celuy que ledit sieur duc et les siens prétendent d'y avoir, et qu'ils ne pourront, sous quelque prétexte que ce soit, recevoir préjudice dans les dignitez, rangs et prérogatives qu'il prétend que ledit droict leur doit donner, pour raison de quoy il entend se pourvoir en temps et lieu, ainsi qu'il est plus au long exprimé dans l'acte de protestation qu'il a donné ausdits sieurs médiateurs, qu'audit sieur Berthaut, que personne ne peut avoir aucun droict légitime sur ledit royaume de Naples, que le roy nostre maistre, auquel il appartient par justice, sans que les droicts de sa Majesté puissent estre affoiblis par aucune prétension contraire, ny par la possession injuste et violente du roy catholique; et d'autant que la vérité est, comme nous l'avons cy dessus exprimée, nous avons fait expédier la présente certification sous la réservation expresse, qu'elle ne pourra préjudicier directement ny indirectement aux droicts de Sa Majesté, et qu'elle n'a esté accordée qu'en suite de la déclaration plusieurs fois réitérée de la part dudit sieur de la Trémoille, qu'il n'entend jamais faire aucunes poursuites en cette affaire que sous le bon plaisir et par la permission de Sa Majesté. En tesmoin de quoy nous avons signé la présente, y avons fait apposer le cachet de nos armes, et icelle fait contresigner par le secrétaire de nostre ambassade à Munster, le quinziesme décembre de l'année mil six cens quarante huict. *Signatum:* SERVIEN; *et infra.* Par son Excellence: ALLARD. »

Traicté du droit héréditaire appartenant au duc de La Trémoille au royaume de Naples. Paris (Deshayes), 1654.

V

1648, 21 décembre. Munster. — « *Acte de protestation du Sr Bertaud en l'assemblée générale pour la paix à Munster, pour la conservation des droits de M^r de La Trémoïlle au royaume de Naples, du 13 décembre 1648 ; avec vidimus des réclamations de Henri de La Trémoïlle, datées de Thouars, 12 mars 1648.*

« In nomine sacratissimae et individuae Trinitatis, Amen. Per praesens publicum documentum, cunctis pateat evidenter et sit notum quod anno millesimo sexcentesimo quadragesimo octavo, die quidem lunae vigesima prima mensis decembris, hora quidem quarta pomeridiana, coram me notario publico Cæsareo, et in venerabili curia episcopali Monasteriensi Westphalorum immatriculato, testibusque infra nominatis, praesens ac personaliter constitutus fuerit illustrissimus ac reverendissimus dominus Franciscus Bertaut, abbas S^{ti} Thomæ martyris de Monte leprosorum[1], prope Rhotomagum, celsissimi ac illustrissimi domini, domini Henrici Tremolliæ domini, Thoarsii ducis, Franciæ paris, Talemundi principis, Spinæi marchionis, Vallis, Montisfortis, Gisnarum, Benaoniæ, Talliaburgi et Jonvellae comitis, Redonum et Baisii vicecomitis, Vitraei, Malilœonis, Berriæ, Didonnæ, etc., baronis, Monasterii Westphaliae legatus, atque certam quandam in scriptis conceptam protestationem, manu illustrissimae ac reverendissimae suae dominationis subscriptam, ejusdemque sigillo munitam interposuerit, vigore procuratorii diplomatis in pergameno lingua gallica scripti, sub majori sigillo illæso, in cera rubra, et filamentis sericis appenso, suæ Dominationi concessi, asserens fidemque suam interponens, quod eandem protestationem coram me notario interpositam, in ea qua jacet et infra de verbo ad verbum descripta est forma Reverendissimo

1. Abbaye du Mont aux Malades, près Rouen.

et illustrissimo domino, domino Fabio Chisio[1], Neritonensi episcopo, ac sacrae sedis apostolicæ nuntio extraordinario, et ad tractatus pacis universalis Monasterii Westphalorum tractandæ mediatori die decima tertia decembris currentis anni millesimi sexcentesimi quadragesimi octavi, exhibuerit, præsentibus illustrissimis et excellentissimis dominis Abelo Servien, comite de La Rosche des Aubiers, regi christianissimo ab omnibus consiliis et ex regni Gallici ministris extraordinario per Germaniam legato et ad eosdem tractatus plenipotentiario, nec non Aloisio Contareno[2], equite serenissimæ reipublicae Venetae senatore et extraordinario legato ad eosdem tractatus mediatore. Cum antea iisdem alte memoratis illustrissimis, reverendissimis ac excellentissimis dominis certos quosdam libros Lutetiæ Parisiorum cum privilegio regis impressos, causæ Tremollianæ deservientes ejusque fondamenta continentes, ea qua par est reverentia obtulisset. Et quia supradictus illustrissimus ac reverendissimus dominus Franciscus Bertaut, abbas S[ti] Thomæ Martyris de Monte Leprosorum prope Rhotomagum, præfati celsissimi et illustrissimi domini, domini Henrici ducis legatus super omnibus præmissis publicam meam fidem interpellavit, et petiit ut sibi desuper instrumentum et instrumenta in probanti forma communicarem, ut de sua adhibita diligentia omnibus et singulis constare posset, et domui Tremollianae præcaveretur, ejusque jura, in eo quo sunt statu, intacta et illibata manerent. Idcirco, ego Conradus Kannegiesser, sacra Cæsarea potestate publicus et in venerabili curia Monasteriensi notarius, immatriculatus, ad perpetuam rei memoriam præsens hoc publicum documentum confeci et pitzeto[3] meo, loco signeti notariatus corroboravi nec non subsequentem protestationem, uti præfertur, interpositam manu propria memorati domini legati, me vidente, subscriptam ejusdemque sigillo munitam, una cum diplomatis, de verbo ad verbum cum originali concordante, copia huic meo publico instrumento inserui, ad hoc specialiter vocatus et requisitus.

« Sequitur tenor interpositæ protestationis cujus exemplar authenticum dicti domini legati propria manu subscriptum ejusque sigillo firmatum ad prothocollum registravi.

1. Fabio Chigi, depuis pape sous le nom d'Alexandre VII.
2. Al. Contarini.
3. Cachet, en allemand *Petschier*.

« Ego Franciscus Bertaut, abbas S^{ti} Thomæ martyris de Monte Leprosorum prope Rhotomagum, mortalium quotquot sunt fidem appello et omnes ac singulos hocce instrumentum monitos volo, testes voco. Cum serenissimus princeps Fridericus Neapolis (vel quod vetus nomen fuit), Siciliæ citra Farum Rex duas solummodo uxores duxerit : primo quidem celsissimam et illustrissimam dominam Annam de Sabaudia, ex qua unica suscepta filia, Carlotta nempe Aragonia, secundo vero illustrissimam dominam Isabellam Bauciam, ex qua natus Ferdinandus, Calabriæ dux, nullis relictis aut suis aut fratrum sororumve liberis, et supradicta serenissima Carlotta sola, quæ patri Friderico sobolem suscitavit ex celsissimo et illustrissimo domino Nicolao Nicolao Guidone XVI, Vallis Comite, Annam de Valle procreavit, ex qua nunc usque continuata serie procedit celsissimus et illustrissimus dominus Henricus, Tremolliæ dominus, Thoarsii dux, Franciæ par, Talemundi princeps, Spinæi marchio, Vallis, Montisfortis, Gisnarum, Benaoniæ, Talliaburgi et Jonvellæ comes, Redonum et Baisii vicecomes, Vitræi, Malilæonis, Berriæ, Didonnæ etc. baro, præfati Vallis comitis, ut et præfatæ Carlottæ, Arragoniæ ex asse et proinde regni Neapolitani legitimus hæres, cumque dicti ducis Henrici nomine, de vi et injuria regi Friderico illata a Ferdinando Arragonio, qui prius eum ut regem agnoverat, ut consanguineum fuerat tutatus, tum publice, tum privatim hic, ubi omnes omnium principum controversiæ dudum agitantur conquestus sim. Præsertim vero reverendissimos, illustrissimos et excellentissimos dominos, dominum Fabium Chisium, Neritonensem episcopum, ac sacræ sedis apostolicæ nuncium extraordinarium, et Aloisium Contarinum, equitem serenissimæ reipublicæ Venetæ senatorem et legatum extraordinarium ad pacis universalis tractatus mediatores æquissimos, non semel et quo potui studio obsecraverim, ut æquissimæ causæ cognitionem suscipientes, Henricum Tremollium, Friderico Neapolitano e solio deturbato ortum, adversus serenissimum principem Philippum quartum, Hispaniæ regem, Ferdinando Aragonio Neapoli intruso editum audirent, manifestissimoque ejus juri, ut par erat, opitularentur. Nihilominus tamen, nescio quo facto accidisse, ut petitioni meæ nihil datum, officia omnia irrita, litis denegata cognitio, afflictæ domus patrocinium neglectum. Quas ob res, si quid, sive in præsens, sive in posterum generalibus speratæ pacis pactis Monasterii Westphaliæ sanciendis quocumque prætextu inseratur, quod hæreditariis sæpedicti Henrici ducis, liberorum ejus, aut ab eo causam habentium juribus, dignitatibus, gradibus, prærogativis et commodis inde pendentibus, ac nominatim juri illi, ejus liberis, aut eum repræsentantibus in regnum Neapolitanum competenti, directe vel indirecte derogare queat. Muneris mihi demandati ergo et procuratorii diplomatis a celsissimo duce Henrico, die duodecimo martii, anni millesimi sexcentesimi quadragesimi octavi dati, virtute omni et meliori modo et omnibus melioribus verbis declaro et testor, coram Deo et hominibus, me nunquam acquievisse, sicut nec per iterata mandata acquiescere potuisse, imo nihil intentatum reliquisse, ut quod attentatum fuerit aut esse potuerit, prævenirem, et vel minimum causæ mihi commissæ præjudicium amorem, quemadmodum in præsentiarum facio, ad meliora tempora provocans, et integrum illibatumque illustrissimæ domui Tremollianæ, jus quibus potui vindiciis asserens. In quorum omnium certius ac diuturnius testimonium publicam hanc apud omnes ac singulos, non solum præsentes sed absentes etiam et posteros protestationem manu mea subscriptam et sigillo meo munitam interpono. Datum Monasterii Westphalorum, die decima tertia decembris, anno millesimo sexcentesimo quadragesimo octavo.

« FRANCISCUS BERTAUT. »

(Cachet aux armes dudit Bertaut, en cire rouge.)

« Sequitur tenor diplomatis cujus authenticam de verbo ad verbum cum originali concordantem copiam similiter ad protocollum registravi.

« Henry de La Trémoille, duc de Thouars, pair de France, prince de Tallemond, marquis d'Espinay, comte de Laval, Montfort, Guines, Benon, Taillebourg et Jonvelles, vicomte de Rennes et de Bays, baron de Vittré, Maulléon, Berrie, Didonne, etc. A tous ceux qui ces présentes lettres verront, salut. Comme ainsi soit que du premier mariage de Frideric d'Aragon, roy de Naples, avec Anne de Savoye soit issue Charlotte d'Aragon, qui fut femme de Nicollas de Laval dit Gui XVI et mère d'Anne de Laval, nostre ayeulle, et que du second mariage dudit roy Frideric avec Yzabelle des Baux, ne soient sortis aucuns enfans qui ayent laissé postérité, à cause de quoy tous les droicts à luy apartenans, et particulièrement la proprietté du royaume de Naples, ayent esté transmis aux successeurs de laditte Charlotte d'Aragon, sa fille, de laquelle nous sommes hérittier descendu en droitte ligne, et que pour la demande et poursuitte desdits droicts, nous ayons résolu (sous le bon plaisir du roy, nostre souverain seigneur et de la reyne régente, sa mère) d'envoyer nos députtez en l'assemblée de Munster en Westphalie, où se doit conclurre le traitté de la paix généralle.

« A ces causes, savoir faisons qu'ayant receu en diverses occasions des preuves de la singulière afection de messire François Bertaut, abbé de St Thomas du Mont aux Malades, et de ses méritte, capacité et bonne conduitte, et voulant de plus en plus luy faire connoistre l'entière confiance que nous avons en sa personne, nous avons icelluy nommé et constitué, et, par ces présentes, nommons et constituons nostre procureur général et spécial, pour se transporter en laditte ville de Munster, et suivant les instructions particulières que nous luy avons baillées, représenter la justice de nostre prétention et demander que nous soyons restituez en la plaine et paisible possession dudit royaume de Naples pris et occupé sur ledit roy Frideric par les armes du serenissime roy catholique Ferdinand V, son plus proche parent, sans aucun prétexte légitime ni dénonciation de guerre, et à présent possedé par le serenissime roy catholique Philippe IIII, sans autre titre que le droict du plus fort. Et en cas qu'il soit fait refus de prendre connoissance de la justice de nos droicts, et de prononcer sur nostre demande, nous donnons charge et pouvoir audit sieur Bertaut de faire en nostre nom les protestations nécessaires pour la conservation de nos prétentions, et de tous les droicts, dignitez, rangs et prérogatives qui en dépendent, et d'en retirer des actes en la meilleure forme que faire se pourra, à ce que tous les traittez de paix généraux ou particuliers, faits ou à faire ne puissent en façon quelconque desroger, nuire ni préjudicier à nous ni aux nostres, présents et advenir, soit directement ou indirectement. Et généralement nous donnons pouvoir audit sieur Bertaut de faire en la négociation de cette affaire et ce qui en dépend tout ce qu'il jugera à propos pour en advancer et procurer le succez, promettant d'avoir le tout pour agréable, ferme et stable, comme si nous mesme y avions esté présent en personne. En foy et tesmoignage de quoy nous avons signé ces présentes de nostre main, icelles fait contresigner par l'un de nos secrétaires et y aposer le sceel de nos armes. En nostre chasteau de Thouars, le douziesme jour de mars mil six cents quarante huict.

« *Signatum :* Henry de la Trémoille.

« *Inferius scriptum :* Par Monseigneur : Boullenois.

« *Locus sigilli majoris in cera rubra, illæsa, philamentis sericis appensi.*

« Actum Monasterii Westphaliæ, in loco habitationis sæpe dicti domini legati, in aula domini Ernesti Lutteringhausen, collegiatæ ecclesiæ ad S. Martinum ibidem canonici, præsentibus ibidem honestis et discretis viris Henrico Schmelsing et Henrico Reher, ad hunc actum specialiter vocatis et rogatis, fide dignis testibus, anno et die quo supra.

« Conradus Rannegiesser qui supra, notarius, subscripsi.

« *(A côté son cachet en cire rouge et au-dessous, encadrés) :*

« *Fide Deo et ipsi committe eventum tuum.* »

Chart. de Thouars. Acte notarié sur parch.

VI

Vers 1648. — « *Copie d'une lettre du duc de La Trémoille, adressée au congrès de Westphalie, réuni à Munster.*

« A très illustres et très magnifiques seigneurs, messieurs les plénipotentiaires de l'Empereur et des Roys, Princes et Estatz de la Chrestienté assemblez à Munster.

« Très illustres et très magnifiques seigneurs,

« Sa Majesté Impérialle et les Roys et Princes chrestiens vous ayant honnorez de leurs pouvoirs pour considérer avec justice les droitz et les intérestz de leurs Estatz, composer les différentz qui sont entre eux et restablir par vos soings la paix généralle de la Chrestienté, j'ay cru que je ne pouvois, sans oublier ce que Dieu m'a fait naistre, manquer d'affection envers les miens et abandonner le principal honneur de ma maison, perdre l'occasion de vostre assemblée pour représenter à vos seigneuries le droit auquel le royaulme de Naples m'appartient, et comme je n'ay point d'intérest qui ne soit submis à ceux du respect et du debvoir envers le roy, mon très honnoré seigneur, et la reyne régente, sa mère, leurs Majestez ont agréé que je fisse remonstrer à vos seigneuries que je suis l'héritier légitime descendu en droite ligne de Frideric d'Arragon, roy de Naples, mon trisayeul, prince duquel l'infortune et la disgrace peult servir d'exemple et donner de la crainte à tous les princes de la terre, puisqu'il s'est veu despouillé par les armes du sérénissime roy catholique d'Arragon, Ferdinand second du nom, son plus proche parent, sans aucune offence précédente ny dénonciation de guerre, et a receu le coup de sa ruyne par les mains de celuy qui luy debvoit toutte sorte de protection. Ce qui fait que le roy catholique ne possédant à présent le royaulme de Naples que comme successeur d'un conquérant qui s'est prévalu de sa puissance et de la force de ses armes contre le filz de celuy auquel il avoit marié sa propre sœur, Sa Majesté a trop de sentiments de piété et de relligion pour le vouloir conserver à mon préjudice et des miens. Le temps qui s'est escoulé n'a rien diminué de la justice et de l'authorité de mon titre, puisque mes prédécesseurs, despouillez de leur héritage paternel et légitime, ont eu ce surcroît de malheur qu'au temps de tous les traitez de paix arrestez entre les principalles couronnes de la chrestienté, ilz se sont trouvez, par le désadvantage de leur minorité, dans l'impuissance de faire considérer leur intérest. C'est le seul point auquel je trouve ma condition plus heureuse de ce que soubz le bon plaisir du roy, mon très honnoré seigneur, j'ay la liberté d'en faire mes remonstrances et mes plaintes à vos seigneuries, et l'espérance d'en recepvoir la justice qui m'est deue. Toutte l'Europe attend de vostre assemblée le bonheur d'une paix universelle, et j'attendz de vostre générosité la conservation d'un droit qui m'est si important, pour cela j'envoye vers vos seigneuries le sieur de [abbé Bertaud] auquel vous aurez toutte créance, avec charge expresse de vous porter ma réquisition que vous mettrez en considération selon son mérite et les sentimens de vos consciences, me conservant en général et en particulier l'honneur de vos bonnes grâces et de me croire, etc.

« Henri de la Trémoille. »

Chartrier de Thouars. P. pap.

VII

Vers 1648. — Copie de la lettre du duc de La Trémoille au pape Innocent X.

« Très Sainct Père,

« Encore que l'obligation que j'ay à maintenir les droitz de ma naissance et les advantages que je puis tirer des illustres alliances où sont entrés mes prédécesseurs, m'ait fait avoir recours à Messieurs de l'assemblée de Munster, pour leur faire connaître la justice de mes prétensions sur le royaume de Naples, ç'a esté avec cette connessance que le fondement sur lequel j'appuye le droit légitime dudit royaume estoit un hommage seulement dhu à Vostre Saincteté et au trône que vous occupés dans l'Eglyse de Dieu. Mais j'avois peur que mon silence blessast la justice de mon droit, et que ceux qui retiennent par la force de leurs armes une couronne qui ne leur appartient point autorisassent par ce prétexte spécieux une usurpation trop connue. C'est donc à vous seul, très sainct Père, qu'appartient présentement la décision de cette couronne et que, comme Dieu vous a mis en main toute son autorité, c'est une image de sa puissance souveraine de rasseurer non seulement les trones qui s'esbranlent mais de remettre aussi ceux qui sont renversés, les sceptres brisés, et les couronnes abbatues. Celle qu'on me retient, très sainct Père, a esté plusieurs siècles le jouet de la fortune inconstante et la bonté de Dieu l'avoit néanmoins affermé de telle sorte sur la teste de Fridéric II, qu'elle eust passé jusques aux siens, si le pouvoir des armes de Ferdinand V, roy d'Espagne, n'eust oprimé et primé qui s'estoit trop simplement confié en luy et jetté entre ses bras. De ce prince infortuné et d'Anne de Savoye, très sainct Père, fut fille Charlotte d'Arragon qu'espousa Guy XVI, comte de Laval, duquel mariage sortit Anne de Laval, femme de François de La Trémoille, mon ayeul. Vostre Saincteté voit par là si jamais prétention fut plus légitime que celle que je demande, mais ce qui doit principalement toucher vostre Saincteté, très sainct Père, est le droit éminent dont est décheu le Sainct Siège sur ledict royaume, naturellement son feudataire, dépendant de l'autorité des successeurs de sainct Pierre [plus] que royaume qui soit dans la chrestienté, les defférences qu'on vous rend à présent n'estant qu'une vaine ombre de celles qu'on vous doit. Estant très véritable que les pontifes souverains ont toujours donné absolument l'investiture dudit royaume de Naples aux prédécesseurs de Frédéric, ainsi que fit le pape Pie II à Ferdinand son père. Cette bénédiction du Sainct Siège, très sainct Père, fut comme la rosée du matin qui nourit le germe et la semence dans le sein de la terre, car ce mesme Ferdinand posséda sans troubles et sans devisions, plus de 36 ans, le sceptre qu'il avoit receu de la main paternelle, mais laissant deux filz, Alphonse et Fridéric, et de l'aisné Alphonse, le royaume passa à Ferdinand II, son filz, qui, mourant sans enfans, le laissa à Fridéric son oncle, lequel en fut investi par Alexandre VIe, et couronné solennellement dans Naples, par luy mesme, l'an 1496 ; de sorte qu'il semble que le Sainct Siège et les descendans de Fridéric aient perdu au mesme temps leurs droitz audit royaume de Naples, et que la légitime succession ait deffailli lorsque ceux qui l'usurpèrent sur Fridéric n'eurent recours à l'autorité du pape que pour déguiser le pouvoir absolu qu'ils y prétendoient et s'y conservent. Que Vostre Saincteté agisse donc, très sainct Père, dans une décison de cette importance, et confirme en ma personne ce que vos prédécesseurs ont autorisé dans celle des miens. Ce sera un effect de cette justice absolue et indépendante, sur la terre, qui suit celle que Dieu vous a donnée dans le ciel. Ma maison sera éternellement redevable à la saincteté de vostre nom, des effectz signalez et des illustres exemples que vous devés à la chrestienté de la dignité de père commun juste et puissant que vous y tenés ; et ce sera peut estre la plus belle marque de l'autorité souveraine que les siècles précédentz aient jamais vû. N'abandonnés pas, très sainct Père, une occasion si favorable et si juste de retenir hautement l'éminence du pouvoir du Saint Siège ; rendés aux enfans de Fridéric le droit qu'ilz ont au royaume de Naples, en rétablissant la puissance que les chefs de l'Eglyse, les souverains pontifes romains, y doivent avoir. C'est aussi pour en informer toute la chrestienté, que j'ay envoyé à Munster, faire mes protestations sur le droit légitime que la nature m'a acquis audit royaume, en cas que ce différend ne s'y traitte pas en ma faveur, qui est celle de la raison et de la justice. Je cherche l'une et l'autre en vostre siège, très sainct Père, qui est l'azile des princes opprimés et qui pouvés décider des différends de toute la terre, mais principalement de ceux qui de droit vous appartiennent. Il n'y en a point de plus connus ni de plus entiers pour le Saint Siège, que ceux de Naples ; que vostre bonté embrasse donc par conséquent ma deffence et ma protection, soumettant aux pieds de Vostre Saincteté tout ce que Dieu m'a donné de force, de vertu, de naissance, d'honneur et d'adresse pour le relever immédiatement de vostre auctorité, laquelle je révère comme l'image de celle de Dieu en terre, en qualité,

« Très Sainct Père, de

« Votre très humble et très obéissant fils et serviteur. »

Chart. de Thouars. P. pap.

VIII

1649. — Brevet concernant les droits du duc de La Trémoïlle comme seul héritier en ligne directe de Frédéric d'Aragon, roi de Naples.

« Aujourdhuy... jour de... MVI^{e}XLIX, le roy estant à Paris, voulant favorablement traicter le sieur duc de La Trémoille, en considération des services rendus par luy et ses prédécesseurs et de ce que, préférant le bien de cet estat aux intérêts de sa maison et à sa particulière satisfaction, il n'a jamais voulu escouter les propositions qui luy ont esté faites de traiter, sous des conditions avantageuses, des droits qui luy appartiennent comme seul héritier descendu en droitte ligne de Fridéric d'Aragon, roy de Naples, lesquelz sont recherchez par les estrangers pour s'en prévaloir contre sa Majesté, Elle promet audit sieur duc de La Trémoille de prendre connoissance desdits droits lorsqu'elle sera parvenue à sa majorité ; et jusques à ce veut et entend que luy et ceux de sa maison jouissent plainement des honneurs, rangs, prérogatives et prééminances que ladicte succession leur acquiert en ce royaume, tout ainsi qu'ont fait les enfans dudit Fridéric, roy de Naples, depuis sa spoliation. Dont sa Majesté m'a commandé de luy expédier toutes lettres nécessaires, et cependant le présent Brevet, etc., etc.

Manuscrit de Mme Fermé des Chesneaux, p. 176. Copie contemporaine.

CHAPITRE III

CHARLES II DE LA TRÉMOILLE

PRINCE DE TARENTE

EXTRAITS DES COMPTES

EXTRAITS DES COMPTES

1624.— «Mémoire de ce qui a esté achepté pour la robbe de M^r le prince de Talmond.

« Premièrement, trois aulnes et demie de satin incarnadin à VI liv. l'aune.................................. XXII liv. XV s.
« Plus, deux tiers de satin blanc à 8 liv. l'aune.   V liv. VI s. VIII d.
« Unze onces ung gros de passement d'argent à III liv. XV s. l'once...................................... XLI liv. XV s.
« Deux onces et demye, demi gros de galon d'argent à III liv. XV s. l'once............................... IX liv. XII s.
            « Somme : LXXIX liv. VIII s. VIII d. »

Chartrier de Thouars. Pap.

1624, 9 avril. Paris. — « *Robe du prince de Talmont.*

« Pour madame de La Trimoulle. Payé au découpeur pour la découpeure à batons rompeus de la robe de satin incarnadin.
XLVIII s.

« Une aulne troyes cars de sarge pour la doubler ...... LII s.

« En ruban de layne pour maytre au bas............... V s.

« Troyes cartiers et demy de tafetas pour doubler les manches et manches pandentes et basques...................... LII s.

« Une aulne de boucatin pour maytre soubz le corps et manches et basques.. XIIII s.

« Deux douzaines et demye de boutons d'argent pour maytre aux manches .... XXV s.

« Demye aulne demy cart de futayne pour doubler les manches de satin de dedant................................... X s.

« Ung grand laset de soye........................... III s.

« Pour le corps piqué .... XXX s.

« En crepe pour le doubler .... XIIII s.

« Une onse de soye................................. XXII s.

« En drap et boucatin et bort pour estofer le bonet de satin blanc .... XV s.

« Pour la fason de la robe et du bonet............. VIII liv.

« Somme : XXII liv. XI s.

« Je soubzsigné confesse avoir receu la somme de vingt et une livres pour le contenu aux partyes cy dessus. Faict à Paris le neufiesme jour d'avril mil six sens vingt quatre.

« Renée Lecuyer. »

Chartrier de Thouars. P. pap.

1631, 31 décembre. Paris. — « *Mémoire du maître tailleur Hourdaulx.*

« Mémoire de ce que j'ay faict et forny pour monseigneur le prince de Tallemons aulx moys de désambre mil six cant trantte et ung.

« Premièremant, je luy ay faict ung abict de drapt d'Espaigne; forny une aulne et trois carre de revaiche d'Espaigne à dix livre l'aulne.................................... XVII liv. X s.
« En canevar et trelly....................... XXV s.
« En toille blanche et pochette................ XXX s.
« Une once et demye de soye et gallon......... XXXVI s.
« Ung pasquect de boutons................... XVI s.
« Ung tour de col........................... VIII s.
« Pour la rantexture......................... XX s.
« Pour la fason de l'abict et manteau.......... VI liv. X s.
« Plus, je luy ay faict ung abict de page et deux de laquez.....
« [Total du mémoire soldé par l'argentier Brizeau : 117 liv. 10 s. réduits à 78 liv. 13 s.] »

Chartrier de Thouars. P. pap.

1647, 27 mai - 20 juillet. — « *Voyage du prince de Tarente de Berg-op-Zoom (Brabant) à Paris.*

« Le 27 mai 1647, Monseigneur est parti de Bergue, a diné à Husberg, et a soupé à (Hoogstraeten, dans la Campine)...... néant.

« Le 28, Monseigneur a disné au couvent de la Pooste. néant.

« ..... Le 30, Monseigneur estant arrivé à Masthric (Maastricht en Limbourg) j'ay donné par son commendement aux trompettes de la ville 3 escus d'or........................... 13 liv. 4 s.

« Plus, j'ay donné aussy par le commendement de Monseigneur aux tambours de Masthric deux escus d'or......... 8 liv. 16 s.

« Le dit jour, 30 may, j'ay donné au notaire pour avoir deux coppie du pasport de Monseigneur...................................... 2 liv.

« Plus, j'ay donné une escus d'or à un tambour de Masthric qui a esté querrè une autre tambour au fort de Navagne... 7 liv. 8 s.

« Plus, j'ay donné 2 escalmes à Loban pour avoir faict racommoder des pistolets................................... 12 s.

« Plus, j'ay achepté du ruban noir pour les chausses de Monseigneur .... 15 s.

« ..... [Le 31 mai] j'ay payé pour une grosse corde pour rayer et arrester le carosse............................... 1 liv. 16 s.

« ..... Le dit jour, j'ay payé par le commendement de Monseigneur pour ung cheval de carosse.................. .... 100 liv.

« ..... Plus, j'ay payé au maistre du Moulinet de Masthric pour la despence que Monseigneur y a faict durent le 29, 30 et 31 may, 19 escus avec ce que l'on a donné aux vallets....... 83 liv. 12 s.

« Plus, j'ay donné au postillion, sur ses gages, par ordre de M' de Boisvert une (rixdale)........................., 2 liv. 10 s.

« ..... Le dimanche premier [juin] 1647, Monseigneur partant de Liège où il soupa hier, j'ay payé pour la despence de Monseigneur. .... 28 liv. 5 s.

« ..... Plus, j'ay donné aussy par le commendement de Monseigneur à ung trompette de Masthric qui en a esté querir une autre à Namur, 3 escus d'or........................... 13 liv. 4 s.

« Plus, j'ay payé à une blanchisseuse à Liège pour avoir blanchy tout le linge de Monseigneur, huict esca[r]lins à 65 s. pièce. 2 liv. 8 s.

« ..... Ledict jour, deuxiesme juin, j'ay payé pour avoir embarqué le carosse et le bagage de Monseigneur, ordonné par M. de Boisvert.. 1 liv. 1 d.

« Ledict jour, 2me juin, j'ay payé au maistre du basteau, pris faict par Mr de Boisvert, pour la personne de Monseigneur et de ses gens qui ont esté emmenez de Namur à Dinan.......... 4 liv.

« ..... Le 4^{ome}, Monseigneur estant à Souhie, chasteau de l'ennemy[1], j'ay payé pour sa despence............... 10 liv. 12 s.

« ..... Plus, donné à ung soldat dudit chasteau qui a esté guide pour passer les bois...................................... 1 liv.

« ..... Led. jour Monseigneur estant à (Paliseul), j'ay donné au scellier une escarlin... 6 s.

« ..... Le 5me, Monseigneur passant à Bouillon, j'ay donné par son commendement au trompette de Namur qui l'a conduit jusques là, 5 escus d'or.. 22 liv.

« ..... Ledit jour, Monseigneur estant à Sédan, j'ay donné par son commendement aux tambours de la ville et chasteau un escus d'or... 4 liv. 8 s.

« ..... Ledict jour, Monseigneur à disné à Tarnay[2], à 4 lieux de Sédan, pour la despence de ses chevaulx et gens..... 3 liv. 10 s.

« ..... Monseigneur estant à Veau[3], j'ay payé pour sa despence et couché .... 13 liv. 10 s.

« ..... Ledit jour (7 juin), Monseigneur estant à Reims, j'ay payé pour son disner et soupé............................. 39 liv.

1. Les Espagnols.
2. Tannay (Ardennes).
3. Vaux-les-Mouzon (Ardennes, c. de Mouzon).

« ..... Ledit jour, Monseigneur a disné à Fim[1] où j'ay [payé] pour sa despence.................................... 15 liv.

« ..... Ledit jour, Monseigneur estant à Ferre[2], j'ay payé pour son soupé et couché........................... 19 liv. 16 s.

« Le 9e, Monseigneur estant à la Ferté Millon[3], j'ay payé pour son disné................................... 15 liv. 12 s.

« ..... Ledit jour, Monseigneur estant à Nanteuille[4], j'ay payé pour son soupé et couché...................... 19 liv. 16 s.

« ..... Ledit jour (10e juin) Monseigneur a disné au Meni[5], où j'ay payé pour sa despence............................ 20 liv.

« Plus donné par le commendement de Monseigneur au valet de monsr de Vancelas une escus d'or.................. 4 liv. 8 s.

« Plus rendu 15 s. à M. de Valigny pour despens estant au Bourget.. 15 s.

« Le 11e juin, Monseigneur estant à Paris, j'ay achepté par son commendement 10 ausne de ruban noir d'Angleterre, à 8 s. l'ausne, faict... 4 liv.

« Le 13 juin 1647, j'ay payé au maistre du coche de Sédan à Paris... 14 liv. 8 s.

« Plus, j'ay payé au crochetteur qui a apporté lesdites hardes du coche au logis.. 1 liv. 5 s.

« Le 21 juin, j'ay donné par le commendement de Monseigneur une escus d'or pour faire enterrer La Rose, cuisinier. 4 liv. 83 s.

« Le 24, j'ai achepté une paire de calsons de grosse toille. 1 liv. 5 s.

« Plus une paire de bat de grosse toille................ 15 s.

---

1. Fismes (Marne, arr. de Reims).
2. Fère-en-Tardenois (Aisne, arr. de Château-Thierry).
3. La Ferté-Milon (Aisne, c. de Neuilly-Saint-Front).
4. Nanteuil-le-Haudouin (Oise, arr. de Senlis).
5. Le Mesnil-Saint-Denis (Oise, c. de Neuilly-en-Thelle).

« Ledit jour, j'ay achepté ung bassin à cracher, d'estain fin.
  1 liv. 6 s.
« Plus, j'ay payé pour avoir mis une glasse au miroir de la trousse des paignes de Monseigneur .... 1 liv. 5 s.
« Plus, payé pour un port de lettre .... 3 s.
« Plus, pour du papier.......... .... 3 s.
« Le 20ᵉ juillet, j'ay payé par ordre de madamoiselle d'Escars pour ung pot de pomade de jassemain, pour Monseigneur. 1 liv.

SOMME : 753 liv.

Chartrier de Thouars. P. pap.

1647-1649. — « *Recepte et despence faite par Mᵉ Anthoine de La Roche, receveur de comté de Taillebourg, dans laquelle est comprise la recepte de la ferme de Didonne*[1]. » [EXTRAITS.]

« ..... A madame la comtesse d'Herby par l'ordre de Mʳ de Chamdor................................... 4000 liv.
« A monseigneur le comte de Laval par l'ordre de Monseigneur et quitance des 6, 7, 9 et 10 may .... 918 liv. 3 s.
« ..... Pour l'achapt de mousquetz suivant l'ordre de Monseigneur à prix fait, par monsieur le vicomte de Marsilly .... 9600 liv.
« — Voiture desdits mousquets.................... 70 liv.
« Pour l'achapt de trois cens quatre vingtz picques, par le mesme ordre... 576 liv. 0.

1. Charente-Inférieure, com. de Saint-Georges-de-Didonne.

« Pour l'achapt de quatorze canons, fonte de fer nouvelle, fabrique de Suedde, de 6 liv. balle, de 8 à 9 piedz de long, ensemble de quatre cens vingtz boulletz, pesant le tout 2587 liv. à raison de quinze livres le cent.................................... 3881 liv.

« Frais et voitures............................. 142 liv.

« Pour avoir fait monter cent cinquante mousquetz, nettoyer et mettre des culasses à la pluspart, et fait raccomoder de neuf suivant l'estat du menuisier et serrurier............. 492 liv. 10 s.

« Pour la reffection de 9124 liv. de poudre, et augmentation de 2425 liv. à cause du salpêtre qui a esté mis dedans, pour la fortiffier.
57 liv. 18.

« ..... Pour le paiement de la garnison; sçavoir pour un sergent et six soldatz, depuis le 12 octobre 1647 jusques au 16 janvier 1649.
825 liv. 8 s.

« ..... Pour deux années de la pension de M. de Chauvernon, ministre de Taillebourg, qui sont 1648, 1649........... 200 liv.

« ..... A Mr Michel Meschinet, pour ses gages extraordinaires de 60 liv. par an pour les années 1648 et 1649............ 20 liv. »

Chartrier de Thouars P. pap.

1650, 29 juin. — « *Rolle de la garnizon du chasteau de Taillebourg.*

« Monsieur le viconte de Marsilly, gouverneur et cappitaine.
« Helye Thomas, sieur du Petit-Port, lieutenant.
« Jean Chottard, sergent.

« Dubois, armurier.

« Morineau, canonnier, a eu son congé le 29 octobre 1650.

« Soldats :

« La Chappelle.	Saint-Sire.
« La Breche.	La Treille.
« Chevallier.	Grand-Champ.
« Bois-Prieur.	La Fontaine.
« Dessablons.	Sedan.
« La Motte.	La Roze.
« La Sablière.	Lisle.
« Charbonnier.	Le Rouge.
« La Massonnerie.	Roncourt.
« La Richardière.	Jolly-Cœur.
« Lagrois.	Saint-Amant.
« Lesbaupin.	La Violette[1]. »

Chart. de Thouars. P. pap.

---

[1]. *Dans un autre rôle de la garnison de Taillebourg on lit :*
« Jean Chottard, dit la Boucaudière, premier sergent.
« Jean Fregimont, dit Petit-Jean, second sergent.
« Messire Jean de Launay, prestre ausmonier.
« Charles Constant, chirurgien.
« Jean Moreau, dit La Tour, tambour.
            « Première escouade.
« Charles Yvon, dit La Chappelle, Bourguignon, aagé de cinquante ans, de poil chastain meslé.
« Jacques du Pont, dit La Grange, de Taillebourg, aagé de trente ans, de poil noir.
« Jean Richard, dit Richardière, de Fenioux, aagé de quarante ans, de poil noir, meslé, tailleur de son mestier.
« Jean Guillebaud, dit Rabot, de Taillebourg, aagé de quarante deux ans, de poil noir, menuisier de son mestier..... »

1650, 1ᵉʳ septembre.— « *Extraits des dépenses pour ravitailler l'arsenal de Taillebourg.*

« Il est ordonné au Sʳ du Petit-Port (baillif de Taillebourg) d'achapter à La Rochelle quatre cens picques ferrées pour mettre en nostre magazin de Taillebourg et lut promettons de luy rembourser le pris qu'elles luy cousteront, en nous rapportant la quittance du marchand. Fait à Taillebourg, ce premier de septembre 1650. Signé : le prince de Tarente. »

<small>Chart. de Thouars. P. pap.</small>

1652-1659. — *Dépenses de pharmacie et de parfumerie pour la princesse de Tarente.*

« Du 11 novembre 1652, donné à Mad^lle Magdelaine [de la Taunière] une bouteille eau de canelle, tenant 4 onces........ 4 liv.

« Plus, 3 onces lénitif pour faire deux lavemens... 1 liv. 10 s.

« Plus, deux potz poumade faite avec huille d'amandes douces, cire blanche et blanc de balaine, tenant 3 onces...... 4 liv. 10 s.

« Du 29, envoyé à Vitré suivant l'advis de monsʳ Prevost, une opiatte apéritive avec acyer préparé, senne, sel d'armoize, d'absinte, mirrhe et autres, tenant 2 onces 3 dragmes............... 8 liv.

....

« Du 4 octobre 1655, envoyé à monsʳ de Rozemon, pour luy

envoyé en Holande quatre bouteilles eau de talc tenant 20 onces.
                                                              60 liv.
« ..... Du 11 [déc. 1655] 1 prinse vitriol de mars,........ 15 s.
« ..... [8 mai 1658] Plus, un emplastre¹ pour la temple..   5 s.
« ..... Du 14 [juin 1658] une bouette poudre digestive avec courail préparé, santal citron et perles, tenant 14 onces...... 20 liv.
« ..... Le 20 [août 1658] une prinse petit laict..........   15 s.
« ..... Le 3 octobre 1658, sa prinse acyer..............   8 s.
« ..... Le 4 novembre [1658] ung pot ipocras blanc...   2 liv.
« Le 6 novembre, 1 liv. eau de plantin..............   1 liv.
....

« [Quittance d'Ester Trioche de 446 liv. 4 s. 6 d., après révision des apothicaires C. Frogier et L. Goussot, à Thouars, le 1ᵉʳ juillet 1675.]

Chartrier de Thouars. Cah. pap.

1654-1655. — Dépenses du Prince de Tarente durant son séjour en Hollande.

« Lundy, 21 (déc. 1654), à un mareschal de Rizvick pour purger les chevaux de Monseigneur................... 13 liv.
    « Mardy, 22, un paquet de Bois-le-Duc......   10 s.
    « Mercredy, 23, les lettres de Paris et d'Angleterre 3 liv. 18 s.
    « Vendredy, 25, pour les pauvres............   12 s.

1. Une mouche pour la tempe.

« Samedy, 26, idem. .... 12 s.

« Dimanche, 27, idem. .... 12 s.

« Lundy, 28, donné au susdit mareschal pour les chevaux de Madame........................ 7 liv. 10 s.

« Mercredy, 30, une table pour servir le soir .. 1 liv. 5 s.

« Ledit jour rendu à la Fonst pour deux flambe[aux] aux cy devant pris.................... 4 liv. 4 s.

« Plus à une femme, pour deux autres dudit coin 3 liv. 15 s.

« Jeudi 31, les lettres de Paris .... 3 liv. 12 s.

« Vendredy, premier de l'an 1655, pour les pauvres................................... 12 s.

« Aux tambours des gardes .... 10 liv.

« Aux caporaux .... 10 liv.

« Aux halbardiers de la reine de Bohême...... 7 liv. 10 s.

« A celluy qui a soin des places au Temple ... 3 liv. 3 s.

« Ledit jour, pour des tresneaux............ 3 liv.

« Samedy 2, une voiture pour Madame....... 1 liv. 10 s.

« Pour les pauvres........................ 12 s.

« Dimanche 3, pour les pauvres............ 12 s. 6 d.

« Lundy 4, à deux palfreniers qui sont retournés à Cassel par ordre de Mʳ d'Argis................ 28 liv. 10 s.

« Mardy, 5ᵉ, je suis allé à cheval à Harlem par ordre de S. A.; mon disné à Harlem.. .... 1 liv. 10 s.

« Souppé à Amstredam .... 1 liv. 16 s.

« Mercredy, disné à Amstredam .... 1 liv. 5 s.

« Souppé et couché à Harlem................ 1 liv. 10 s.

« Deux nuittées de deux chevaux .... 2 liv. 8 s.

« Ledit jour, j'ay vendu les 2 chevaux et ay pris un chariot pour Leiden......... .... 1 liv. 10 s.

....
« [Jeudy 7] la petite oye du page Alleman . . . . . 8 liv. 10 s.
« Plus, pour les pauvres, donné aux sous diacres. 8 liv.
« Plus, aux diacres flamans, pour les pestiférés. 8 liv.
....

« [Vendredy 8] Plus, payé pour un reschaut qui se met soubs la table, comme il appert par les quittances . . . . 18 liv.
« Plus, à un marchand, pour trois grilles à feu. 21 liv.
« Plus, pour des tourbes de provision comme il appert par le mémoire . . . . 74 liv.

       Total . . . . . 301 liv. 3 s.

Chart. de Thouars. P. pap.

1674, 11 septembre. Vitré. — Extrait d'un compte de sommes dues à la princesse de Tarente, Emilie de Hesse.

« Il est deu à Madame par messieurs ses anfans pour les sommes qui ont esté receues par le sieur Texier et qui sont escheue depuis le 14ᵉ mars 1674.

« Premièrement, pour les hales et prévottés depuis le 14ᵉ mars jusques au premier avril. . . . . 105 liv.

« Pour le fourneau à chau depuis le 14ᵉ mars jusques au 22ᵉ avril, dix livres, dix sols . . . . 10 liv. 10 s.

« Pour la messagerie de Vitré à Rennes jusques à la Toussaint 1674, dix neuf livres . . . . 19 liv.

« ..... Pour la pescherie des estants de Poitourteau et de la Soudrais jusques au premier avril 1674, trois livres, cy . . . . 3 liv.

« Pour les moulins soubs le chateau jusques au 20ᵉ may 1674, quatre vingt six livres, cy . . . . 86 liv.

« ..... Pour la jolle de Marcillé jusques au 25 décembre 1674.
10 liv. 18 s.

« Le contenu au présent mémoire monte à la somme de cinq cents neuf livres dix sept sols. Fait doubles à Vitré le XIᵉ septembre 1674.

« Emilie de Hesse.

« Magneux. »

Chart. de Thouars. O. pap.

PIÈCES JUSTIFICATIVES

PIÈCES JUSTIFICATIVES

I

1648, 9 mars. Paris. — Mandement du roi Louis XIV aux cours souveraines de son royaume, d'accorder surséance pour règlement de ses procès civils durant trois mois à Henri Charles de La Trémoïlle, prince de Talmond, fiancé d'Emilie de Hesse.

« Louis, par la grâce de Dieu, roy de France et de Navarre, à noz amez et féaux conseillers les gens tenans nos cours de parlemens, les gens de nostre grand Conseil, Requestes de nostre hostel, Requestes du Palais, et à tous nos justiciers et officiers qu'il appartiendra, salut.

« Nostre très cher et bien amé cousin, Henry Charles de La Trimouille, prince de Tallemond, nous a très humblement fait remonstrer qu'en faveur du mariage que nous luy avons permis de contracter avec nostre très chère et très amée cousine la princesse de Hesse, nostre très cher cousin le duc de La Trimouille, son père, luy a dellaissé la propriété de la principauté de Tallemond et de plusieurs autres terres, pour raison desquelles il a plusieurs procès pendants et indécis qui luy pourroient causer notable préjudice s'ils estoient poursuivis et jugez pendant le voiage qu'il est obligé de faire dans peu de jours au pais de Hesse pour l'accomplissement dudit mariage, nous requérant humblement nos lettres sur ce nécessaires. A ces causes, de l'advis de la Reyne régente, nostre très honorée dame et mère, nous vous mandons et enjoignons par ces présentes, signées de nostre main, que touz les procès civilz que nostre dit cousin le prince de Tallemond a et aura pendans devant vous, tant en demandant qu'en deffendant, vous teniez en surcéance pendant le temps de trois moys, pendant lequel nous vous deffendons d'en prendre cognoissance, et aux parties d'y faire aucunes poursuittes, à peine de nullité, cassation des procédures, et de tous despens, dommages et intérestz ; mandons en outre au premier nostre huissier ou sergent faire pour l'exécution des présentes tous exploits et signiffications sur ce requis et nécessaires, sans demander autre permission ; car tel est nostre plaisir.

Donné à Paris le neufiesme jour de mars, l'an de grâce mil six cens quarente huict et de nostre règne le cinquiesme.

« Louis.

« Par le Roy, la Reyne Régente, sa mère, présente.

« De Lomenie. »

(Scellé sur simple queue de parchemin.)

Chart. de Thouars. Orig. parch.

II

1648, 24 mai. Cassel. — Extraits du contrat de mariage d'Henri Charles de La Trémoïlle, prince de Talmont, avec la princesse Emilie de Hesse.

« Au nom de la Saincte Trinité, pour la gloire de Dieu et pour establir bonne et sincère amitié et intelligence, furent présents par devant les notaires soubsignez, en leurs personnes establis et deuement soubsmis, très haut et illustre prince monseigneur Henry-Charles de La Trémoïlle, prince de Talmont, comte de Taillebourg, Benon, Jonvelle, etc., assisté de Mre Hector de Rayer, chevallier, sieur de Montet, au nom et comme procureur spécial de très haut, puissant et très illustre prince, monseigneur Henry duc de La Trémoïlle et de Thouars, pair de France, comte Laval, Guines, Amboise et Montfort, marquis d'Espinay, viscomte de Rennes et Bays, baron de Vittré, Mauléon, Berrie, Didonne et aultres lieux, et de très haute, puissante et très illustre princesse madame Marie de La Tour, duchesse de La Trémoïlle, son espouse, pour lesquels il s'est aussy establi par vertu de leur procuration passée soubs la Cour du duché pairie dudict Thouars, le troisiesme décembre dernier, cy représentée en parchemin, signée Henry de La Trémoïlle, Marie de La Tour, Henry, Charles de La Trémoïlle, Rebillé, notaire, et David, notaire, et sceellées, mondict seigneur prince de Talmont et ledict sieur du Montet estants de présent en ce lieu, d'une part; et très haute, très puissante et très illustre princesse, madame Amélie Elisabet, landgrave de Hesse, née comtesse de Hanau Muntzenberg, comtesse de Catzenelnbogen, Dietz, Ziegenhaim et Nidda, douairière, tutrice et régente; et très haute et très illustre princesse madame Emilie, princesse-landgrave de de Hesse, fille de deffunct très haut, très puissant et très illustre prince, monseigneur Guillaume V du nom, landgrave de Hesse, et de madicte dame régente, estants de présent en son chasteau de Cassel, d'aultre part; entre lesquelles parties et en exécution des articles arrestez soubs les seings de madicte dame la landgrave et dudict sieur du Montet au dict nom de procureur de mesdicts seigneur et dame, duc et duchesse de La Trémoïlle, dès le sixième septembre, aussy dernier, a esté fait le contract de mariage, convenances, délaissement, dons, cessions, promesses et obligations cy après. Qui sont que mondict seigneur prince de Talmont, soubs l'authorité, vouloir et consentement de mes dicts seigneur et dame, ses père et mère, portez par leur dicte procuration; et ma dicte dame Emilie, princesse landgrave de Hesse, du vouloir, authorité et consentement de madicte dame, landgrave, douairière et régente de Hesse, sa mère, et de très hault, très puissant et très illustre prince, monseigneur Guillaume VI du nom, landgrave de Hesse, et de l'advis des aultres parens et amys soubsignez, se sont promis et promettent respectivement eux prendre à femme, mary, espoux et espouse, si et quand l'un par l'autre sera requis, les solennitez accoustumées en l'Eglise sur ce gardées et observées...

« ..... Donné à Cassel, le vingt quatriesme de may mil six cent quarante huict.

« *Signé:* Henry Charles de la Trémoïlle.— Emilie, landgrave de Hesse. — Amélie Elisabeth de Hesse. — Guillaume, landgrave de Hesse. »

(Suivent les seings et souscriptions des notaires Stubenrauch et Fischer. — A l'acte sont appendus, sur lacs de soie aux couleurs de La Trémoïlle et de Hesse, les cinq sceaux des signataires en cire rouge, protégés par des boîtes de buis, suivant l'usage germanique.)

Chart. de Thouars. Orig. parch.

III

1648. — Copie de la lettre du prince de Tarente aux Etats Généraux des Provinces Unies.

« Messieurs,

« J'ay receu tant de tesmoignages de vostre affection que j'ose bien espérer que vous n'aurez pas désagréable que je vous en demande un nouvel effect en la recommandation de l'affaire pour laquelle M. mon père envoye ce gentilhomme vers vous. Je n'ay pas cette opinion que la considération d'un intérest si juste que le nostre serve d'obstacle au traité de la paix générale; nous aimerions mieux y renoncer que de retarder un si grand bien; mais je croy qu'il ne doit pas estre mesprisé par aucun de ceux qui la désirent plus ardemment ; et que M^rs les Estats Généraux qui ont jusques icy conservé la mémoire des services que M^rs les princes d'Oranges leur ont rendus et donné des marques de leurs ressentimens à tous ceux qui leur apartiennent, auront esgard à la suplication que M. mon père leur a faite de vouloir apuyer de leur intervention ; ce qu'il fera proposer en vostre assemblée pour la conservation d'un droict si important à l'honneur de nostre maison. Je vous suplie très humblement, Messieurs, d'exécuter ce qu'ils vous auront fait savoir de leurs intentions sur ce subjet en la plus favorable fasson qu'il vous sera possible, et mesmes de vouloir procurer à ce gentilhomme l'entrée et l'audiance qui luy sont nécessaires pour faire entendre le subjet de son envoy ; je vous en auray une très particulière obligation et rechercheray avec beaucoup de soin les occasions de vous en tesmoigner mes ressentiments par mes services et combien je suis, Messieurs, etc. »

Chart. de Thouars. P. pap.

IV

1650, 16 septembre. — « *Mémoire de ce qui a esté tiré de la cassette de pierreries de M^e la Princesse et mis entre les mains de Gilbert.*

« 1. — Une paire de pendans d'aureille à trois pandeloques chacun, contenant en tout .X. gros diamans, 40 moyens et 17 petits.

« 2. — Un nœud émaillé de bleu avec 31 diamans.

« 3. — Trois bagues de diamans, 1 en rose et 2 en tables.

« 4. — Une grosse jacinthe en ovalle enchassée d'or avec 6 émeraudes, dont trois sont en ovalle et trois quarrées, mise en une petite boette d'or émaillé.

« 5. — Une paire de pendans d'aureille avec 36 rubis et 74 petits diamans.

« 6. — Deux émeraudes, l'une quarrée, et l'autre en pointe, entourées de chacune 16 petits diamans, avec un poinson enrichi de 17 rubis moyens et petits et de 16 petits diamans et une boette de portrait dont le couvercle et le tour sont garnis de .V. diamans.

« 7. — Un nœud émaillé de bleu enrichi de 8 rubis et 55 diamans.

« 8. — Une boette d'émeraudes composée de 16 émeraudes avec quelques petits diamans et une grappe de raisin qui pend en bas. Un grand nœud contenant 19 émeraudes et plusieurs petits diamans et un autre nœud d'émeraudes contenant dix branches, sur chacune desquelles il y a 2 émeraudes et deux diamans et une grosse émeraude au milieu.

« 9. — Un demy tour d'émeraudes dont les pièces sont defilées, contenant 11 gros boutons et 12 petits enrichis de diamants.

« 10. — Une rose de pointes avec 25 diamans, une petite boette avec 20 diamans, une autre petite boette de 17 gros diamans, 25 petits, deux nœuds de pendans d'aureille de chacun neuf diamans, et un petit nœud à quatre branches contenant dix diamans.

« 11. — Un petit tour de teste de 27 émeraudes et 55 petits diamans, avec une paire de pendans d'aureille de 22 émeraudes et 16 diamans. »

Chart. de Thouars. P. pap.

V

1651. — Lettre du prince de Tarente au vicomte de Marcilly.

« De Pons, ce samedi au soir.

« Je vous prie de ne pas perdre un moment de temps à envoyer deux personnes intelligentes pour me raporter au vray tous les quartiers des ennemis, et particulièrement ceux qui sont en deça de la Boutone, et que l'on puisse avoir des avis certains à Xaintes, lundi à midi. Vous m'enverrez aussy dès demain quelqu'un fort connu, entre Xaintes et St Jan. J'y croy Fregimon bien propre ; Petit-Port me fera plaisir de me venir trouver dès demain ; les compagnies de cavalerie qui sont à Taillebour viendront loger auprès de Xaintes et de là viendront à l'ordre ; elles peuvent prendre quelqu'un des cartiers des troupes de M^r d'Anguen, qui délogent demain ; les troupes du conte d'Arcour n'aprochent pas de ce que vous les croyés ; nous avons conté la cavalerie qui ne se monte pas à 500 chevaux. Je vous serois reconnoissant de me faire avoir des avis bien certains de tous les postes que tiennent les ennemis et sy ils ont mis garnison dans le chateau de Dampierre. Cecy demeurera entre vous, Petit-Port et moy ; enfin n'épargnés rien pour me faire savoir fort au vray leurs cartiers en deça la Boutone ; Petit-Port venant demain, vous pourés venir lundi me voir à Xaintes, ou je coucheray demain, Dieu aydant.

« Le Pr. de Tarente. »

Chart. de Thouars.

VI

1651, 30 juin. — Lettre de Mazarin au prince de Tarente.

« De ma main, le 30 juin 1651.

« J'ay receu la lettre qu'il vous a pleu m'escrire, et j'ay esté ravy de voir les sentimens que vous avez la bonté de conserver pour moy, et que le malheur dans lequel je suis, et les persécutions qu'on continue de me faire ne servent qu'à exciter vostre générosité à me donner des marques plus obligeantes de vostre amitié ; je vous suplie de croire que je n'en perdray jamais le souvenir, et que je me tiendray très heureux si je puis un jour rencontrer des occasions de vous servir, et vous faire cognoistre et à toute vostre maison à quel point je vous estime, et la véritable passion que j'ay pour tout ce qui peut regarder vos intérests. Vous en devez, Monsieur, estre entièrement asseuré, et que, outre l'inclination que j'ay toujours eue d'estre vostre serviteur, je le dois estre à présent par inclination. J'ay desja receu des faveurs de la part de Monsieur et Madame la Langrave, et après les offices que vous me rendez auprès de Leurs Altesses, j'en dois attendre la continuation avec beaucoup d'avantage. Mr de Bougy n'a pas manqué de m'escrire de temps en temps les obligations que je vous avois, et je m'asseure qu'il se sera aussy acquité des prières que je luy ay faites de vous en remercier, et de vous asseurer de mon service et de ma recognoissance. Cependant, comme je fais une profession particulière d'estre très humble serviteur de toute la maison, je vous seray très obligé, s'il vous plaist, de prendre la peine d'en asseurer Monsieur et Madame de La Trémouille, Madame la princesse de Tarente et Mademoiselle vostre sœur et Monsieur vostre frère, et de croire que, en quelque lieu et fortune que je puisse estre, je seray de tout mon cœur, etc. »

(Minute.)

Arch. des aff. étrangères. *Lettres de Mazarin,* 29, fol. 122 verso.

VII

1651, 1er octobre. Bordeaux. — « *Brevet de mestre de camp d'infanterie dans l'armée de la Fronde, délivré au prince de Tarente par le grand Condé.*

« Le Prince de Condé, prince du Sang, premier pair et grand maistre de France, duc d'Anguien, Chasteauroux, Montmorency, Albert et Fronsac, gouverneur et lieutenant général pour le Roy en ses provinces de Guyenne et Berry, généralissime des armées de Sa Majesté. Estant nécessaire de pourvoir à la seureté publique pour maintenir les déclarations du Roy, les arrestz de ses parlemens et autres cours souveraines, et les règlemens faictz pour le soulagement des peuples, afin de calmer les désordres que le cardinal Mazarin a excitez dans l'Estat, et que ses confidans qu'il a de nouveau establys dans le ministère prétendent d'y continuer pour faire revenir ce pernicieux ministre et se saisir avec luy de la personne du Roy et de l'auctorité royalle, nous avons jugé que pour parvenir à un sy juste dessein et à la paix généralle et empescher l'oppression de tous les gens de bien, rien n'est plus nécessaire que de mettre des troupes qui puissent s'opposer à la violance de celles qui sont commandées par leurs créatures ; et par ce moyen metre le Roy en plaine liberté, en pouvoir d'user de son auctorité toute entière, et de donner la paix à ses subjectz que ces perturbateurs du repos public ont empeschée jusques à présent. A ces causes, ne pouvant faire un meilleur choix pour la levée et conduite d'un régiment d'infanterie que de la personne de M^r le prince de Tarente, dont la naissance, le mérite, la valeur et l'expériance au fait de la guerre nous sont assez cogneus ; nous, soubz le bon plaisir du Roy, vous avons commis et commettons par ces présentes, signées de nostre main, ledict s^r prince de Tarente, maistre de camp d'un régiment d'infenterie, lequel nous le prions de lever et metre sur pied le plus diligenment qu'il luy sera possible, au nombre de trente compagnies armés de piques et de mousquets, pour ledit régiment commander, conduire, et exploicter soubs l'autorité de Sa Majesté et la nostre ; et nous luy ferons payer, ensemble aux officiers et soldats dudit régiment, les estatz, appoinctemens et soldes qui leur seront deubz suivant les montres et reveues qui en seront faictes tant et sy longuement que ledict régiment sera sur pied pour le service du Roy, tenant la main à ce qu'ilz vivent en si bon ordre et disipline, que personne n'ayt subject de s'en plaindre. Faict à Bourdeaux le premier octobre XVI^c cinquante et un.

« LOUIS DE BOURBON.

« *Par Monseigneur :*

« MEURTET.

« DE LA TOUR. »

(*Sceau plaqué. — Les blancs du texte ont été remplis par le prince de Condé lui-même.*)

Chart. de Thouars. Orig. parch.

VIII

1652. Octobre. — Lettre de la princesse de Tarente au comte de Servien, au sujet de l'assiette de son douaire durant l'exil de son mari, qui avait suivi le parti du prince de Condé.

« Monsieur, les nouveaux engagemens de M^r mon mary me faisant appréhender de nouveaux effects de la colère de Leurs Majesté contre luy, j'ay creu estre obligée dans cette malheureuse conjoncture de représenter à la Reyne l'estat de ma condition présente et de la supplier très humblement de me conserver par sa bonté les moyens qui me restent pour ma subsistance ; j'ay d'autant plus de subject d'espérer qu'elle m'accordera cette grâce, que je says qu'elle est bien persuadée que je n'ay jamais eu aucune part aux choses qui se sont passées, et que je conserve très entière la fidélité que je dois au Roy et à Sa Majesté ; mais comme je ne doute point que les bons offices que vous avés eu agréable de me rendre auprès d'elle, n'ayent beaucoup contribué à luy inspirer des sentiments si advantageux pour moy, j'ose bien prendre la liberté de vous en demander la continuation en ce rencontre et de vous supplier très humblement, Monsieur, de vouloir appuyer mes interrests de vostre crédit et de vostre justice, en sorte que je puisse par vostre moyen obtenir la grâce que je demande et que j'espère de la bonté de la Reyne ; je vous en auray des obligations infinies, lesquelles joinctes à toutes celles que vous avés desjà acquis sur moy, me feront rechercher avec soin les occasions de vous tesmoigner par mes services très humbles que je suis véritablement,

« Monsieur, Vostre très humble et très affectionnée servante,

« Emilie de Hesse. »

Chart. de Thouars.

IX

1653, 14 janvier. Paris. — Arrêt du Conseil d'Etat donnant main levée à la princesse douairière de Tarente, née landgravine de Hesse, des comtés de Taillebourg et de Benon et principauté de Talmont, sur lesquels était assis son douaire.

« Sur la requeste présentée au Roy estant en son Conseil, par la dame princesse de Tarente, contenant qu'ayant esté mariée du consentement et voulloir de Sa Majesté par feue la dame landegrave de Hessen, sa mère, avec le sieur prince de Tarente, fils aisné du sieur duc de La Trémoïlle, pair de France, elle auroit eu un sensible déplaisir de voir ledit prince de Tarente engagé dans un party et des interestz opposez à ceux de Sa Majesté, qui se seroit ensuitte résolue, affin que ses bons subjectz connussent qu'elle n'en voulloit espargner aucun, de quelque condition qu'il fust, de ceux qui troubloient leur repos, de faire publier et enregistrer en ses cours de Parlement une déclaration qui les condamne comme criminelz de lèze majesté et confisque leur corps, leurs biens ; en vertu de laquelle les substitutz de son procureur général au Parlement et le procureur de Sa Majesté au siège de Xaintes auroient fait procéder à la saisie des comtez de Taillebourg et de Bénon, et principaulté de Tallemont, dont la jouissance avoit esté délaissée par le dit sieur duc de La Trémoïlle audict sieur prince son filz ; et sur lesquelles il avoit estably le douaire de la suppliante qui est de douze mil livres de revenu annuel, pour en jouir, du jour que douaire aura lieu et sa vie durant ; et assigné sur ladite principauté de Tallemont et comté de Benon le payement et la restitution de ses deniers dotaux ; ce qui auroit deub empescher les procureurs de Sa Majesté ès siège de Fontenay le Comte et de Xaintes de faire saizir les dites terres sur la remonstrance quelle leur en auroit esté faite ; mais n'y ayant eu aucun esgard, elle auroit esté conseillée de s'adresser à Sa Majesté pour luy demander la levée de ses biens, veu que la condamnation portée par ladite déclaration allencontre dudit prince de Tarente le prive de la jouissance et de toutte disposition des biens qui luy ont esté donnez en advencement d'hoyrie. Veu par Sa Majesté le contrat de mariage desdits prince et princesse de Tarente, en datte du vingt quatriesme may 1648, comme aussy les contratz de ferme du comté de Taillebourg passez par ledit sieur de La Trémoïlle au nommé Thomas, pour le prix de VIII^m VIII^c livres par an ; autre contrat de ferme du comté de Benon passé par le dit sieur duc de La Trémoïlle en l'année 1647 pour le prix de III^m IIII^c liv. payables en deux payemens esgaux dont le premier eschet au jour de St Jean Baptiste de l'année 1648; autre contrat de la principauté de Tallemont pour le prix de deux mil cent cinquante livres pour les revenus ordinaires de ladite ferme et de mil cinq cents livres pour les casuelz qui font ensemble 3650 liv., le dit contrat passé le 26 d'aoust 1642 ; Sa Majesté estant en son Conseil, ayant esgard à la demande de ladite princesse de Tarente et mettant en considération la constante affection que la dame de Hessen, sa mère, a fait paroistre en touttes occasions qu'elle portoit à Sa Majesté, et l'inviolable attachement qu'elle a eu à son service et à ses intéresrz ; a ordonné et ordonne que plaine et entière main levée sera faite à la dite dame princesse de Tarente, desditz comtés de Taillebourg et Benon, et principauté de Tallemont. Veult sa ditte Majesté qu'elle en jouisse plainement et paisiblement en vertu du présent arrest ; et que par ses procureurs en la seneschaussée de Poitou, au siège de Fontenay le Comte et celuy de Xaintes, il soit presté main forte à l'exécution d'icelluy, leur faisant très expresses inhibitions et deffences d'y contrevenir. Fait au conseil d'estat du Roy, Sa Majesté y estant, tenu à Paris le quatorziesme jour de janvier mil six cents cinquante trois. — Signé : DE LOMÉNIE. — Scellé.

« Louis, par la grâce de Dieu, Roy de France et de Navarre, au premier des huissiers de nostre conseil ou autre nostre huissier ou sergent sur ce requis, salut. Nous te mandons et commandons, par ces présentes signées de nostre main, que l'arrest ce jour d'huy donné en nostre conseil d'Estat, nous y estans, et cy attaché soulz le contresel de nostre chancellerie, tu mènes à deue et entière exécution, selon sa forme et teneur, et fasses pour ce touttes signiffications, sommations, commendemens et autres actes et exploitz de justice requis et nécessaires, sans pour ce demander autre permission, congé ny *pareatis*. De ce faire te donnons commission et pouvoir spécial ; voulons qu'aux coppies dudit arrest et des présentes, dheuement collationnées par l'ung de nos amez et féaux conseillers et secrettaires, foy soit ajoustée, comme au présent original. Car tel est nostre plaisir. Donné à Paris le XIIIIe jour de janvier l'an de grâce mil six cens cinquante trois et de nostre règne le dixième. Signé : LOUIS et plus bas : DE LOMÉNIE. Et scellé. »

Chartrier de Thouars. P. pap.

X

1654, juin. Sédan. — Lettres de rémission accordées par Louis XIV au prince de Tarente.

« Louis, par la grâce de Dieu, Roy de France et de Navarre, à tous présens et à venir, salut. — Sur ce qui nous a esté représenté de la part de nostre très cher et bien amé cousin le prince de Tarente, qui est à présent retiré en Hollande, qu'il auroit depuis un temps notable recherché les occasions de rentrer dans son devoir et de quitter le party du prince de Condé, mais qu'il en a esté empesché par diverses rencontres, en sorte que jusques à présent il n'a pu se mettre en estat de recourir à nostre grâce ; nous suppliant très humblement de le faire jouir de celle portée par nostre ecdict du mois d'octobre 1652, donné en faveur de ceux qui estoient dans ledit party, et qu'il luy soit loisible et à ses domestiques de rentrer à cet effect en nostre Royaume, tesmoignent qu'il a un extrême repentir des fautes qu'il a commises depuis qu'il s'est trouvé engagé avec ledict prince de Condé et nos ennemis, à nous protestant de demeurer inviolablement dans la fidélité et l'obéissance qu'il nous doit. A quoy ayant esgard et nous promettans qu'il effacera par sa bonne conduite à l'avenir les sujets que nous avons d'estre mal satisfaictz de celle qu'il a tenue en adhérant à nos ennemis et rebelles; scavoir faisons que nous, pour ces causes et autres à ce nous mouvans, de nostre grace spécialle, plaine puissance et auctorité royale, avons par ces présentes, signées de nostre main, deschargé et deschargeons nostre dit cousin le prince, ensemble ses domestiques, de tout ce qui pourroit luy estre imputté et à eux, pour avoir pris les armes contre nous, suivy le prince de Condé et adhéré aux ennemis de cet Estat, et généralement de tout ce que nostre dict cousin pourroit avoir faict, traicté, négocié, entrepris et exécutté, ou faict négocier, entreprendre et exécutter contre nostre service, en quelque sorte et manière que ce soit. Voulons que la mémoire en demeure à jamais esteinte et supprimée, comme nous l'esteignons et supprimons par ces dites présentes, imposant sur ce silence perpétuel à nos procureurs généraux, leurs substituz et tous autres. Entendons que nostre dit cousin, ensemble ses domestiques, jouissent de l'effect dudict ecdict du mois d'octobre 1652 dont coppie collationnée est cy attachée sous le contre scel de nostre chancellerie, tout ainsy et en la mesme forme et manière que si il y estoit compris et desnommé, nonobstant qu'il ne se soit pas mis en estat de recevoir la grâce de nostre dict ecdict, dans le temps porté par iceluy et touttes autres choses à ce contraires. Et en outre en conséquence de nostre dict Ecdict nous l'avons rellevé et dispensé, rellevons et dispensons par ces dictes présentes, ensemble ses domestiques, de se présenter en personne pour l'entérinement d'icelles, et luy avons permis et à eux de revenir dans nostre royaume, à condition que quinze jours après qu'il y sera arrivé, il faira sa déclaration par devant le juge royal du lieu où il se retirera, ou du plus prochain, portant renonciation à tous traictez, ligues et associations qu'il pourroit avoir faictes tant avec ledict prince de Condé, qu'avec nos ennemis ; qu'il promettra de ne se jamais départir de la fidélité et obéissance qu'il nous doit et qu'il satisfaira pour sa demeure et son séjour, estant revenu en ce royaume, aux ordres que nous lui avons donnez pour ce regard. Si donnons en mandement à nos amez et féaux les gens tenans nostre cour de parlement de Paris qu'ils ayent à faire lire et enregistrer ces présentes et du contenu en icelles jouir et user nostre dit cousin le prince de Tarente et ses domestiques, tout ainsy que si ils estoient desnommez et compris audict ecdict, car tel est nostre plaisir. Et à fin que ce soit chose ferme et stable à tousjours, nous avons faict mettre nostre scel à cesdictes présentes, sauf en autres choses nostre droict et l'autruy en touttes. Donné à Sédan, au mois de juin, l'an de grâce mil six cens cinquante quatre et de nostre règne le douziesme.

« LOUIS.

« *(Sur le repli :) Par le Roy* :

« De Loménie.

« Registrées ; ouy, celon sentance, le procureur général du Roy, pour jouir par l'impétrant et ses domesticques de l'effect y contenu, selon leur forme et teneur aux charges y portées. A Paris, en Parlement, le trente et un juillet mil six cens cinquante quatre.

« Guyet. »

(Scellé du grand sceau en cire verte, pendant, sur lacs de soie.)

Chart. de Thouars. Orig. parch.

XI

1655, 14 juin. La Fère. — Passeport délivré au prince de Tarente revenant des Pays-Bas en France.

« De par le Roy,

« A tous nos lieutenantz généraux en nos armées et provinces, capitaines et gouverneurs de nos villes et places, baillifs, séneschaux, prévosts, juges ou leurs lieutenantz, maires et eschevins de nosdictes villes, gardes des portes d'icelles et de nos pontz, ports, péages et passages, et à tous autres nos officiers, justitiers et subjectz qu'il apparoistra, salut. Nous voulons et vous mandons très expressément que vous ayiez à laisser seurement et librement passer par tous les endroictz de vos pouvoirs, juridisctions et destroictz, nostre cher et bien amé cousin le prince de Tarente s'en venant d'Hollande en France avec ceux de sa suitte, chevaux, armes, bagage et esquipage, car tel est nostre plaisir.

« Donné à La Fere, le XIIIIe jour de juing XVIe cinq^{te} cinq.

« LOUIS.

« *Par le Roy :*

« DE LOMÉNIE. »

Sceau plaqué.

Chartrier de Thouars. Orig. pap.

XII

1655, 1er novembre. Paris. — Permission accordée par Louis XIV au prince de Tarente de porter l'ordre de la Jarretière.

« Au jour d'huy premier du mois de novembre XVIe cinquante cinq, le Roy estant à Paris, sur la très humble supplication qui luy a esté faicte par le Sr Henry-Charles de La Trimoille, prince de Tarente, de luy permettre de porter l'ordre de la Jartière, duquel il a esté honoré par le roy de la Grande-Bretagne pendant son séjour hors de ce Royaume, Sa Majesté voulant gratiffier et traitter favorablement ledit S^r prince de Tarente, elle luy a permis et permet de porter ledit ordre partout ou bon luy semblera et dans touttes les villes et lieux, pays, terres et seigneurs de son obeyssance, m'ayant pour témoignage de cette sienne volonté commandé de luy en expédier ce présent brevet qu'elle a voulu signer de sa main et estre contresigné par moy son conseiller, secrétaire d'Estat de ses commandemens et finances.

« LOUIS.
« De Loménie. »

Chart. de Thouars. O. parch.

XIII

1656, 20 janvier. Thouars. — Cession du duché et pairie de Thouars en faveur de M^r le prince de Tarente.

« Par devant les nottaires du duché pairye de Thouars soubzsignés, a esté personnellement estably en droict et dheuement soubmiz, très hault et très puissant prince monseigneur Henry duc de La Trémoïlle et dudict Thouars, pair de France, prince de Thalmond, comte de Laval, baron de Vitré, vicomte de Rennes, marquis d'Espinay, etc., estant de présent en son chasteau dudict Thouars, lequel, de sa bonne, franche et libéralle vollonté, considérant que les biens qu'il a délaissés en faveur de mariage et en attendant sa future succession à très hault et très puissant prince monseigneur Henry-Charles de La Trémoille, prince de Tarente et de Thalmond, son filz aisné et principal héritier, ne sont pas suffisans pour son entretien et de sa famille, et pour le faire subsister à la cour et en ses terres, sellon la grandeur de sa naissance; pour ces causes et autres bonnes et justes considérations à ce le mouvans, et aussy en considération des obéissances, bons et agréables services à luy faictz et rendus par mon dict seigneur prince de Tarente et qu'il luy rend journellement, de la preuve de touttes lesquelles choses il l'a rellevé et rellève par ces présentes, a, dès à présent, donné, ceddé, quitté, dellaissé et transporté, cedde, quitte, dellaisse et transporte à perpétuitté à mon dict seigneur prince de Tarante, à ce présent, stipullant et acceptant, pour luy, les siens et ayans cause, le droict, propriété et possession du dict duché pairye de Thouars, circonstances et deppendances avecq tout ce quy en est et deppend, consistant en chasteau, maisons et appartenances, chastellenye et seneschaussée, hommes, hommages, bas tenanciers, cens, rentes et debvoirs, de quelque nature et qualité qu'ilz soient, et en quelques pays, fiefs, seigneurye qu'ilz se trouvent scitués et assis, avecq le tiltre, prérogatisve et prééminance de duc et pair de France, avecq tous les honneurs, rangs et dignités quy en sont deppendans, telz et pareilz qu'il les a tenus et possédés, et les tient et posseddent *(sic)* à tiltre successif de messeigneurs ses prédécesseurs, et qu'ilz les ont tenus et possédés, sans aulcune exception, ne réservation, pour en jouir et user à l'advenir, par mon dict seigneur prince de Tarante, dès ce jour d'huy et à perpétuitté, tout ainsy que s'il venoit à la propriaitté dudict duché par le décedz de mondict seigneur, son père, et partage de sa future succession, avec les puisnés, aux droictz desquelz le présent dellaissement ne poura nuire ne préjudicier, à la charge d'user et jouir, bien et dheuement desdictes choses ainsy delaissées, comme a faict mondict seigneur son père, et entretenir tout ce quy a esté par [avant faict] pour les droitz et debvoirs dudict duché et appartenances d'icelluy, soit par actes publicqs ou particulliers, en quelque sorte et manière que se soit, sans jamais aller ne venir au contraire, payer et acquiter tous cens, rentes et debvoirs, légatz et autres charges ordinaires génerallement quelzconques, et en acquitter et descharger mon dict seigneur pour l'advenir; lequel, à ce moien, c'est desmis, dévestu, et désaisy dudict duché et pairye de Thouars, droictz et choses cy dessus, et en a vestu et saisy mon dict seigneur prince de Tarante, son filz aisné, par l'octroy et tradition des présentes, et promet les luy garantir et deffendre de tous troubles, hipotecques et empeschemens quelzconques, quoy que de droict donnateurs n'y soient tenus, s'il ne leur plaist. Et pour insignuer ces présentes où besoing sera, a constitué son procureur général et spécial le porteur d'icelles, auquel il a donné et donne pouvoir de ce faire, et en demender et requérir les actes nécessaires. Et à ce faire, tenir, garder et accomplir, icelluy mon dict seigneur duc de La Trémoille, père, a obligé et oblige tous et chascuns ses biens, présens et futurs, et renonce à touttes choses contraires à ses présentes, dont, à sa requeste et de son consentement et vollonté, nous, notaires, l'avons jugé et condempné, du jugement et condempnation de ladite Cour, au pouvoir et jurisdiction de laquelle il s'est pour ce supposé et soubzmis. Faict et passé audict chasteau de Thouars avant midy, le vingtiesme jour de janvier mil six cens cincquante six. Ainsy signé en la minutte des présentes : Henry de La Trémoille ; Henry-Charles de La Trémoille, et de nous : Bertrand et David, notaires.

« David ; j'ay la minute. »

Chart. de Thouars. Pap.

XIV

1658, 14 février. Thouars. — *Donation universelle et immobilière par le duc de La Trémoille au prince de Tarente, son fils aîné.* (*Extraits*).

« Par devant les nottaires du duché, pairye de Thouars, soubzsignez, ont esté personnellement establis en droit très hault et très puissant prince monseigneur Henry duc de La Trémoïlle et de Thouars, comte de Laval, pair de France, prince de Thalmond, comte de Monfort, Guynes, Jonvelle, Benon et Taillebourg, vicomte de Rennes, Boys et Marcilly, baron de Vitré, Didonne, Berrye et Mauléon, marquis d'Espinay, etc., d'une part, et très hault et très puissant prince monseigneur Henry-Charles de La Trémoille, prince de Tarente, duc de Thouars, pair de France..... » — Suit le rappel de l'acte du 20 janvier 1656, par lequel le duc de La Trémoille cédait à son fils, le prince de Tarente, la propriété et possession du duché de Thouars. Mais comme « en vertu desditz actes, il n'est demeuré au dict seigneur prince de Tarente que le titre et dignitté simple de duc et pair, sans aucuns revenus », le duc de La Trémoille fait donation à son fils, le prince de Tarente, « humblement remerciant ledit seigneur son père, » de la seigneurie de La Trémoille en Poitou, du duché de Thouars, de la baronnie de Berrye et Mauléon, du comté de Laval, de la vicomté de Rennes, de la baronnie de Vitré ; cette terre est le douaire de Marie de La Tour d'Auvergne, femme du duc de La Trémoille ; mais le prince de Tarente en jouira après sa mort ; le duc s'en réserve l'usufruit et fera exercer la justice en son nom. Si le prince de Tarente n'a ni enfants mâles, ni filles, les terres données appartiendront à Mademoiselle Marie-Charlotte de La Trémoille et à ses descendants, par substitution, à condition que l'héritier prenne « le nom et les armes pleines de la maison de La Trémoille. » — « Veult et ordonne que ledit seigneur prince de Tarante prenne la légitime quy luy peut appartenir de droit et sellon les coustumes, tant sur les terres quy luy ont esté données par son contract de mariage, aux conditions duquel mesdicts seigneurs n'entendent desroger que sur les autres biens meubles et immeubles quy luy pourront eschoir par la succession dudict seigneur donnateur ou père, et que messire Louis-Marie de La Trémoille promeu à l'ordre de pbrestrize, et ma dicte damoizelle Marye-Charlotte de La Trémoille prenent leurs portions héréditaires dans les terres et autres biens, meubles et immeubles desquelz ledit seigneur donnataire n'a point disposé. » — « Fait et passé audit chasteau de Thouars, le quatorziesme jour de febvrier mil six cens cinquante huit.....

« Henry de la Trémoille,

« Henry Charles de la Trémoille. »

Chart. de Thouars. Orig. parch.

XV

1672, 20 octobre. — Mandement de Charles II, roi d'Angleterre, d'élire, en remplacement du feu prince de Tarente, dans l'ordre de la Jarretière, le comte d'Ossory.

« CHARLES R[1].

« Where as, by the Death of the Prince of Tarent, Knight and Companion of Our most noble Order of the Garter, there are now two Stalls voyd in Our Chappell of Windsor. Our Pleasure is, that you cause his Attcheivements to be taken dawne to be ready to be offered immediately before the Installation of Our right trusty and right welbelowed Cousin and Councellor Thomas Earle of Ossory, lately elected in to the said most noble Order; and that you remove the Atcheivements of Count Marchin, and of all other Knights Companions Junior unto him in the manner as they are hereunder ranked. And for you so doing, this shal be your sufficient Warant, — Given under Our Signe manuall and Signet of Our Order, this 20th day of October 1672.

...................[2]	Count Marchin.
Earle of Oxford.	Duke of Richmond.
Earle of Strafford.	Duke of Monmouth.
Duke of Albemarle.	Duke of Lauderdail[3].
Marques of Worcester.	Earl of St-Alban.
Earle of Bedford.	Earl of Arlington.
Earle of Ossory.	

[*Place du sceau gaufré de l'Ordre de la Jarretière.*]

1. Sign. autogr.
2. Ces points représentent la place du Pr. de Tarente décédé.
3. Ou mieux *Lauderdale*, avec *Arlington*, il faisait partie du cabinet dit *Cabal* dont les membres étaient : *Clifford, Arlington, Buckingham, Ashlen, Lauderdale.*

« To Our trusty and welbelowed Servant, Sir Edward Walker, Knight ; Garter principall King of Armes. »

Chart. de Thouars. Orig. pap.

XVI

1677, 21 janvier. Vitré. — Inventaire de meubles venus de Hollande.

« Maurice Le Ribault, sénéchal, premier juge civil et criminel de la baronnie de Vitré, sçavoir faisons que ce jour vingt uniesme janvier mil six cens soixante et dix sept, obéissant aux commandements à nous fait par Son Altesse madame la princesse de Tarante résidante à son chasteau de Vitré, nous sommes transporté audit chasteau auquel lieu madicte dame nous a déclaré en présence du S^r procureur fiscal de ceste jurisdiction voulloir faire procéder à l'inventaire des meubles qui sont dans des ballots venus de Holande, et qu'attendu l'absence des sieurs intendans de monseigneur son fils, ledit inventaire soit fait en nos présences, et nous a ma dite dame fait voir le nombre des ballots emballés de nattes, de l'un desquels ayant esté fait ouverture, s'est trouvé :

« Un petit coffre, duquel pareillement ouverture faite aveq une clef représentée par ma dite dame, avons veu que dans ledit coffre est :

« Un pettit buffet d'argenterie, compozé des espèces cy après, ledit petit coffre, marqué   AA.

....
deux coupes, une dorée et l'autre qui ne l'est point.....
deux cadenats.....

« Et en cest endroit Son Altesse a fait remarquer que le cadenas d'argent blancq appartient à mademoiselle de La Trimouille et est armoié des armes de ma dite damoiselle..... [Dans un autre coffre] s'est trouvé la toilette de son Altesse Madame..... avecq les armes de La Trémoille et de Hesse :... une esguière; ung bassin; deux carées de peignes, l'une couvert et l'autre non couvert; quattre flambeaux; deux gannetiers; deux petits flacons carrez, deux grandes boittes rondes ;..... une plotte ; des vergettes... »

Chart, de Thouars. Pap.

CHAPITRE IV

CHARLES III DE LA TRÉMOILLE

REVENUS ET DÉPENSES

§ I. — REVENUS

1679

I. — Deniers provenans du comté de Laval. 29987 liv. 14 s. 3 d.
II. — Deniers provenans de la baronnie de Vitré.......................... 8042 liv.
III. — Deniers provenans du marquisat d'Epinay............................ 500 liv.
IV. — Deniers provenans de la vicomté de Rennes........................... 325 liv.
V. — Deniers provenans du comté de Monfort............................. 3059 liv. 13 s. 4 d.
VI. — Deniers provenans du duché de Thouars........................... 12277 liv. 10 s.
VII. — Deniers provenans du duché de Loudun............................. 55 liv.
VIII. — Deniers provenans du comté de Bénon. 500 liv.
IX. — Deniers provenans de la principauté de Talmond..................... 200 liv.
X. — Deniers provenans du comté de Taillebourg.......................... 5796 liv.

XI. — Deniers provenans de la baronnie de
      Didonne...................... 1150 liv.
XII. — Deniers provenans de la seigneurie
      de La Trémoille................ 396 liv.
XIII. — Loyers de l'hôtel de La Trémoille... 5872 liv. 10 s.
XIV. — Bienfaits du roi, ventes, et autres
      causes extraordinaires........... 78745 liv. 8 s. 7 d.
      Total : 346 906 liv. 16 sous 2 deniers.

Chartrier de Thouars. Reg. orig. sur papier.

§ II. — DÉPENSES.

Extraits des dépenses (1673-1677).

« Payé à Anne Collombier, laitière demeurant à Icy (Issy), la somme de quatorze livres qui luy estoient deues par deffunct monseigneur le prince de Tarente pour laict et cresme par elle fournies (3 août 1674).. 14 liv.

« ... Payé au s^r Le Couteux, gantier, quatorze livres dix solz pour gands par luy fournis à monseigneur le prince de Tarente (13 nov. 1674).................................... 14 liv. 10 s.

« ... Payé à madame de Rozemonde pour de l'ambre gris, du musque, pistaches, etc., envoyées à Vitré pour les Estats (23 décembre 1673)... 239 liv. 6 s.

« ... Payé au s^r Dupont, baigneur, deux cens livres pour avoir fait deux péruques à monseigneur le duc de La Trimouille, l'avoir logé pendant trois jours et donné à manger pendant ledit temps (19 mai 1674) .... 200 liv.

« ... Payé au s^r Delausque, orphèvre,.. pour dix douzaines de boutons tournez et deux paires de boucles d'argent (21 avril 1674). 83 liv.

« ... Payé à mons^r Harnault... pour vingt quatre bouteilles de rossolly qu'il a fourny à mondict seigneur pour l'armée (28 avril 1674) .... 30 liv.

« ... Payé au s^r Moteron... pour avoir racommodé et repassé le bufle de monseigneur le duc de La Trimouille (2 mai 1674). 22 liv.

« ... Payé au s^r Briquet, marchand de chevaux,.. pour sept chevaux gris pommelez par luy vendus à mondit seigneur (5 mars 1675)...................................... 4,134 liv.

« ... Payé au s^r Roussar, plumassier, pour deux bouquets de plumes par luy fournis à mond. seigneur, l'un couleur de feu et l'autre bleu avec une boete (4 février 1675)............ 250 liv.

« ... Payé à Flatier, maistre cordonnier..., pour une paire de grosses bottes et trois paires d'embouchoirs (2 mai 1674). 50 liv.

« ... Payé pour un bassin de chambre et un bourlet pour mond. seigneur (le prince de Talmont) (7 mars 1674)........ 4 liv. 5 s.

« ... Plus, pour un prix (obtenu au collège Louis le grand) qu'il (le prince de Talmont) eut, ma femme luy donna onze livres (1674). 11 liv.

« ... Plus, a esté payé pour un carrosse de louage pour faire quelques visittes et à des porteurs qui ont porté mondit seigneur (le prince de Talmont) au jardin du Roy pour se pourmener et avoir faict dire deux messes à Ste Geneviefve, lorsque mon dict seigneur avoit la fièvre...................................... 9 liv. 6 s.

« ... Payé à Mʳ Puyaubert... pour avoir une espinnette et un globe pour mademoiselle (de Tarente, 2 janvier 1674)   35 liv. 7 s. 6 d.

« ... Payé à Mʳ de Kerchoin d'Amsterdam pour retirer le demy tour de diamans qu'il avoit engagé sept mil cinquante livres, sur quoy déduisant six mil huict cens livres d'une part donnés à M. de Kessel, le huictᵐᵉ février XVIᵉ soixante quinze, lesquels ont esté aloués dans mon dernier compte et cent cinq livres d'autre part pour le change de ladite somme, à un et demy pour cent de proffit, pour Monseigneur, reste cent quarante cinq livres, qui doivent estre alloués en despense, cy............................ 145 liv.

« ... Payé au sʳ le Breton, maistre cuirassier, la somme de cent soixante et dix livres pour des cuirasses par luy fournies à Monseigneur (11 mai 1674)............................... 170 liv.

« ... Payé à René Bertrand, peintre,.. pour des peintures faites à l'appartement de Monseigneur et de madame de La Trémoille, à l'hostel de Crequy (10 octobre 1675)................. 130 liv.

« ... Payé au sʳ Bailly, maistre couvreur, la somme de trente-trois livres pour avoir accommodé quelques endroits à la couverture de l'hostel de Villequier par où il pleuvoit en abondance (10 nov. 1675).. 33 liv.

« ... Payé audict sʳ de Neufville... pour la petite oye, etc., d'un page, etc., quatre valets de pied, du cocher, du postillon, du garçon cocher et du palfernier de Monseigneur (19 déc. 1675)... 274 liv.

« ... Payé à monsieur de Saint-Pouange la somme de huict mil livres pour la moitié du prix du régiment de Calvo, comme il parroist par sa quittance du 8ᵉ janvier 1676.

« ... Payé à un nommé Flamen, boullenger,... pour le pain par luy fourny à mondit seigneur pendant la campagne de l'année mil six cens soixante-quinze (4 févr. 1676)........... 251 liv. 12 s.

« ... Payé audit sʳ Peron... pour avoir peint et verny la chaire à porteurs (7 mars 1676).............................. 90 liv.

« Payé au sʳ Boutefeu, maistre fourbisseur, pour deux espées l'une d'or de raport et l'autre d'argent (5 aoust 1675).... 122 liv.

« ... Le 20 janvier 1676, j'ay envoyé à mademoiselle de Tarente pour ses estrennes et menus plaisirs la somme de vingt-deux livres seize sols et un livre de musique de trente sols...... 24 liv. 6 s.

« ... Payé à madame la comtesse de Poictiers... pour le prix de six chevaux noirs par elle vendus pour servir au chariot de mon dict seigneur (8 avril 1676)......................... 1500 liv.

« ... Payé au sʳ Gaultier, marchand de soye, la somme de quatre-vingt-douze livres pour de la moere bleue et couleur de feu par luy fournie à mon dit seigneur pour deux justes au cors (14 avril 1676) 92 liv.

« ... Payé pour une chaire à porteurs de deuil pour madame de La Trémoille et pour reste d'une autre chaire (23 avril 1676). 63 liv. 6 s.

« ... Le 10 avril 1676, a esté donné au sʳ Boutifar, mᵒ fourbisseur, la somme de quatre livres pour un cousteau de dueil pour mon dit seigneur et encor trois livres trois sols pour avoir racommodé le cousteau d'argent de mon dit seigneur (le prince de Talmont)... 7 liv. 3 s.

« ... Payé à Suzanne Feré, lingère, la somme de vingt-six livres treze sols pour de la toile de Quintin pour faire des chemises (au prince de Talmont) — 1ᵉʳ juillet 1676.......... 26 liv. 13 s. »

« Despence. — 1676-1682.

« *Chapitre premier.* — Reliquat du compte précédent et debtes en principal de deffuncts messeigneurs les duc de La Trémoille, prince de Tarante, et de madame la princesse de Tarante, acquitées.................................... 18,230 liv. 7 s. 7 d.

« *Chapitre deuxiesme*, contenant le payement des arrérages des rentes. »

Parmi les débiteurs figurent la maréchale d'Estrades et mademoiselle de Vertamon, sa fille, le chancelier Le Tellier, l'avocat général Talon, madame de Rambouillet, les hospitalières de la Place Royale, le président Bignon, etc.

« Total de ce chapitre................. 216,712 liv. 17 s. 4 d.

« *Chapitre troisiesme*, contenant la despence de la maison et l'escurie de monseigneur le duc de La Trémoille.

« Premièrement, payé à Mr Nau, commissaire des pauvres du grand bureau, cent sols pour l'aumosne et cotization de $monseig^r$ de La Trémoille pour lesdits pauvres, et ce pour l'année 1676.
5 liv.

« ... Plus, payé au s^r Rode, m^e tailleur, la somme de trois cens livres pour les loyers de l'hostel de Villequiers, sur la part de M^r le prince de Vaudemont (novembre 1677)................ 300 liv.

« ... Plus, pour la nourriture d'un cheval isabel que Mr de Neuville m'avoit envoyé de Thouars (mars 1677)............ 11 liv.

« ... Plus, au mois de mars 1677, j'ay achepté vingt cinq livres de bougies en passant au Man, pour lesquelles, ou pour le port ou embalage, j'ay payé........................... 35 liv. 10 s.

« ... Plus, payé au s^r Deschamps, officier, cent cinq livres six sols pour des pourcelaines qu'il a acheptez pour porter aux Estats de St Brieu (27 aoust 1677)...................... 106 liv. 6 s.

« ... Plus, donné à Mr de Neuville mil quarante livres douze sols six deniers pour conduire l'équipage en Bretagne (août-septembre 1677).................................. 1,040 liv. 12 s. 6 d.

« ... Plus, donné à M⁰ de La Trémoille quatre mil cent livres... pour ses six chevaux noirs (13 février 1678).......... 4,100 liv.

« ... Total du 3ᵉ chapitre .... 35,266 liv. 2 s. 10 d.

« *Chapitre quatriesme*, contenant les payemens faits aux ouvriers et marchands pour la maison de Monseigneur.

« Premièrement, payé à la femme de Louis Prié dix huict livres pour six couvertures de mulet qu'il a brodé (16...)....... 18 liv.

« ... Plus, payé à Mʳ Gilon, marchand linger, trois cens livres sur ce qui luy peut estre deub par Monseigneur pour des poincts et du linge (30 juin 1677)............................. 300 liv.

« ... Plus, payé à Mʳ Gatinel, marchand rubanier (27 novembre 1677) .... 371 liv.

« ... Plus, payé à Massienne, charon, cent vingt cinq livres pour un quartier de l'entretien des carosses de monseigneur et madame (15 mai 1677)......... .... 125 liv.

« ... Plus, payé à M. Guenaut, apotiquaire, cent livres pour le contenu en ses parties arrestées par Son Altesse Madᵉ de La Trémoille, le 25 juin 1677............................ 100 liv.

« ... Plus, payé à Benjamin Savigne, brodeur,.. pour monseigʳ de La Trémoille (13 juin 1677)........................ 120 liv.

« ... Plus, payé à Mʳ Boucher, passementier (2 juillet 1677)
300 liv.

« ... Total de ce chapitre.................... 5454 liv. 5 s.

« *Chapitre cinquiesme*, contenant les appointemens et gages des gentilhommes, escuyers et autres domestiques de monseigneur le duc de La Trémoille.

« Premièrement, payé à Mʳ de Filancourt (28 janvier 1678). 375 liv.

« Plus, payé à Mʳ de Neuville (12 février 1678)....... 252 liv.

« ... Plus, pour les appointemens du comptable, en qualité d'intendant des maisons et affaires de Monseigneur et Mad⁰ de La Trémoille, pendant cinq années........................ 6000 liv.

« ... Total du chapitre........................ 12497 liv.

« *Chapitre sixieme*, contenant la despence de la personne et de la maison de S. A. madame de La Trémoille....

« Plus, donné au s^r Belleule, valet de chambre de madame de La Trémoille (19 oct. 1677)........................... 481 liv.

« ... Total de ce chapitre...................... 12090 liv. 2 s.

« *Chapitre septieme*, contenant la despence de monseig^r le prince de Talmond.

« Premièrement, pour la toille, pour faire cinq chemises à monseigneur le prince de Talmon et pour la façon (déc. 1677). 32 liv. 14 s.

« ... Plus, payé à M. Dupradel soixante sept livres dix sept sols qu'il avoit déboursé pour Mr Dupuyauber, præcepteur de M^r le prince de Talmon, pendant 29 jours de sa maladie (11 mai 1677).
67 liv. 17 s.

« ... Plus, payé à Mr Dupron, trente trois livres pour avoir monstré à danser à monseigneur le prince de Talmon pendant les mois de mars, avril et may 1677............................ 33 liv.

« ... Plus, payé à Mr Bernard, libraire,.. pour des livres (22 mai 1677)................................ .... 18 liv. 8 s.

« ... Plus, payé au s^r Magny, pour un tour de plumes qu'il avoit livré à monseigneur le prince de Talmon (3 juillet 1677).. 11 liv.

« ... Plus, payé au s^r Butifar... pour un sabre d'or de raport (3 juillet 1677)... 25 liv.

« ... Plus, payé au s^r Groult, chapelier,.. pour une toque et un castor (15 juillet 1677)................................. 44 liv.

« ... Plus, payé à Chedru, péruquier,.. pour une péruque qu'il a fait pour monseigneur le prince de Talmon (30 juillet 1677). 88 liv.

« ... Plus, payé au s^r Alexandre, m^e escrivain, pour avoir monstré à escrire à monseig^r le prince de Talmon pendant 19 mois et fourny pour six livres de plume, de papier et d'ancre (2 août 1677).
.... 120 liv.

« ... Plus, payé à Pierre Henry, rotisseur,.. pour les extraordinaires qu'il a fourny (5 août 1677)............... 411 liv. 15 s.

« ... Plus, payé à Mr Boulé, marchand linger,.. pour du linge et et des dentelles.................................... 200 liv.

« ... Plus, payé au Père Coutaut, procureur des Jésuites, neuf cens quarante neuf livres pour une année de la pension de monseig^r le prince de Talmon et de son valet de pied et de 9 mois de celle de Mr Depuyaubert, escheus le 8 janvier 1678, leur ayant rabatu les autres 3 mois, n'ayant pas esté dans le collège à cause de sa maladie, comme il paroist par la quittance dudit Père Coutault.
.... 949 liv.

« ... Plus, payé à Mr Depuyaubert, cent livres pour sa nourriture pendant deux mois qu'il a esté aux champs pour prendre l'air aux mois de may et de juin 1677, après sa maladie......... 100 liv.

« ... Plus, payé au chirurgien qui a seigné Mr de Puyaubert, pendant sa maladie (4 mars 1678).................... 15 liv. 15 s.

« ... Plus, payé à la veuve Gemon, sellière, quinze livres pour une selle par elle fournie pour le cheval de monseigneur le prince de Talmon (22 oct. 1678)............................. 15 liv.

« ... Plus, payé à mademoiselle Lau... pour avoir blanchi des poincts (20 janvier 1679)......................... 16 liv. 18 s.

« ... Plus, payé à Mr Chedru cent livres pour une péruque qu'il a fait à monseig^r le prince de Talmon (29 juin 1679)..... 100 liv.

« ... Plus, payé à Mr Balé, principal du collège de la Marche, cinq cens soixante dix livres pour une demie année de la pension et logement de monseigneur le prince de Talmon et de son laquais (4 février 1681)... 570 liv.

« ... Plus, donné à M. Hersan... pour avoir enseigné la réthorique à monseigneur le prince de Talmon pendant l'année 1680 (4 février 1681)... 55 liv.

« ... Plus, payé au s^r Griblain, horloger,.. pour avoir racommodé deux montres à monseig^r le prince de Talmon (1 avril 1681). 6 liv.

« ... Plus, achepté de rencontre pour monseig^r le prince de Talmon deux flambeaux d'argent quarrez pezans quatre marcs, sept onces, trois gros................................... 135 liv. 10 s.

« ... Plus, payé à M. Bertre... pour une toillette et une robe de chambre pour monseigneur le prince de Talmon (3 août 1681). 242 liv. 8 s.

« ... Total de ce chapitre .... 18,529 liv. 3 s. 10 d.

« *Chapitre huictième,* contenant la despence de mademoiselle de La Trémoille, à présent madame d'Oldembourg.

« Premièrement, donné à S. A. madame la princesse de Tarante mil livres pour une demie année de la pension de mademoiselle de La Trémoïlle (23 juin 1677)........................ 1,000 liv.

« ... Total de ce chapitre..................... 9,116 liv. 3 s.

Chapitre neufviesme, contenant la despence de mademoiselle de de Tarante.

« ... Plus, payé à M. Michel trente trois livres pour avoir monstré à jouer du clavesin pendant trois mois (27 may 1677). 33 liv.

« ... Plus, payé à madame l'abbesse de Mobuisson cinq cens livres pour une demie année de la pension et de l'entretien de mademoiselle de Tarante (13 juillet 1677)................. 500 liv.

« ... Plus, payé à monsieur Bordau trente trois livres pour avoir monstré à jouer de l'espinette à mademoiselle de Tarante (24 mars 1678)... 33 liv.

« ... Plus, payé au sr Gribelin... pour une montre sonnante (18 mars 1679)....................................... 110 liv.

« ... Plus, payé à M. de Beaumon... pour une toilette de moire verte avec de la dentelle or et argent (26 juillet 1679). 64 liv. 15 s.

« ... Plus, payé au sr Pautrier et à sa femme... pour une agraffe de diaman (6 juillet 1679) .... 38 liv.

« ... Plus payé aux sieurs Bienvenu et Buchard... pour un quarré-miroir et boeste à poudre pour madite damoiselle (26 juillet 1679)... 32 liv. 3 s.

« ... Plus, payé à monsieur Boulé, marchand linger,.. pour des marchandises par luy fournies (6 sept. 1679)...... 794 liv. 13 s.

« ... Plus, payé par l'ordre de M. d'Ormesson pour mademoiselle de Tarante... pour un habit (29 janvier 1680).......... 500 liv.

« ... Plus, donné à mademoiselle de Tarante... pour donner au père Domjean, bernardin, qui luy a monstré le latin (4 mai 1680).
22 liv.

« ... Total de chapitre.................... 8,467 liv. 5 s. 6 d.

« *Chapitre dixième,* contenant les despences communes, scavoir réparations de l'hostel de La Trémoille, frais de procez, ports de lettres, voyages et autres despences communes.

« ... Plus, payé à Jean Guignon, plombeur,.. pour le plomb qu'il a fourni à l'hostel de La Trémoille (14 février 1678). 20 liv.

« ... Plus, pour quatre voyages faits à Versailles et à Chaville, aux mois de juin et juillet et aoust 1677 pour solliciter.
20 liv. 2 s.

« ... Plus, payé à Mr Boissier, premier commis de Mr de la Vrilière, et à ses commis vingt huict livres dix sols et pour la signification de l'arrest obtenu contre ceux de la religion prétendue réformée de Didonne, le 9 aoust 1678 .... 28 liv. 10 s.

« ... Plus, payé à Jouan, portier de monseig^r le prince de Conty,.. pour des ports de lettres addressantes à madame de La Trémoille (31 oct. 1678)................................. 14 liv. 15 s.

« ... Plus, payé à M^r l'archevesque de Bourges neuf cens livres... à cause de son abbaye de la Bloye (18 mars 1679)....... 900 liv.

« ... Plus, payé à Mr Gautier pour tout ce qu'il a déboursé pour les cartes de généalogie (21 may 1680)............. 68 liv. 10 s.

« ... Plus, payé cent vingt trois livres trois sols, sçavoir 12 liv. pour avoir fait imprimer 50 coppies concernantes la pairie de Laval et 111 liv. 4 s. pour l'arrest qui restoit à juger et qui estoit interloqué au raport de Mr Hervé contre ledit Martin de la Martinière, comme il paroist par le certifficat dudit s^r Blondel du 23 febvrier 1680.
123 liv. 3 s.

« ... Plus, payé à Mr de Sanguinière de Charansac quinze cens livres pour le voyage qu'il a fait à Nimegue en 1678 (16 janvier 1682)..................... .... 1,500 liv.

« ... Plus, pour les ports de lettres depuis le 16 mars 1677 jusques au 4 du mois d'avril 1682, faisant cinq années et dix neuf jours.
2,500 liv.

« ... Total de ce chapitre .... 16,084 liv. 3 s. 2 d.

« La recepte du présent compte monte à trois cens quarante six mil neuf cens six livres seise sols deux deniers, et la despense à trois cens cinquante deux mil quatre cens quarante neuf livres dix sols deux deniers. — Partant la despense exède la recepte et est deu au comptable sept mil cinq cens quatre ving huit livres quatorze sols. Arresté à Paris le 16ᵉ avril mil six cens quatre vingt deux.

« CHARLES DE LA TRÉMOILLE.

« M. DE CRÉQUY.

« Lefèvre d'Ormesson.

« Lefeuvre de Faluère.

« Magneux. »

<small>Chartrier de Thouars. Registres originaux sur papier.</small>

PIÈCES JUSTIFICATIVES

PIÈCES JUSTIFICATIVES

I

1655, 22 juillet. La Haye. — Baptême de Charles-Belgique-Hollande, duc de La Trémoille.

« D'Amsterdam, le 22 juillet 1655.

« Le 18 de ce mois, le duc de Toüars, fils du prince de Tarante, fut présenté sur les fonts en l'un des Temples de la Haye, par la damoiselle de La Trimoüille, et nommé par le baron de Spar, député du roi de Suède, les députez des Estats généraux et ceux de Holande, Carolus-Belgicus-Holandus ; ensuite de quoi il y eut un magnifique festin où se trouvèrent plusieurs personnes de qualité qui avoyent esté conviées à cette cérémonie, de laquelle je vous envoye les particularitez.

« LES SOLENNITEZ DU BAPTESME DU DUC DE THOUARS, FILS DU PRINCE DE TARANTE.

« Le baron de Spar ayant eu ordre du Roy de Suède de représenter Sa Majesté en cette cérémonie, les sieurs de Gent, député de Gueldres, de Barendre, député de Holande, de Staphenis, député de Zélande, et de Vandresul, député d'Utrecht, receurent la mesme commission des Estats généraux ; et le sieur d'Ofdan, amiral de Holande, député de la noblesse, le sieur Feltron, bourgmestre de la ville de Dort, le Bacre d'Amsterdam, Telin d'Alkmar et le pensionnaire de Holande, en pareille charge de cette province ; le 18 du passé, le prince de Tarante envoya à l'heure de se trouver au Temple, quatre gentilshommes dans le grand carrosse de son Épouse pour prendre ledit baron de Spar et l'amener en sa maison ; à la dernière porte de laquelle il le vint recevoir, et le conduisit dans la salle qui avoit esté disposée pour recevoir la compagnie.

« Les députez des Estats généraux et de Holande s'y rendirent aussi incontinant après, et furent receus de la mesme sorte : puis, le ministre qui devoit prescher sur le sujet, ayant fait avertir que toutes choses estoyent préparées, le baron de Spar sortit le premier et fut suivi du sieur de Gent et des autres députez, selon les rangs de leurs villes et provinces : le Prince de Tarante allant le dernier, accompagné de la noblesse et des officiers qui s'y trouvèrent en très grand nombre.

« A quelque distance de cette troupe, venoit la damoiselle de La Trimouille, environnée de gardes pour écarter la presse qui estoit extraordinaire par le grand concours de peuple qui s'estoit fait de toutes les villes voisines, et empescher qu'elle incommodast ladite damoiselle, qui portoit le petit duc de Thouars tout éclatant de pierreries, et couvert d'une toile très fine avec de grande dentelle d'argent, sur un carreau aussi de toile d'argent enveloppé d'une longue couverture de mesme étoffe, dont la queue traînoit en terre, et les deux coins estoyent portez par les deux filles du baron de Gent.

« Le sieur de Riprede, député aux Estats généraux de la part de la province d'Owerissel, soutenoit le bras droit de ladite damoiselle, le sieur de Rasfeld du Conseil d'Estat, le gauche, et la comtesse de Montbas la suivoit avec les damoiselles de la princesse de Tarante.

« Estant arrivez au Temple, la damoiselle de La Trémouïlle avec l'enfant, prit place dans un banc qu'ils appellent le parquet, comme aussi la comtesse de Montbas et les damoiselles qui portoyent les coins de la couverture avec celles de la princesse de Tarante : les sieurs Riprede et Rasfeld eurent la leur derrière elles : le baron de Spar avec les députez des Estats Généraux se placèrent dans le banc desdits Estats, et les députez de Holande avec le prince de Tarante de l'autre costé.

« Aussitost le ministre prescha, et à l'issue de son sermon, dans lequel il fit plusieurs vœux et prières pour les princes et leur maison, le comte de Montbas se leva avec tous les députez, et receut le prince des mains de la damoiselle de La Trémouïlle pour le remettre entre celles du baron de Spar.

« Celui-ci le tint pendant que le ministre fit les lectures ordinaires, et à la fin d'icelles, donna à un autre ministre qui estoit au bas de la chaise, un billet dans lequel estoyent escrits les noms qu'on estoit convenu d'imposer au jeune prince qui sont : *Carolus-Belgicus-Hollandus.*

« En mesme temps, on fit une prière pour sa prospérité : puis ledit baron de Spar le présenta au premier député des Estats Généraux lequel le donna aux autres ; et ceux-ci l'ayant receu chacun à son tour et selon son rang, le dernier le rendit au baron de Spar, qui le donna à la comtesse de Montbas, laquelle enfin le remit entre les bras de la damoiselle de La Trémouïlle.

« Après la bénédiction, toute la Compagnie sortit du Temple et reconduisit le petit duc en sa maison, où ayant fait ses complimens au prince de Tarante et à la princesse sa femme, chacun se retira jusques sur les sept heures du soir.

« Alors tous retournèrent en la maison dudit prince de Tarante, où ils estoyent attendus à un souper, dont la magnificence et la bonne chère fut telle qu'elle dura depuis sept heures jusques à quatre du matin, tout ce temps ayant esté employé en santez continuelles à la mode du païs.

« Le prince de Tarante, comme le chef, les commança par celle du Roy de Suède qu'il beut debout, et celle des Estats Cénéraux et de Holande.

« Les députez les continuèrent par celles du duc de Thouars et de sa maison, tandis qu'un nombre infini des bourgeois de la ville en faisoyent de mesme tant dans les salles que dans les cours du logis, où le vin fut abandonné à la discrétion d'un chacun, afin que cette feste fust plus généralement solennisée ; en sorte que ces habitans ne s'en retournèrent pas moins contens que les conviez, qui avouèrent n'avoir jamais esté traitez si bien ni de si bonne grace qu'en ce festin ; où les oreilles ne furent pas moins bien diverties par les agréables fanfares des trompettes, le bruit des tymbales et les concerts des violes qui durèrent toute la nuit, que le goust y estoit charmé par la délicatesse et la diversité des viandes qui y furent servies.

« Les plus zélés de la ville et qui voulurent tesmoigner leur joye de la naissance de ce petit prince par des marques particulières, firent aussi jouer grand nombre de boëttes et de fusées, qui remplirent l'air de nouvelles étoiles et de serpenteaux, dont le sifflement sembloit entretenir le ciel de cette alaigresse. »

Recueil des gazettes nouvelles ordinaires et extraordinaires, relations et récits des choses avenues tant en ce royaume qu'ailleurs, pendant l'année mil six cent cinquante cinq. Bibl. nat., imp. LC²1 ; n° 100, p. 831 ; n° 102, p. 846.

II

1655, juillet. — Constitution d'une rente viagère de 1000 florins d'or par les États Généraux des Pays-Bas à leur filleul, le fils aîné du prince de Tarente.

« Les États Généraux des Pays-Bas réunis, à tous ceux qui verront et entendront lire la teneur des présentes, salut. — Faisons savoir que comme il a plu au Dieu tout puissant, par sa grâce divine, de bénir le haut et puissant seigneur Henry Charles de La Trémoille, prince de Tarente et de Talmont, etc., etc.; et aussi la très haute dame son épouse, Emilie, landgravinne de Hesse, etc., etc.; et de féconder leur union par la naissance d'un jeune fils et prince, et que l'offre faite par nous, avec un sentiment spécial d'affection, de faire tenir par les Estats, comme parrains, sur les fonts baptismaux, le jeune seigneur et prince, a été acceptée par eux avec reconnoissance ; ce qui, par suite, nous a inclinés à prendre les résolutions suivantes : — A savoir qu'en considération des bons services et de l'affection dont le dit seigneur prince de Tarente lui mesme, aussi bien que ses ancestres et ses plus proches parents, ont fait preuve en diverses occasions à l'égard des Estats de ce pays, et pour montrer non seulement que les dits services sont complètement agréés par nous, mais aussi pour donner audit jeune nouveau né et prince qui a reçu les noms de Charles de Belgique et de Hollande, duc de Thouars, un témoignage certain et durable de ces sentimens pendant toute sa vie et l'exciter d'autant plus à ne pas perdre de vue les beaux exemples, et à marcher sur les traces de ses glorieux ancestres et de ses plus proches parens, nous avons promis et constitué, promettons et constituons par ces présentes, au susdit jeune fils et prince, une rente viagère annuelle de mille florins d'or, suivant leur cours, à partir du dix huit juillet de l'année 1656, et ainsi de suite pendant toute la durée de la vie du susdit jeune fils et prince, promettant de faire payer chaque année la dite rente viagère pour ceux qui l'ont promise et constituée ou ceux qui les représenteront.

« Ordonnons que les présentes soient revestues de nostre sceau et que le receveur général des Estats, présent et futur, paye au dit jeune seigneur et prince, toute sa vie durant, la susdite rente viagère de mille florins à la première échéance, en bonne monnoye des deniers de la recette générale, et par conséquent à celui qui présentera audit receveur général une copie authentique des présentes, avec la quittance du paiement ; et la dite quittance sera acceptée en compte et passée dans les écritures, comme cela doit avoir lieu. — Donné en nostre assemblée des Estats, sous nostre sceau, paraphé et signé par nostre greffier. — Le..... juillet de l'an mil six cent cinquante cinq.

« SCHUTENBORCH. ».

Arch. nat. T. 1051, pièces 89 et 90.

III

1673, 25 juin. Camp devant Maestrick. — Nomination par le roi de tuteurs aux enfants mineurs du prince de Tarente.

« Louis, par la grâce de Dieu, roy de France et de Navarre, à nos amez et féaux conseillers les gens tenans nostre cour de parlement et chambre de nos comptes à Paris, baillifs, sénéchaux, leurs lieutenans et tous autres nos justiciers qu'il appartiendra, salut.

« Désirant pourvoir à la tutelle, gouvernement et administration des personnes et biens de nos cousins Charles de La Trémoïlle, prince de Tarente, et Frédéric-Guillaume de La Trémoïlle, prince de Talmont, et de nos cousines Charlotte-Émilie et Marie-Silvie de La Trémoïlle, tous enfants mineurs de deffunt nostre très cher et bien amé cousin Henri-Charles de La Trémoïlle, prince de Tarente, duc de Thouars, pair de France, et de nostre très chère et bien amée cousine Émilie, née landgrave de Hesse, princesse de Tarente, veuve de nostredit cousin; et jugeant combien il est important d'élever lesdits Charles, Frédéric-Guillaume et Marie-Silvie de La Trémoïlle dans la religion catholique, apostolique et romaine, de laquelle ils font profession, et pourvoir à la conservation des biens de tous lesdits enfants, afin qu'ils puissent soutenir la grandeur de leur naissance, et continuer les services que leurs pères et leurs ayeuls ont rendus à nostre Estat ;

« Considérant que le grand âge et les infirmitez de nostre très cher et bien amé cousin le duc de La Trémoïlle, leur ayeul, ne lui permettent pas de prendre le soin particulier de la tutelle de ses petits enfants, et nous confians en la sagesse et bonne conduite de nostredite cousine la princesse de Tarente, leur mère ; en l'affection et tendresse que nostre très cher et bien amé cousin Louis Maurice de La Trémouïlle, comte de Laval, leur oncle, a pour eux ; en celle que nostre très cher et bien amé cousin le vicomte de Turenne, mareschal général de nos camps et armées et colonel général de la cavalerie légère, leur grand oncle, témoigne aussi pour eux ; au zèle pour la religion catholique, apostolique et romaine de nostre très cher et bien amé cousin Emmanüel-Théodose de La Tour d'Auvergne, cardinal de Bouillon, grand aumosnier de France et commandeur de nos ordres, leur cousin ; et en la fidélité et affection à nostre service, intégrité, capacité et expérience dans les grandes affaires des sieurs d'Ormesson, conseiller en nos conseils, maistre des requestes ordinaires de nostre hostel, et de La Faluère, président aux enquestes de nostre cour de parlement de Paris ;

« A ces causes, nous avons nommé, et par ces présentes, signées de nostre main, nommons nostredite cousine la princesse de Tarente, nostredit cousin le comte de Laval, nostredit cousin le vicomte de Turenne et nostredit cousin le cardinal de Bouillon, et lesdits sieurs d'Ormesson et de La Faluère, tuteurs honoraires desdits mineurs, pour avoir conjointement le gouvernement et administration de leurs personnes et de leurs biens ; et à l'égard desdits Charles, Frédéric-Guillaume et Marie-Silvie, veiller à leur éducation en la religion catholique, apostolique et romaine, suivant nostre intention et celle de feu nostredit cousin le prince de Tarente. Et à cet effet voulons que ledit Frédéric-Guillaume, prince de Talmont, soit nourry et élevé dans nostre ville de Paris, et qu'il ne soit mis auprès desdits mineurs aucuns domestiques qui ne fassent profession de la religion catholique, apostolique et romaine.

« Et d'autant que nostredite cousine la princesse de Tarente et nostredit cousin le comte de Laval peuvent estre souvent esloignez de nostre ville de Paris, nostredit cousin le vicomte de Turenne employé au commandement de nos armées, et nostredit cousin le cardinal de Bouillon obligé d'estre près de nostre personne, et qu'il est nécessaire qu'il y ait un conseil réglé en nostredite ville de Paris pour la conduite des affaires desdits mineurs, nous avons establi lesdits sieurs d'Ormesson et de La Faluère pour, conjointement avec nostredite cousine la princesse de Tarente et nostredit cousin le comte de Laval, lorsqu'ils seront à Paris et se trouveront audit conseil, et en leurs absences, avoir seuls la direction et conduite des affaires de ladite tutelle, assister à toutes les délibérations qui seront prises concernant icelle, entendre les comptes de la recepte et dépense des revenus des terres et autres biens desdits mineurs, les examiner, clorre et arrester, et généralement faire tout ce qu'il conviendra pour le bien desdits mineurs ; auquel conseil lesdits sieurs d'Ormesson et de La Faluère pourront appeler telles personnes qu'ils jugeront à propos. Et pour la sollicitation des affaires, et agir dans ladite tutelle sous les ordres desdits sieurs d'Ormesson et de La Faluère, nous avons nommé pour intendant de ladite tutelle le sieur Antoine Jasse, et pour tuteur onéraire le sieur Estienne Magneux, lequel en ladite qualité fera la recepte de tous les fruits, revenus, arrérages, intérests et deniers qui proviendront des biens et effets desdits mineurs, et en fera l'employ par les ordres desdits sieurs d'Ormesson et de La Faluère, suivant et conformément au règlement du quatriesme novembre mil six cent soixante et onze, fait par nostredit cousin le duc de La Trémoïlle en présence du sieur de Gomont, gentilhomme ordinaire de nostre maison, que nous voulons estre exécuté selon sa forme et teneur. Lequel tuteur onéraire rendra compte par devant lesdits sieurs d'Ormesson et de La Faluère, de mois en mois par estat sommaire, et en fin de chacune année par estat final, de toute la recepte et dépense qu'il aura faite ; et ne pourra faire aucun payement ny dépense, ny intenter et poursuivre aucuns procès ny actions que par les ordres desdits sieurs d'Ormesson et de La Faluère. Et sera donné ausdits intendant de la tutelle, tuteur onéraire et à ceux qui serviront audit conseil, tels appointemens qu'il sera avisé et réglé par ladite dame princesse de Tarente et par lesdits sieurs tuteurs honoraires conjointement, à la charge toutefois que lesdits intendant et tuteur onéraire ne pourront prétendre d'autres ny plus grands appointements que ceux qui seroient donnez audit Jasse seul, pour ladite fonction d'intendant.

« En cas qu'il soit nécessaire d'emprunter des deniers pour le payement des dettes de ladite maison, ou pour subvenir à des dépenses extraordinaires pour le bien et avantage desdits mineurs, lesdits emprunts ne pourront être faits que du consentement de nostredite cousine la princesse de Tarente, de nosdits cousins le comte de Laval, vicomte de Turenne et cardinal de Bouillon, ou de l'un d'eux en l'absence de l'autre, et desdits sieurs d'Ormesson et de la Faluère, et suivant l'avis des parents, qui sera sur ce pris en la manière accoutumée.

« Et d'autant que nostredit cousin le comte de Laval pourra, après le décez de nostredit cousin le duc de La Trémoille, avoir des contestations et différens avec lesdits mineurs ses neveux, nous voulons et entendons qu'immédiatement après ledit décez, la qualité de tuteur honoraire que nous donnons par ces présentes à nostredit cousin le comte de Laval, cesse en vertu d'icelles, et sans qu'il soit besoin de plus ample déclaration de nostre volonté, si nostredit cousin le comte de Laval ne donne, lors dudit décez, un désistement en faveur de sesdits neveux de toutes prétentions sur la succession de nostredit cousin le duc de La Trémoille, son père.

« Et parce que lesdits mineurs ont de grandes terres, qui sont en titre de duchés, comtés et principautés, dont dépendent plusieurs bénéfices et offices ausquels il est besoin de pourvoir lors de la vacance d'iceux, et que tous lesdits tuteurs honoraires cy dessus nommez n'y pourroient pas vacquer aisément, par la difficulté qu'il y auroit de les assembler pour convenir entr'eux de personnes suffisantes, et que cependant lesdits bénéfices ne pourroient pas estre desservis ny les offices exercés, dont les affaires desdits mineurs pourroient souffrir un notable préjudice, nous voulons, à l'égard des bénéfices, que la nomination, présentation ou collation, qui appartient auxdits mineurs, en soit faite par nostredit cousin le cardinal de Bouillon, et qu'à cet effet toutes lesdites nominations, présentations et provisions soient intitulées de son nom, en qualité de tuteur honoraire desdits mineurs ; et à l'égard des offices à présent vacans ou qui viendront cy après à vacquer, voulons qu'il soit pourveu de personnes de bonnes mœurs et de capacité et expérience, faisant profession de la religion catholique, apostolique et romaine, par ladite dame princesse de Tarente et par lesdits tuteurs honoraires conjoinctement; et à cet effet que les lettres de provision qui leur seront expédiées soient intitulées de leurs noms èsdites qualitez.

« N'entendons néanmoins que la nomination que nous faisons de la personne de nostredite cousine la princesse de Tarente pour tutrice desdits enfans, ny ledit règlement du quatriesme novembre mil six cent soixante et onze, en ce qui la peut concerner, puissent lui nuire ny préjudicier aux droits et prétentions qu'elle peut avoir à l'encontre d'eux, pour l'exécution de son contrat de mariage ou autrement ; comme aussi déclarons que la nomination, par nous faite, de tous les tuteurs honoraires cy dessus ne pourra les rendre garants ny responsables en leurs noms des ordres ny des avis qu'ils donneront pour l'intérest desdits mineurs et généralement de tout ce qui sera fait et géré en ladite tutelle. Si vous mandons et ordonnons que ces présentes vous ayez à faire enregistrer et le contenu en icelles faire entretenir et garder, sans permettre qu'il y soit contrevenu en aucune manière ; car tel est nostre plaisir.

« Donné au camp devant Maestrick, le vingt cinquiesme jour de juin, l'an de grâce mil six cent soixante et treize, et de nostre règne le trente uniesme.

« LOUIS.
« Par le Roy, Le Tellier.

« Registrées, ouy et ce requérant le procureur général du Roy, pour estre exécutées selon leur forme et teneur, suivant l'arrest de ce jour.

« A Paris, en Parlement, le septiesme juillet mil six cent soixante et treize. »

Original.

IV

1674, février. Saint-Germain-en-Laye. — *Lettres patentes du roi Louis XIV portant nomination du duc de La Trémoille au gouvernement de Vitré.*

« Louis, par la grâce de Dieu, roy de France et de Navarre, à tous ceux qui ces présentes lettres verront, salut. — L'estat et charge de gouverneur de nostre ville de Vitré, estant à présent vaccante par le deceds de nostre très cher et bien amé cousin le duc de La Trémoïlle, et estant nécessaire de la remplir d'une personne suffisante et capable de nous y servir avec le mesme zèle, affection et fidélité que nous avons si souvent esprouvée en la personne dudit duc de La Trémoïlle, nous avons estimé que nous ne pouvions à cet effet faire un meilleur ny un plus digne choix que de nostre très cher et bien amé cousin le duc de La Trémoïlle, son petit-fils, tant pour la bonne éducation que luy a donnée feu nostre très cher et bien amé cousin le prince de Tarente, son père, que pour les grands exemples qu'il trouvera à imiter dans la famille, nous nous confirmons mesme d'autant plus dans une opinion si avantageuse pour luy qu'outre les preuves qu'il a desjà commencé à nous donner de son courage et de sa valeur pendant le cours de la dernière campagne, nous avons d'ailleurs lieu beaucoup de nous louer de la sage conduite qu'il a tenue dans l'assemblée des Estats de nostre dite province de Bretagne, où il vient d'assister en qualité de président de l'ordre de la noblesse avec une entière satisfaction pour nous et pour le publicque. – A ces causes et autres à ce nous mouvans, avons nostre dit cousin le duc de La Trémoïlle constitué, ordonné et estably, par ces présentes signées de nostre main, constituons, ordonnons et establissons gouverneur de nostre dite ville de Vitré, et la dite charge, vaccante comme elle est par le deceds dudict duc de La Tremouille, son grand père, luy avons donné et octroyé, donnons et octroyons pour en jouir et user avec honneurs, authoritez, prérogatives, prééminences, appointements et droits y appartenant, tels et semblables qu'en a jouy ou deub jouir ledit desfunct duc de La Trémoïlle, tant qu'il nous plaira et sous nostre authorité et celle de nostre très cher et bien amé cousin le duc de Chaulne, pair de France, chevalier de nos ordres, gouverneur et nostre lieutenant général en Bretagne et en son absence de nos lieutenans dudict gouvernement.

« Sy donnons en mandement à nostre très cher et féal chevalier le sieur d'Aligre, chancelier de France, que luy estant apparu des bonnes vie et mœurs, religion catholique, apostolique et romaine, de nostre dit cousin le duc de La Trémouille aux termes et en la manière acoustumée. Et rapportant ces dites présentes ou coppie d'icelle duement collationnée, pour une fois seulement, avec quittance de nostre dit cousin le duc de La Trémoille sur ce suffisant, nous voulons tout ce qui payé, baillé et deslivré luy aura esté, à l'occasion susdite, estre passé et alloué en la despense de leurs comptes, desduit et rabattu de la recepte d'iceux par nos amez et féaux les gens de nos comptes, auxquels nous mandons ainsy le faire sans difficulté : car tel est nostre plaisir. En tesmoing de quoy nous avons fait mettre nostre seel à ces dites présentes.

« Donné à Saint-Germain-en-Layes, le [*blanc au texte*] jour de febvrier, l'an de grâce mil six cent soixante quatorze et de nostre règne le trente uniesme.

« LOUIS. »

Arch. nat., T. 1051, pp. 89 et 90. Orig.

V

1675, 3 avril. Paris. — Copie du contrat de mariage de Charles de La Trémoille avec Madeleine de Créquy. (Extraits.)

« Par devant Dominique de Jean et Pierre Gigaut, conseillers, notaires et garde nottes du roy à Paris, furent présents très haut et très puissant prince monseigneur Charles de La Trémoïlle, duc de Thouars et de Loudun, pair de

France, prince de Tarente et de Talmond, comte de Laval, de Jonvelle, de Montfort et de Taillebourg, vicomte de Rennes, Bais et Marsillé, baron de Vitré, Mauléon, Berrie et Didonne, marquis d'Epinay et autres lieux, demeurant à Paris, rue et paroisse St André des Arcs, fils de deffunt très haut et très puissant prince, monseigneur Henry-Charles de La Trémoïlle, prince de Tarente, duc de Thouars, pair de France, et de très haute et très puissante princesse madame Emélie née landgrave de Hesse, princesse de Tarente, assisté de haut et puissant seigneur Mre Frédéric-Charles de Roye, de La Rochefoucaut, demeurant à Paris, rue St Père, à Saint-Germain des Prez, paroisse St Sulpice, au nom et comme procureur de la dite dame princesse de Tarente, fondé de sa procuration passée par devant Goullier et Gousseau, notaires de la cour et baronnie dudit Vitré, le vingt sixieme jour de mars dernier, spécialle à l'effet de consentir et signer au mariage présentement contracté..... et encore ledict seigneur duc de La Trémoïlle, assisté de très haut et très puissant prince monseigneur Henry de la Tour d'Auvergne, vicomte de Turenne, généralissime des armées du roy, très haut et très puissant prince monseigneur Emanuel-Théodoze de La Tour d'Auvergne de Bouillon, cardinal de la Sainte Eglise Romaine et grand aumosnier de France, Mre Olivier Le Fevre, chevalier, seigneur d'Ormesson, conseiller du Roy en ses conseils, maistre des Requestes ordinaire de son hostel, et Mre René Le Fevre, chevalier, seigneur de la Faluère, conseiller du Roy en ses conseils, président aux enquestes de la Cour de Parlement, ses tuteurs, et encore lesdits seigneurs prince de Turenne et cardinal de Bouillon, comme cousins dudit seigneur et duc de La Trémoïlle, du costé maternel, pour luy et en son nom d'une part; très haut et très puissant seigneur, monseigneur Charles, duc de Créquy, pair de France, prince de Poix, seigneur de Fressin, Canaples, Pontdormy, Dourrier et autres places, conseiller du Roy en ses conseils d'Estat et privé, chevalier de ses ordres et premier gentilhomme de la chambre de Sa Majesté, et de très haute et très puissante dame madame Armande de Luzignan, son espouse, qu'il a authorisée et authorise à l'effet des présentes, demeurans à Paris en leur hostel, rue des Poulies, parroisse St Germain de l'Auxerrois, tant en leurs noms que comme stipulant en cette partie pour très haute et puissante demoiselle Magdeleine de Créquy, leur fille à ce présente, et de son vouloir et consentement d'autre part.

« Lesquelles parties par la permission de très haut, très puissant, très excellent, très auguste et très invincible prince, Louis, par la grâce de Dieu, Roy de France et de Navarre, et de très haute, très puissante, très excellente et très illustre princesse Marie-Thérèse, par la mesme grâce de Dieu, Reyne desdits royaumes, son espouse ; et en la présence de Leurs Majestez et de très haut, très puissant et très excellent prince monseigneur Louis, dauphin de France, leur fils ; plus, en la présence et par l'avis de très haut, très puissant et très excellent prince monseigneur Philippes, fils de France, frère unique du Roy ; très haute, très puissante et très excellente princesse madame Elizabeth-Charlotte, son épouse, de laquelle ledit seigneur futur époux a l'honneur d'estre cousin ; très haute, très puissante et très illustre princesse madamoiselle Louise d'Orléans, souveraine de Dombes, duchesse de Montpensier ; très haut, très puissant et sérénissime prince monseigneur Louis de Bourbon, premier prince du sang ; très haut, très puissant et sérénissime prince monseigneur, Louis de Bourbon, premier prince du sang ; très haut, très puissant et sérénissime prince monseigneur Henry, Jules de Bourbon, prince du sang, duc d'Anguien, grand maistre de la maison du Roy ; très haute, très puissante et sérénissime princesse madame Anne, palatine de Bavière, duchesse d'Anguien, son épouse ; et encore en la présence de très haut et puissant prince Frédéric de Talmond de La Trémoille, frère dudit seigneur duc de La Trémoille ; très haute et puissante dame madame Anne du Rouvre, marquise de Canaples, veuve de très haut et puissant seigneur Mre Charles de Créquy, marquis de Canaples, mestre de camp du régiment des gardes du Roy, ayeulle paternelle de ladite damoiselle de Créquy ; haut et puissant seigneur Mre Alphonse de Créquy, marquis de Canaples, oncle de la dite damoiselle ; très haute et puissante dame, dame Catherine de Rogé, épouse de très haut et très puissant seigneur Mre François, sire de Créquy, mareschal de France, aussy son oncle ; très haute et très puissante dame madame Antoinette-Louise de Mesmes, épouse de très haut et très puissant seig^r monseigneur Louis Victor de Rochechouart, duc de Mortemart et de Vivonne, pair, mareschal et général des gallères de France, gouverneur et lieutenant général pour le Roy en Brie ; très haute et très puissante dame, dame Marie de Luzignan, marquise de Vassey, épouse de haut et et puissant seigneur Mre Henry François de Vassey, marquis dudit lieu, gouverneur du Plessis lès Tours, lesdites dames de Vivonne et de Vassey tantes maternelles ; et de haute et puissante dame, dame Suzanne de Brué, marquise du Plessix-Bellière, amie, ont volontairement reconnu et confessé avoir fait le traité de mariage qui ensuit...

« .... Fait et passé, scavoir pour Leurs Majestez et pour monseigneur le Dauphin, au chasteau de Versailles ; pour Monsieur et Madame, au Palais Royal ; pour mademoiselle de Montpensier, au palais de Luxembourg ; pour leurs Altesses Sérénissimes, en leur hostel ; et à l'égard desdites parties et autres, présens audit hostel de Créquy, l'an mil six cens soixante quinze, le troisiesme jour d'avril après midy. Et ont signé la minute des présentes estant en la possession de Denis Bechet, l'un des notaires soussignez, comme subrogé à l'office et pratique dudit Mᵉ Pierre Gigaut cy devant aussi notaire ; cesdites présentes ainsy expédiées et délivrées par ledit Bechet notaire, ce jourd'huy sixiesme jour du mois de mars l'an mil six cent quatre vingts sept. »

Chartrier de Thouars. Cop. sur pap.

VI

1676, 14 juillet. Burg-en-Brisgau. — « *Procuration de Mᵍʳ pour* « *messieurs d'Ormesson et de La Faluère* », *au sujet de la tutelle de Charles de La Trémoille et de la succession du prince de Tarente, son père.*

« Par devant nous, notaire et greffier de la Prévosté généralle d'Allemagne, camps et armées de Sa Majesté, fut présent messire Charles de La Trimouille, prince de Tarente et de Tallemont, duc de Thouars et autres lieux, pair de France, premier gentilhomme de la Chambre du Roy et mestre de camp d'un régiment de cavallerie, lequel a fait et constitué son procureur [*blanc au texte*], auquel il a donné pouvoir et puissance de faire convocquer l'assemblée de messeigneurs ses parans par devant nos seigneurs du parlement pour donner leur advis sur l'élection de tuteurs qu'il convient eslire à mondict seigneur duc de La Trimouille, à l'effect de régler avec madame la princesse sa mère les restitutions quy luy doivent estre faictes tant par mon dict seigneur duc de La Trimouille que par messeigneurs et damoiselle ses frères et sœur, hérittiers de monseigneur le prince de Tarante, leur père, de la valleur des meubles, vaisselles d'or et argent et autres effectz escheus à ma ditte dame la princesse de Tarante par la succession de madame, landgrave de Hesse, sa mère, et dont il a esté convenu de luy faire raison par la transaction faitte entre madicte dame et messieurs les tuteurs de mondict seigneur duc de La Trimouille et de mesdits seigneurs et damoiselle, ses frères et sœurs, pour raison de la restitution des dot, douaires et conventions de la dicte dame princesse de Tarente, passée par devant de Jean et son collègue, notaires au Chastellet de Paris, le [*blanc au texte*] jour de [*blanc*] XVIe soixante [*blanc*] ; comme aussy pour régler les voiages et frais qui ont esté faictz, pour parvenir au partage des biens et effectz de la succession de madicte dame landgrave de Hesse, faire le compte qu'il conviendra pour raison de ce ; et par iceluy promettre de payer la somme à laquelle se trouvera monter le *reliqua* dudict compte et intérestz dans le temps, selon et ainsy que mesdictz sieurs tuteurs conviendront avecques ma dicte dame princesse de Tarente, et pour convocquer ladicte assemblée, faire les réquisitions et faire donner les assignations nécessaires, et généralement, etc. ; promettant, etc. ; obligeant, etc. Faict et passé au camp de Burge[1], quartier général, en l'hostel de mondict seigneur de la Trimouille, l'an mil six cens soixante seize, le quatorziesme jour de juillet après midy, en présence de Jean-Baptiste Desjardins exampt de lad. prévosté et de Mathieu Duboys, marchand vivandier, tesmoins. Et a ledit seigneur duc de La Trimouille signé et ledit Desjardins ; et quand audict du Boys, a déclaré ne scavoir signer, de ce interpellé, suivant l'ordonnance.

« CHARLES DE LA TRÉMOILLE.

« Desjardins.

« Bertin, notaire et greffier. »

Chart. de Thouars. Orig. pap. s.

Sceau plaqué de la connétablie de France.

1. Burg en Brisgau, sur la Dreisam, non loin de Fribourg.

VII

1678, 7 juillet. Au camp de la Petite Bigarde. — Procuration de Charles de La Trémoille à Jean Gabriel Sanguinière, seigneur de Chavensac, pour protester en son nom, au congrès de Nimègue, de ses droits au royaume de Naples.

« Charles-Holland-Belgique de La Trémoïlle, prince de Tarente et de Talmond, duc de La Trémoïlle, de Thouars et de Loudun, comte de Laval et de Montfort, de Guignes, de Jonvelle et de Taillebourg, baron de Vitré, de Mauléon, de Berrie et de Didonne, vicomte de Rennes, de Bais et de Marsillé, marquis d'Espinay, pair de France, premier gentilhomme de la Chambre, etc. A tous ceux qui ces présentes lettres verront, salut. Comme ainsy soit que du premier mariage de Frédéric d'Aragon, roy de Naples, avec Anne de Savoye, soit issue Charlotte d'Aragon qui fut femme de Nicolas de Laval, dit Guy seiziesme, et mère d'Anne de Laval, dont nous sommes descendus en ligne directe ; et que du second mariage dudit roy Frédéric avec Isabelle des Baux ne soient sortis aucuns enfans qui ayent laissé postérité ; à cause de quoy tous les droits à luy appartenans et particulièrement la propriété du royaume de Naples, nous ayent esté transmis comme héritiers de la dite Charlotte d'Aragon ; et que pour la demende et poursuite desdits droits nous ayons résolu sous le bon plaisir du Roy, nostre souverain seigneur, d'envoyer nos députés en l'assemblée de Nimègue, où se doit conclure le traité de la Paix générale. A ces causes, sçavoir faisons qu'estans à plain informés de l'intégrité, capacité et suffisance de messire Jan-Gabriel Sanguinière, seigneur de Chavensac, conseiller du roy en son Chatelet, et voulans luy faire cognoitre l'entière confiance que nous avons en sa personne, nous l'avons nommé et constitué, et, par ces présentes, nommons et constituons nostre procureur général et spécial pour se transporter en ladite ville de Nimègue, et, suivant les instructions particulières que nous luy avons baillées, représenter la justice de nostre prétension et demander que nous soyons restitués en la plaine et paisible possession dudit royaume de Naples, pris et occupé sur ledit roy Frédéric par les armes du sérénissime roy catholique Ferdinand cinquiesme, son plus proche parent, sans aucun prétexte légitime, ny dénonciation de guerre, et à présent possédé par le sérénissime roy catholique, Charles deuxiesme, sans autre tiltre que le droit du plus fort ; et en cas qu'il soit fait refus de prendre cognoissance de la justice de nos droits et de prononcer sur nostre demende, nous donnons charge et pouvoir audit s^r Sanguinière de faire, en nostre nom, les protestations nécessaires pour la conservation de nos prétensions, et de tous les droits, dignités, rangs et prérogatives qui en dépendent, et d'en retirer des actes en la milieure forme que faire se poura, à ce que tous les traités de paix généraux ou particuliers, faits ou à faire, ne puissent en façon quelconque déroger, nuire ny préjudicier à nous ny aux nostres, présens ou à venir, directement ou indirectement ; et généralement nous donnons pouvoir audit s^r Sanguinière de faire en la négociation présente de cette affaire et de ce qui en despend tout ce qu'il jugera à propos pour en avancer et procurer le succès ; promettans avoir le tout pour agréable, ferme et stable, comme si nous mesme y avions esté présens en personne. En foy et tesmoignage de quoy nous avons signé ces présentes de nostre main, icelles fait contresigner par l'un de nos conseillers et secrétaires et y apposer le scel de nos armes. Donné au camp de la Petite Bigarde, le 7 juillet mil six cens soixante et dix huit.

« CHARLES-BELGIQUE-HOLLANDE DE LA TRÉMOILLE.

« *Et sur le repli* :

« Par son Altesse :

« MAGNEUX. »

(*Sceau pendant sur lacs de soie.*)

Chartrier de Thouars. Orig. signé sur parch.

VIII

1681, 27 juin. Versailles. — *Mandement de Louis XIV à sa Chambre des Comptes de Paris d'accorder main levée de tous droits au duc de La Trémoille, pour raison de l'hommage de Thouars, La Trémoille, Mauléon et Benon.*

« Louis, par la grâce de Dieu, Roy de France et de Navarre, à nos amés et féaux les gens tenans nostre Chambre des Comptes de Paris et à tous autres nos justiciers et officiers qu'il appartiendra, Salut. Nostre très cher et bien amé cousin, Charles, duc de La Trémoïlle, nous ayant ce jour d'huy faict et rendu en personne es mains de nostre très cher et féal le sieur Le Tellier, chevalier, chancelier de France, les foy et hommages qu'il est tenu de nous faire pour raison des duchez de Thouars et de La Trémoïlle, de la baronnie de Mauléon en Poitou, du comté de Benon en Aunis et du comté de Laval au Mayne, avec toutes les circonstances et dépendances d'icelles, mouvantes et relevantes de nous, nous l'avons de nostre grâce spéciale, receu et recevons par ces présentes auxdictes foy et hommages, sauf nostre droict et l'autruy. Et nous mandons et enjoignons que si à faute desdits foy et hommages et droictz non payez, lesd. terres, fiefs, revenus, circonstances et dépendances d'icelles estoient saisis et arrestez, vous ayez incontinant et sans délay à lui en faire, comme nous luy en faisons, plaine et entière main levée, à la charge toutesfois de bailler par luy ses aveux et dénombremens dans le temps requis par la coustume et payer les droitcs et devoirs ausquels il est tenu, si faict n'a esté, car tel est nostre plaisir. Donné à Versailles, le vingt septiesme jour de juin, l'an de grâce mil six cens quatre vingtz un et de nostre règne le trente neufviesme.

« Par le Roy :
« Bourot. »

Sceau pendant sur simple queue.

Chart. de Thouars. Orig. sur parch.

IX

1681, 3 novembre. Thouars.— Permission accordée par Charles de La Trémoille aux Cordeliers de Thouars, d'agrandir leur jardin, à la charge d'entretenir désormais les murs de la ville.

« Charles, duc de La Trémoïlle, de Thouars et de Loudun, prince de Tarente et de Talmond, comte de Laval, de Montfort, de Guines, de Jonvelles et de Taillebourg, baron de Vitré, de Mauléon, de Berrie et de Didonne, vicomte de Rennes, de Bais et de Marsillé, marquis d'Espinay, pair de France, premier gentilhomme de la Chambre, à tous ceux qui ces présentes lettres verront, salut.

« Scavoir faisons que désirant suivre les pieuses intentions de nos prédécesseurs, seigneurs dudit Thouars, fondateurs du couvent des RR. PP. Cordeliers qui sont établis dans nostre ville de Thouars, leur donner des marques de l'affection que nous leur portons et de l'estime particulière que nous avons pour eux; à ces causes et pour l'embelissement et agrandissement dudit couvent, leur avons permis et accordé, permettons et accordons de prendre l'espace et passage qui est entre les murs de leur jardin et ceux de la dite ville de Thouars, et mesme le lieu où estoit cy devant la tuerie, laquelle a esté démolie, en sorte qu'ils en puissent dorsenavant jouir et joindre le tout à leur jardin, à la charge par eux et à leurs despens de faire restablir incessament les murs de nostre dite ville qui entoureront leur dit jardin, de les entretenir à l'avenir en bon et deub estat, de faire vers ladite tuerie un esgout soit en aqueduc ou autrement, de grandeur raisonable et capable de recevoir les immondices de ladite ville qui avoient coustume de passer par la ruelle où estoit ladite tuerie, en sorte que le public ny les particuliers n'en puissent estre incommodés, et d'estre tenus en cas de guerre de laisser un passage pour pouvoir commodément aler à l'entour des murs de nostre ville. Si donnons en mandement à nos chers et bien aymés les officiers de nostre duché pairie dudit Thouars, de faire registrer ces présentes et de tenir la main chacun à son esgar, à ce que de l'effet d'icelles lesdits RR. PP. Cordeliers jouissent plainement et paisiblement sans leur faire ny souffrir estre fait aucun trouble ny empeschement, car telle est nostre intention. Donné en nostre chasteau de Thoüars, le troisième novembre mil six cens quatre vingt un.

« *(Signé)* : CHARLES DE LA TRÉMOILLE.

« *Et sur le repli :*

« Par son Altesse :

« Magneux. »

Cachet.

Chartrier de Thouars. Orig. signé sur parch.

X

1682, 23 mai. Paris. — *Lettre de Madeleine de Créquy, duchesse de La Trémoille, à l'intendant de la Rochelle, Honoré-Lucas de Demvin.*

« Quoi que je n'aye, Monsieur, l'honneur de vous cognoistre que de réputation, je ne laisse pas de vous prier très instament de nous faire une grâce et de nous rendre en mesme temps justice. Mr de Louvois promit, il y a quelque temps, à M^r mon mary de vous escrire pour sçavoir de vous au vrai l'estat d'une petitte ville que nous avons sur la Charente et qui s'appelle Taillebourg, pour cognoistre par d'autres tesmoignages que les nostres. Si cette ville, qui estoit avant l'année 1668 une des plus jolies de Xaintonge, a esté depuis ce temps là désolée et presque rendue déserte par le passage des gens de guerre ; si vous l'avés veue, Monsieur, et que vous cognoissiés ce péis là par vous mesme, la seule grâce que M^r de La Trémoïlle et moy vous demandions est que vous ayés la bonté d'escrire à Mr de Louvoy ce que vous en scavés et qu'il y a d'autres lieux plus peuplés et meilleurs que Taillebourg, qui feront la route plus courte pour conduire les troupes de Xaintes à St Jean d'Angély et autres lieux. Si vous ne cognoissés pas encore ce péïs par vous mesme, n'y ayant pas long-temps que vous en estes intendant, prenés la peine de vous informer de la vérité de ce que je vous escris et nous rendés en la tesmoignant à Mr de Louvoy un service dont Mr mon mary et moy conserverons toutte nostre vie une par faite recognoissance, et dont je seray ravie de vous donner, Monsieur, dans touttes les occasions qui se présenteront des marques effectives :

« Madeleine de Créquy, duchesse de La Trémoïlle.

« A Paris, ce 23e may 1682. »

Chart. de Thouars.

XI

1696, 12 janvier. Paris. — Consentement du duc de La Trémoille à l'érection par le roi de la baronnie de la Chaise-le-Vicomte en marquisat.

« Charles, duc de La Trémoïlle, de Thouars, de Chastellerault et de Loudun, prince de Tarente et de Talmond, etc., etc., à tous ceux qui ces présentes lettres verront, salut.

« Savoir faisons que, désirant gratifier et favorablement traiter messire Julien de Saligné, chevalier, seigneur de la Chèze le Vicomte, la Lardière, Badiolle et Saint-Florent, lieutenant pour le Roi au gouvernement de Poitou, qui, à l'exemple de ses prédécesseurs, a donné diverses marques de sa fidélité et son courage dans les armées de Sa Majesté, et voulant reconnoistre en sa personne les services que ses ayeuls ont tasché de rendre dans les occasions à nos ancestres; considérant d'ailleurs que la baronnie de la Chèze le Vicomte est une terre de grande estendue, consistant en plusieurs paroisses et autres beaux droits, le tout sis en Poitou et relevant à foy et hommage lige et à droit de rachat de nostre duché pairie de Thouars et dont la juridiction ressortit par appel à celle de nostre dit duché.

« A ces causes et autres bonnes considérations à ce nous mouvans, avons consenti et consentons, par ces présentes signées de nostre main, que ledit sieur de la Chèze obtienne de Sa Majesté des lettres d'érection en marquisat de la dite baronnie de la Chèze le Vicomte, avec ses appartenances et dépendances, à condition néanmoins, et non autrement, que l'érection de ladite baronnie en marquisat ne pourra faire aucun tort ni diminuer en quelque manière que ce soit nostre mouvance et nos autres droits honorables, utiles et juridictions, ni préjudicier à ceux d'autrui; car telle est notre intention. Donné à Paris, le 12 janvier 1696,

« CHARLES DE LA TRÉMOILLE.

« *Et sur le repli :*

« Par son Altesse :

« Magueux. »

Chartrier de Thouars. Registre d'hommages, fol. ll.

XII

1697, 30 avril. Paris. — Mandement de Louis XIV au parlement de Rennes de proroger la permission accordée au duc de La Trémoille d'arenter et d'afféager ses terres de Bretagne.

« Louis, par la grâce de Dieu, Roy de France et de Navarre, à nos amez et féaux les gens tenans nostre cour de parlement de Bretagne à Rennes, salut. Nostre très cher et bien amé cousin le duc de La Trémoille nous a fait remonstrer que par nos lettres patentes du unziesme jour de juin mil six cens quatre vingts six, nous luy aurions continué et confirmé pour dix ans la permission par nous accordée à feu nostre très cher et bien amé cousin le duc de La Trémoille, son ayeul, par celles du quatriesme juin mil six cens cinquante trois, et autres y esnoncées des feus roys nos très chers honnorez seigneurs ayeul et père, des vingts juillet mil six cent huit, dix huit décembre mil six cens vingt sept, et seize décembre mil six cens trente quatre ; et conformément à icelle luy avons permis de vendre, arrenter ou afféager les terres de vaincs et vagues domaines logeables, et autres domaines congéables, et autres domaines, bois, forêts, jurisdictions et droits dépendans des terres et seigneuries de Quintin, Montfort, vicomté de Rennes, marquisat d'Espinay et baronnie de Vitré, ou partie d'icelles, avec pouvoir d'en retenir la mouvance et féodalité et d'en tirer telle somme de deniers qu'il trouveroit desdites rentes et aliénations, ainsy qu'il est plus particulièrement exprimé par lesdites lettres ; mais d'autant que nostredit cousin n'a pu faire des ventes, non plus que son dit ayeul, assez considérables pour satisfaire ses créanciers ; que le temps de dix années porté par nos lettres dudit jour unziesme juin mil six cens quatre vingt six, est prest d'expirer, et qu'ainsy la succession dudit feu duc de La Trémoille est toujours chargée de gros intérests, nostre dit cousin qui se void obligé de recourir à des moyens extraordinaires pour se libérer des saisies et poursuittes rigoureuses que sesdits créanciers font journellement contre luy nous a très humblement fait supplier de luy vouloir proroger ledit délay de tel autre qu'il nous plaira et de luy en faire expédier des lettres patentes sur ce nécessaires.

« Pour ces causes, voulant favorablement traitter nostredit cousin le duc de La Trémoille, tant en considération des grands et recommandables services rendus par ses prédécesseurs à cet estat, que de ceux qu'il continue journellement à nous rendre ; de nostre grâce spéciale, pleine puissance et autorité royale, nous avons à notre dit cousin le duc de La Trémoille, confirmé, octroyé et continué, et par ces présentes, signées de nostre main, confirmons, octroyons et continuons la permission portée par nos dites lettres patentes dudit jour unziesme juin 1686, cy attachées sous le contrescel de nostre chancellerie ; en augmentant, voulons et nous plaist, que nostredit cousin, outre les ventes cy devant faites en vertu de nosdites lettres par nostre dit cousin, son ayeul, à quelque somme qu'elles se puissent monter, puisse encore vendre, arrenter ou afféager les terres vaines et vagues, domaines congéables et autres domaines, bois et forests, jurisdictions et droits dépendans des terres et seigneuries du comté de Montfort, baronie de Vitré, vicomté de Rennes, marquisat d'Espinay, et chatellenie de Saudecour, cy devant annexée, jusqu'à la somme de deux cens mille livres avec pouvoir de conserver et retenir la féodalité, justice et jurisdiction sous lesdits seigneurs, conjointement ou séparément, au choix de nostre dit cousin, retenir par luy sur lesdites aliénations des cens et rentes féodales pour marque de seigneurie directe sur ses nouveaux vassaux et rentiers, pour nous rendre par luy et ses ayans cause, redevance et obéissance sous un seul aveu de l'une desdites terres, sans touttes fois préjudicier ny déroger aux usages, franchises, libertez et exemptions des habitans des lieux ; avons à cet effet relevé et dispensé, relevons et dispensons nostre dit cousin le duc de La Trémoille de la rigueur des articles 358, 359 et autres de la coustume de Bretagne, lesquels nous ne voulons luy nuire ni préjudicier ; imposant sur ce silence à nos procureurs généraux, substituts et tous autres. Et pour d'autant plus favoriser nostre dit cousin, luy avons de nostre mesme grâce et autorité que dessus, fait et faisons don et remise de tous et chacuns les droits de lots et ventes et autres droits et devoirs seigneuriaux qui pourroient nous estre écheus à cause desdites ventes, arrentemens, afféagemens ou autres dispositions et aliénations desdites terres et domaines, à quelque prix et somme qu'ils puissent monter et revenir, pourveu qu'ilz ne soient pas affermez et pour donner plus de moyens à nostre dit cousin de trouver des personnes avec qui il puisse compter du jour et datte des présentes, sans conséquence ; si vous mandons et très expressément enjoignons que cesdites présentes vous fassiez registrer, de leur contenu jouir et user nostre dit cousin et ses ayans cause, pleinement et paisiblement, cessant et faisant cesser tous troubles et empeschemens au contraire ; nonobstant touttes ordonnances et arrests contraires, ausquels pour ce regard seulement et sans tirer à conséquance, nous avons dérogé et dérogeons : car tel est nostre plaisir. Donné à Versailles, le trentiesme jour d'avril, l'an de grâce mil six cens quatre vingts dix sept et de nostre règne le cinquante quatriesme.

« LOUIS.

« Par le Roy :

« COLBERT. »

Chartrier de Thouars. Orig. signé sur parch.

XIII

1697, 4 octobre. Thouars. — Nomination par Madeleine de Créqui, au greffe des saisies réelles du duché de Thouars.

« A été convenu que quoy que par la forme faitte ce jourd'huy du greffe de ce duché il soit porté que les sieurs Thibaudeau et Lorry, fermiers, se feront pourvoir du greffe de l'écritoire et de la charge de commissaire des saïsies réelles de ce duché, sur notre nomination ; que cependant Son Altesse contribura pour moitié aux fruits qu'il conviendra de débourcer pour l'optention des provisions des deux offices jusques à la somme de quatre cent livres, et que sy elles coustent au della de la ditte somme de quatre cent livres, le par sus au della de la ditte somme sera payé par son Altesse. — Fait au château de Thouars le quatriesme jour d'octobre mil six cent quatre vingt dix sept.

« MADELEINE DE CREQUY.

« Thibaudeau.   Lorry. »

Chart. de Thouars. Orig. signé sur parch.

XIV

1698, 16 octobre. Paris. — Nomination par Madeleine de Créqui, duchesse de La Trémoille, d'un principal au collège de Thouars.

« Madelaine de Créquy, duchesse de La Trémoille, épouse et procuratrice génералle de très haut et très puissant prince Charles duc de La Trémoille, de Thouars, de Chatellerault et de Loudun, prince de Tarente et de Talmond, comte de Laval, de Montfort, de Benon, de Guines, de Jonvelles et de Taillebourg, baron de Vitré, de Mauléon et de Didonne, vicomte de Rennes, de Brosse, de Bais et de Marsillé, marquis d'Espinay, pair de France, chevalier des ordres du Roy et premier gentilhomme de sa chambre, à tous ceux qui ces présentes lettres verront, salut. Savoir faisons que sur le bon et louable rapport qui nous à esté fait de la personne de Pierre Grenouilleau, de ses bonne vie et mœurs, capacité et probité, à ces causes et autres bonnes considérations à ce nous mouvans, luy avons donné et octroyé, donnons et octroyons par ces présentes signées de nostre main, l'employ et dignité de principal du collège de nostre ditte ville de Thouars, pour en jouir par luy tant et si longtemps qu'il nous plaira seulement, aux honneurs, droits, profits, revenus et esmolumens y appartenans, avec la faculté de recevoir par chacun an la somme de cent cinquante livres, deue et attribuée à la dignité de principal du dit collège, et qui a coutume d'estre payée, scavoir cinquante livres par le chapitre de l'Église de S¹ Pierre, au lieu de la prébende préceptorialle qui appartenoit dans ladite Église audit principal, et cent livres par le fermier des deniers d'octroy de nostre ditte ville de Thouars, à condition par luy d'enseigner gratis deux enfans de cœur de nostre chapitre du chateau de Thouars. Si mandons à nos chers et bien aimés les officiers de nostre ditte ville et duché pairie de Thouars de tenir la main chacun endroit soy à l'exécution des présentes, et de les faire lire, publier et enregistrer où besoin sera, en faisant par ledit Grenouilleau les soumission et sermens en tels cas requis et accoutumés. Car telle est nostre intention. Donné à Paris, le seisiesme jour d'octobre mil six cent quatre vingts dix huit.

(Signé :)   « MADELEINE DE CRÉQUY.

(Et sur le repli :)

« Par son Altesse,

« MAGUEUX. »

(Cachet aux armes du duc de La Trémoille et de Madeleine de Créqui.)

Chart. de Thouars. Orig. signé sur parch.

XV

1702, mai-juin. — « *Inventaire des meubles du chasteau de Thouars* (*Extrait*).

« Dans le cabinet de la biblotecque :

« Premièrement, une table pliante de bois de noier.
« Plus, deux guéridons de bois dorré.

« Plus, un lit de repos de bois noir, garny d'un lit de plume coisty avec sa couverture d'un velours cizelé, le fond blanc et bleu avec dentelle d'argent, un coissin couvert d'un satin blanc.

« Plus, six pliants de mesme étoffe que le lit, garny de dentelle d'argent.

« Plus, un petit cabinet de bois de raport avec plusieurs liettes ferments à clef sur les collonnes.

« Plus, deux mirouers sur cadres dorés.

« Plus, cinquante portrets sur leurs cadres dorés qui sont des représentations de la maison et des alliances, y compris celuy de la cheminée.

« Plus, un estampe de monsieur de Bouillon sur casdre doré.

« Plus, une paire de chenets de fer polly avec pelle, étenaille et painsette.

« Plus, cinq pots longs de faiance vernis en vert viollet rouge et dorré.

« Plus, une garnitture de cheminée de vingt deux pièces de porcelaine fine.

« Plus, une grande urne de porselaine fine.

« Plus, quatre grands pots de porselaine fine.

« Plus, un pot de jaspe.

« Plus, un petit pot de terre verny de vert et dorré.

« Plus, deux coupes de vermeil doré.

« Plus, quatre lumats[1] de nascre de perle garnys de vermeil sur leur pied de vermeil.

« Plus, cinq flacons de cristal avec leur garnitture de vermeil doré.

« Plus, deux autres petitz flacons de christal avec leur garnitture d'or émaillé.

« Plus, une coupe d'agatte d'oriant verte, sur son pied d'agatte, garny d'un bort d'or.

« Plus, une autre coupe d'agatte, garny par dessus et son pied de vermeil.

« Plus, une orloge de répétition sur son chassis et pied de cuivre doré.

« Plus, trois petits coffres d'ambre, à l'un desquels il y manque un pied.

« Plus, deux boetes, l'une quarrée et l'autre ronde de bois de la Chine ; dans la ditte boeste quarrée, il y a quatre petites boetes de mesme bois.

« Plus, deux petits coffres, l'un oval et l'autre quarrée d'agatte garny d'argent ; la couverture d'icelluy d'oval est cassée.

---

1. Escargot en patois poitevin.

« Plus, trois quesse d'argent avec figure.

« Plus, une figure d'homme More sur un pied d'estal, le tout d'argent.

« Plus, une boeste de bois de la Chine, vernis de rouge.

« Plus, deux limassons de nascre de perle.

« Plus, une pierre sur un casdre doré représentant une insandie.

« Plus, trois gobelets, ansse de porcelaine.

« Plus, un vinaigrier d'agatte sur un pied garny de vermeil.

« Plus, un petit gobelet d'agat sur un pied garny d'or émaillé.

« Plus, un petit pot de verre verny en rouge.

« Plus, deux corbeilles de filagrame[1] d'argent dont l'une a une couverture.

« Plus, une grande coupe de vermeil sur un pied représentant une fontaine.

« Plus, une autre grande cassollette d'argent.

« Plus, un petit coffre d'écaille fermant à clef garny d'argent.

« Tous les livres de la biblotecques, ainsy qu'ils sont spéciffiés dans l'inventaire quy en a esté faitte, lequel a esté représenté par le sieur Martin, consierge. »

Chart. de Thouars. Orig. sur pap.

XVI

1709, 2 et 4 juin. Paris. — Acte de décès de Charles-Belgique-Hollande duc de La Trémoille.

« Extrait des registres des enterremens de l'église paroissiale de Saint-Sulpice de Paris. — Le 4 du mois de juin de l'année mil sept cent neuf a été fait le convoi et transport dans l'église de Thouard (diocèse de Poitiers) de très haut

---

1. *Sic* pour filigrane.

et très puissant prince, monseigneur Charles Belgique Hollandique de La Trémoille, duc de Thouard, de Châtelleraut, prince de Tarente et de Talmont, pair de France, chevalier des ordres du Roy, et premier gentilhomme de sa chambre, âgé de cinquante quatre ans, décédé le second du présent mois, quay Malaquay, dans son hotel ; et y ont assisté très haut et très puissant prince monseigneur Charles Bretagne de La Trémoille, duc de Thouard, de Chastelleraut, prince de Tarante, pair de France et premier gentilhomme de la chambre du Roy, son fils, et très haut et très puissant prince monseigneur Emmanuel Théodose de La Tour d'Auvergne, duc d'Albret, son gendre, et très haut et très puissant prince, monseigneur Henry de Lorraine, duc d'Elbeuf, son cousin, qui ont signé.

« Collationné à l'original par moi, soussigné, prêtre et vicaire de ladite paroisse. A Paris, ce quatorze du mois d'aoust de l'année mil sept cent soixante et quinze.

« De Fréchac. »

Chart. de Thouars. Orig. pap.

TABLES DES DOCUMENTS

Claude de La Trémoille... v
Henri de La Trémoille... vi
Charles II de La Trémoille.. viii
Charles III de La Trémoille....................................... x

CLAUDE DE LA TRÉMOILLE

Extraits des comptes .... 1 à 10
Pièces justificatives .... 11 à 57

    I. — 1578, 22 février. Paris. — *Procès-verbal de la création de la tutelle et curatelle de MM. de La Trémoille pour dame Jehanne de Montmorency, duchesse de Thouars* 13

    II. — 1580, 27 septembre. Anvers. — *Nativité de mademoyselle Brabantine-Charlotte.* 17

    III. — 1588, 8 décembre. La Rochelle. — *Décharge par Henri de Navarre au sieur de La Corbinière pour poudre et boulets achetés lors du siège de Vouvant par Claude de La Trémoille.* 17

    IV. — 1592. — *Lettre de du Molin à Madame de La Trémoille* 19

    V. — 1594, 19 janvier. Nantes. — *Ordonnance d'Henri IV pour les préséances* 20

    VI. — 1595, août. Lyon. — *Érection de Thouars en pairie.* 21

VII. — 1596, 2 juillet. Thouars. — *Lettre de Claude de La Trémoille au connétable Henri de Montmorency*.. 25
VIII. — 1597, 21 septembre. Châtellerault. — *Lettre de Claude de La Trémoille au connétable Henry de Montmorency*... 26
IX. — Vers 1597. — *Instruction pour le Sr de Bourron*...... 27
X. — 1597, 23 octobre. Oldenzeel. — *Le prince d'Orange donne pouvoir à Louise de Coligny de traiter en son nom le mariage de sa sœur avec Claude de La Trémoille*... 29
XI. — 1597, 23 octobre. Au camp d'Oldenzeel. — *Contrat de mariage de « très hault et très puissamt seigneur, monseigneur Claude de La Trémoille, duc de Thouars, pair de France, prince de Talmond, comte de Guynes, Benon et Taillebourg, baron de Sully, Mauléon, Doué, Montaigu, L'Isle-Bouchard, Berrie, Didonne, Meschère, Rochefort, etc., conseiller du roy en ses conseils d'estat et privé, capitaine de cent hommes d'armes de ses ordonnances, et de très haulte et très puissante dame, madame Jehanne de Montmorancy, duchesse de Thouars »*...................... 30
XII. - 1599, 3 décembre. Paris. — *Permission de chasse à madame de La Trémoille*..................... 31
XIII. — 1604, 26 mars. — *Testament de Claude de La Trémoille (Extraits)*............................. 32
XIV. — 1604, 26 octobre. Thouars. — *Ouverture du testament de Claude de La Trémoille*..................... 33
XV. — 1605, 13 avril. Thouars. — *Inventaire des bijoux et de la vaisselle plate de Claude de La Trémoille*...... 35
XVI. — 1608, 31 janvier. Paris. — *Henri IV remet à la duchesse de La Trémoille les droits qui lui appartenaient à cause de la vente des terres de Meschers et de Didonne*....................................... 41
XVII. - 1608, juin. Fontainebleau. — *Henri IV permet à Charlotte-Brabantine de Nassau de résider en France*. 42
XVIII. — 1618, 31 janvier. Sedan. — *Lettre de Charlotte-Brabantine de Nassau*........................... 43
XIX. — 1626. — *Lettre de Charlotte de Nassau à Richelieu*... 44
XX. — 1626. — *Instructions de M^r de La Trémoille*........ 45

XXI. — 1631, 17 août. — *Testament de « très haulte et illustre princesse madame Charlotte de Nassau, princesse en Orenge, duchesse douairière de La Trémoille et de Thouars »* 47

XXII. — 1631, 19-21 août. Château-Renard. — *Inventaire après décès de Charlotte de Nassau, duchesse douairière de La Trémoille*... 47

HENRI DE LA TRÉMOILLE

Extraits des comptes....................................... 59 à 76
Pièces justificatives... 77 à 141

PREMIÈRE PARTIE
DOCUMENTS DIVERS

I. — 1619, mars. Paris. — *Dispense de parenté pour le mariage du duc de La Trémoille avec sa cousine Marie de La Tour.* 79

II. — 1621, 23 février. Thouars.— *Lettre de M. de La Trémoille au roy* 81

III. — 1625, 17 mars. Paris. — *Commission de maréchal de camp de cavalerie légère donnée au duc de La Trémoille* 82

IV. — 1627, 20 avril. Saint-Macaire. — *« Procès-verbal de plantement de poteau au bourg de Saint-Maquaire ».* 84

V. — 1628. — *Conversion du duc de La Trémoille*........ 86

VI. — 1636. — *Description de la ville de Laval*......... 87

VII. — 1642, 15 mai. Paris. — *Permission donnée par Henri de La Trémoille de bâtir un temple à Thouars*..... 88

VIII. — 1645, 15 mars. Paris. — *Mandement de Marie de La Tour, duchesse de La Trémoille*.................... 90

IX. — 1646, 24 novembre. Vitré. — *« Affranchissement des rentes sur le fons du Temple basti en la rue des Fousteaux », à Vitré* 91

X. — 1650, 8 juillet. Thouars. — *Lettre de Marie de La Tour à son frère* 94

XI. — 1661. — *Extrait du Mémoire justificatif de Marie de La Tour, duchesse de La Trémoille*.................... 96

DEUXIÈME PARTIE

TITRES DE VITRÉ

I. — 1451, 25 mai. Vannes. — *Arbitrage du duc de Bretagne, Pierre II, sur les prééminences des comtes de Laval, seigneurs de Vitré, et des vicomtes de Rohan, barons de Léon, aux Etats de la province*........ .. 103

II. — 1619, 9 avril. Vitré. — « *Acte de maison de ville du 9ᵉ apvril 1619, par lequel est advisé que d'ores en avant l'en tirera à l'oiseau roiaul de le harquebuse, à bras ouvert et qu'il sera publyé par trois jours* ». 106

III. — 1661, 6 juillet. Nantes. — *Lettre du roi convoquant aux Etats de Bretagne qui se tiendront à Nantes*.. 107

TROISIÈME PARTIE

TITRES DU COMTÉ DE LAVAL

I. — (Sans date). — « *Mémoire sur ce qui peult appartenir à Monseigneur le Comte et à Madamoiselle au comté de Laval* »...................................... 111

II. — 1429, 17 juillet. Reims. — *Erection de Laval en comté* 112

III. — 1467, 19 novembre. Le Mans. 1483, octobre. Blois. — *Lettres patentes du roy Charles VIII, confirmatives de celles du roy Louis XI pour les rangs et prérogatives des comtes de Laval*...................... 115

IV. — 1619, avril. Saint-Germain-en-Laye. — *Confirmation du droict de nommer aux offices royaux*..... 117

V. — 1644, février. Paris. — *Lettres patentes portant que le conté de Laval appartenant à Mosieur le duc de La Trémoille relèvera de la Couronne*............... 120

QUATRIÈME PARTIE

PREUVES POUR NAPLES

I. — Vers 1629. — *Brevet ordonnant que les La Trémoille jouissent des prérogatives accordées aux autres princes, issus de maisons souveraines*.............. 125

II. — 1647. — *Mémoire de M. Godefroy sur l'affaire de Naples*.................................... 126

III. — 1647. — *Titres des ducs de La Trémoille au trône de Naples*..................... 128

VI. — 1648, 15 décembre. Munster.— « *Acte donné par messire Abel de Servien, ambassadeur extraordinaire en Allemagne et plénipotentaire pour le traitté de la paix générale, justificatif de la protestation faite par le sieur Bertaut, pour Monsieur le duc de La Trémoille* »..................... 129

V. — 1648, 21 décembre. Munster. — « *Acte de protestation du Sr Bertaud en l'assemblée générale pour la paix à Munster, pour la conservation des droits de M^r de La Trémoille au royaume de Naples, du 13 décembre 1648, avec vidimus des réclamations de Henri de La Trémoille, datées de Thouars, 12 mars 1648*.... 131

VI. — Vers 1643. — « *Copie d'une lettre du duc de La Trémoille, adressée au congrès de Wesphalie, réuni à Munster.* »..................... 136

VII. — Vers 1648. — *Copie de la lettre du duc de La Trémoille au pape Innocent X*..................... 138

VIII. — 1649. — *Brevet concernant les droits du duc de La Trémoille comme seul héritier en ligne directe de Frédéric d'Aragon, roi de Naples*..................... 141

CHARLES II DE LA TRÉMOILLE, PRINCE DE TARENTE

Extraits des comptes..................... 143 à 158
Pièces justificatives..................... 159 à 183

I. — 1648, 9 mars. Paris. — *Mandement du roi Louis XIV aux cours souveraines de son royaume, d'accorder surséance pour règlement de ses procès civils durant trois mois à Henri-Charles de La Trémoille, prince de Talmond, fiancé d'Emilie de Hesse*............ 161

II. — 1648, 24 mai. Cassel. — *Extraits du contrat de mariage d'Henri-Charles de La Trémoille, prince de Talmont, avec la princesse Emilie de Hesse*........ 162

III. — 1648. — *Copie de la lettre du prince de Tarente aux Etats Généraux des Provinces Unies*............. 164

IV. — 1650, 16 septembre.— « *Mémoire de ce qui a esté tiré de la cassette de pierreries de M^e la Princesse et mis entre les mains de Gilbert* »....... 165
V. — 1651.— *Lettre du prince de Tarente au vicomte de Marcilly*............ 166
VI. — 1651, 30 juin. — *Lettre de Mazarin au prince de Tarente*............ 167
VII. — 1651, 1er octobre. Bordeaux. — « *Brevet de mestre de camp d'infanterie dans l'armée de la Fronde, délivré au prince de Tarente par le grand Condé*......... 168
VIII. — 1652, octobre. — *Lettre de la princesse de Tarente au comte de Servien, au sujet de l'assiette de son douaire durant l'exil de son mari, qui avait suivi le parti du prince de Condé*............ 170
IX. — 1653, 14 janvier. Paris. — *Arrêt du Conseil d'Etat donnant main levée à la princesse douairière de Tarente, née landgravine de Hesse, des comtés de Taillebourg et de Benon et principauté de Talmont, sur lesquels était assis son douaire*............ 171
X. — 1654, juin. Sedan. — *Lettres de rémission accordées par Louis XIV au prince de Tarente*............ 173
XI. — 1655, 14 juin. La Fère. — *Passeport délivré au prince de Tarente revenant des Pays-Bas en France*..... 175
XII. — 1655, 1er novembre. Paris. — *Permission accordée par Louis XIV au prince de Tarente de porter l'ordre de la Jarretière*............ 176
XIII. — 1656, 20 janvier. Thouars. — *Cession du duché et pairie de Thouars en faveur de M^r le prince de Tarente*............ 177
XIV. — 1658, 14 février. Thouars. — *Donation universelle et immobilière par le duc de La Trémoille au prince de Tarente, son fils aîné (Extraits)*............ 179
XV. — 1672, 20 octobre. — *Mandement de Charles II, roi d'Angleterre, d'élire, en remplacement du feu prince de Tarente, dans l'ordre de la Jarretière, le comte d'Ossory*............ 181
XVI. — 1677, 21 janvier. Vitré. — *Inventaire de meubles venus de Hollande* 182

CHARLES III DE LA TRÉMOILLE

Revenus et dépenses ...... 185 à 199
Pièces justificatives .... 201 à 272

I. — 1655, 22 juillet. La Haye. — *Baptême de Charles-Belgique-Hollande, duc de La Trémoille* 203

II. — 1655, juillet. — *Constitution d'une rente viagère de 1000 florins d'or par les Etats Généraux des Pays-Bas à leur filleul, le fils aîné du prince de Tarente.* 206

III. — 1673, 25 juin. Camp devant Maestrick. — *Nomination par le roi de tuteurs aux enfants mineurs du prince de Tarente*.......... 207

IV. — 1674, février. Saint-Germain-en-Laye. — *Lettres patentes du roi Louis XIV portant nomination du duc de La Trémoille au gouvernement de Vitré*......... 212

V. — 1675, 3 avril. Paris. — *Copie du contrat de mariage de Charles de La Trémoille avec Madeleine de Créquy. (Extraits)*............ 213

VI. — 1676, 14 juillet. Burg-en-Brisgau. — *« Procuration de Mgr pour messieurs d'Ormesson et de La Faluère », au sujet de la tutelle de Charles de La Trémoille et de la succession du prince de Tarente, son père*.... 216

VII. — 1678, 7 juillet. Au camp de la petite Bigarde. — *Procuration de Charles de La Trémoille à Jean-Gabriel Sanguinière, seigneur de Chavensac, pour protester en son nom, au congrès de Nimègue, de ses droits au royaume de Naples*............ 218

VIII. — 1681, 27 juin. Versailles. — *Mandement de Louis XIV à sa Chambre des Comptes de Paris d'accorder main levée de tous droits au duc de La Trémoille, pour raison de l'hommage de Thouars, La Trémoille, Mauléon et Benon*............ 220

IX. — 1681, 3 novembre. Thouars. — *Permission accordée par Charles de La Trémoille aux Cordeliers de Thouars, d'agrandir leur jardin, à la charge d'entretenir désormais les murs de la ville*........ 221

X. — 1682, 23 mai. Paris. — *Lettre de Madeleine de Créquy, duchesse de La Trémoille, à l'intendant de la Rochelle, Honoré-Lucas de Demvin*.................. 222

XI. — 1696, 12 janvier. Paris. — *Consentement du duc de La Trémoille à l'érection par le roi de la baronnie de la Chaise-le-Vicomte en marquisat*................. 223

XII. — 1697, 30 avril. Paris. — *Mandement de Louis XIV au parlement de Rennes de proroger la permission accordée au duc de La Trémoille d'arrenter et d'afféager ses terres de Bretagne*.................. 225

XIII. — 1697, 4 octobre. Thouars. — *Nomination par Madeleine de Créquy, au greffe des saisies réelles du duché de Thouars*.................. 227

XIV. — 1698, 16 octobre. Paris. — *Nomination par Madeleine de Créquy, duchesse de La Trémoille, d'un principal au collège de Thouars*.................. 228

XV. — 1702, mai-juin. — « *Inventaire des meubles du chasteau de Thouars* » *(Extrait)*.................. 229

XVI. — 1709, 2 et 4 juin. Paris. — *Acte de décès de Charles-Belgique-Hollande, duc de La Trémoille*.................. 231

TABLE

DES NOMS DE PERSONNES ET DE LIEUX

ALBEMARLE (duc d'), 181.
ALBERT (prince de Condé, duc d'), 168. Voir CONDÉ.
ALBRET (comte d'), au conseil du roi en 1483, 117.
ALBRET (Emmanuel-Théodose de La Tour-d'Auvergne, duc d'), 232.
ALBY (évêque d'), 117.
  Louis d'Amboise, évêque d'Alby, fils de Pierre d'Amboise et d'Anne de Bueil.
ALEXANDRE (sieur), maître écrivain, 195.
ALEXANDRE III (lire Alexandre VI), pape, 126, 139.
  Alexandre VI monta sur le trône pontifical en 1492.
ALLARD, commis greffier, 85, 130.
ALLEMAGNE (pays d'), 52, 129.
ALENÇON (duc d'), 114.
  Jean II, dit le Beau, duc d'Alençon, pair de France, né en 1409, mort en 1476. Il épousa en premières noces Jeanne d'Orléans et en secondes Marie d'Armagnac.
ALEX (comte d'), 83.
ALIGRE (sieur d'), chevalier, chancelier de France, 213.
AMBOISE (Henri de La Trémoille, comte d'), 163.
AMBOISE (Jacques d'), chevalier de l'ordre du roi, marquis de Reyvel, baron de Bussy et de Saxe-Fontaine, 14.
AMBOISE (Louis d'), marquis de Reyvel, baron de Bussy et de Saxe-Fontaine, premier chambellan de Monseigneur, fils unique de France, et lieutenant-général au pays d'Anjou, 14.
AMSTERDAM (ville d'), 156, 203, 204.
AMSTERDAM (monsieur de Kerchoin d'), 190.
ANDELOT (succession d'), 111.

Angleterre (royaume d'), 9, 28, 45, 47, 53, 54, 150, 181.

Angoulesme (duc d'), lieutenant-général de l'armée du roi « du païs messin », 83.

Anguien, voir Enghien.

Anguen (monsieur d'), voir Enghien.

Anjou (pays d'), 14, 85, 126.

Anjou (sénéchal d'), 24.

Anvers (ville d'), 17, 42.

Aragon (Charlotte d'), fille de Frédéric d'Aragon, roi de Naples, mère d'Anne de Laval, 125, 126, 129, 134, 135, 139, 218.

Charlotte d'Aragon, princesse de Tarente, fille de Frédéric d'Aragon et d'Anne de Savoie, épousa, le 27 janvier 1500, Guy XVI de Laval. Leur fille, Anne de Laval, épousa, à Vitré, en 1521, François de La Trémoille.

Aragon (Ferdinand II, roi d') 137.

Aragon (Frédéric d'), roi de Naples, 125, 126, 128, 134, 135, 137, 141, 218. Voir sur Frédéric d'Aragon, *Les La Trémoille pendant cinq siècles*, t. ii, p. 235, au mot *Naples*.

Arcour (troupes du comte d'), 167.

Argenton (sire d'), 114.

Guillaume d'Argenton, seigneur d'Argenton, des Mottes, de Lairegodeau, Villentrois, etc., fut gouverneur du dauphin Louis, fils aîné de Charles VII, qui devait être Louis XI. Il prit part aux événements militaires de son temps. Parmi les capitaines du parti d'Armagnac qui assistèrent au siège de Parthenay en 1419, il est cité comme chevalier banneret, ayant sous ses ordres 20 écuyers et 10 archers. Il épousa Jeanne de Naillac dont il eut un fils, *Antoine d'Argenton* et trois filles : *Brunissant*, femme de Thibault Chabot,

seigneur de La Grève, *Antoinette* qui épousa Jean de Montenay, et *Louise* mariée à Bertrand de La Haye.

Argis (monsieur d'), 156.

Arlington (comte d'), 181.

Armagnac (comte d'), 115.

Aspremont (Georges de La Trémoille, baron d'), 13.

Aubigné (Théodore-Agrippa d'), sieur de Mursay, 34.

Aunis (province d'), 220.

Auvilliers (demoiselle d'), dame d'honneur de Charlotte de Nassau, 48.

Avaulgour (baron d'), 104.

Aydemont (sieur), 28.

Badiolle (Julien de Saligné, seigneur de), 223.

Bailly (sieur), maître couvreur, 190.

Bais (Charles-Belgique-Hollande de La Trémoille, vicomte de), 214, 218, 221, 228.

Bais (Henry de La Trémoille, vicomte de), 134, 163, 179.

Balé (monsieur), principal du collège de la Marche, 195.

Barendre (sieur de), député de Hollande, 203.

Barry (Toussaint), sieur de Vincelles, abbé de Ferrières et de Saint-Lo, chanoine de la Sainte-Chapelle du palais à Paris, 15.

Bauve (barriques de vin de la), 75.

Baux (Isabelle des), épouse en secondes noces de Frédéric d'Aragon, roi de Naples, 134.

Bavière (Anne, palatine de), duchesse d'Enghien, épouse d'Henry-Jules de Bourbon, 215.

Beauclerc (de), 84.

Beaucorps (Antoine), procureur au Châtelet de Paris, 14.

Beaumon... (monsieur de), 197.

Bechet (Denis), notaire, 216.

Bedford (comte de), 181.

Belleule (sieur), valet de chambre de Mme de La Trémoille, 194.

Benoist (François), homme de chambre de Charlotte de Nassau, 48.

Benon (Charles-Belgique-Hollande de La Trémoille, comte de), 228.

Benon (Claude de La Trémoille, comte de), 4, 30, 34.

Benon (Henry de La Trémoille, comte de), 134, 163, 179.

Benon (comté de), 171, 172, 187, 220. Voir sur le comté de Benon, au gouvernement de La Rochelle, *Les La Trémoille pendant cinq siècles*, t. II, p. 209.

Berg-op-Zoom (voyage du prince de Tarente de) à Paris.

Bernard, libraire, 194.

Bernard, marchand à Paris, 3.

Berrie (Charles-Belgique-Hollande de La Trémoille, baron de), 214, 218.

Berrie (Claude de La Trémoille, baron de), 30.

Berrie (Henri de La Trémoille, baron de), 134, 163, 179.

Berrie (château de, baronnie de), en Loudunois, 54, 75, 180.

Berry (province de), 168.

Bertaut (sieur), abbé de Saint-Thomas, 129, 130, 131, 133, 134, 135, 138.

Bertin, notaire, 217.

Bertrand, notaire, 179.

Bertrand (René), peintre, 190.

Bertre... (monsieur), 196.

Bessons (sieur des), 18.

Béziers (ville de), 15.

Bidault, 107.

Bienvenu (sieur), 197.

Bigarde (camp de la petite), 218, 219.

Bignon, président, 192.

Blois, 114.

Blois (ville de), 88, 115, 117.

Blondel (sieur), 198.

Bloye (l'archevêque de Bourges, abbé de l'abbaye de la), 198.

Bodinays-Guesdon, sieur de la Gouynière, 106.

Bohême (Elisabeth, reine de), fille de Jacques I, roi d'Angleterre, mariée à l'électeur palatin Frédéric V, 49.

Boisdauphin (monsieur de), 111.

Le château de Bois-Dauphin, situé dans la paroisse de Précigné (Sarthe), fut longtemps la propriété de la famille de Laval-Bois-Dauphin. En 1618, « monsieur de Boisdauphin » était Urbain de Laval, maréchal de France, veuf de Madeleine de Montécler. Il mourut au château de Sablé, dont il était également seigneur, le 27 mars 1629, à l'âge de 73 ans, laissant un fils unique, Philippe-Emmanuel de Laval, marié à Madeleine de Souvré, connue sous le nom de Madame de Sablé.

Mes archives possèdent les lettres suivantes du maréchal de Bois-Dauphin et de son fils :

1615, 1 août. De Paris. — *Lettre du maréchal de Bois-Dauphin à Madame de La Trémoille.*

« A Madame, Madame la duchesse de La Trimoulle, à Laval,

« Madame, je me réjouis infiniment du bon accort faict antre Monsieur votre fils et Monsieur de Rohan. Il me souvient qu'il eust esté dès cette ville faict si mon dit s^r de Rohan eust voulu faire se qu'à cest heure a consanty. Je regrete, Madame, qu'en ceste occation, je n'ay peu vous tesmoigner le désir que j'ay que me tenies pour votre très humble serviteur. S'il se présante aultre occation pour votre service et de Messieurs vos enfans, je vous suplie, Madame, de me commander, et connoistres lors qu'antre tous ceux quy ont l'honneur d'estre de vos aliés, je suis seluy quy le plus d'afection et de désir d'efectuer vos commandemans. Je ne vous escris point des nouvelles de la court m'assurant que le Sr Chauveau les vous dira, et me contanteray seulement de vous dire qu'on continue à faire le voeyage et vous protester que tant que je vivre, je seray tousjours

« Madame, votre très humble et plus obeissant cousin et serviteur,

« De Laval.

« De Paris se premier aust 1615. »

Chartrier de Thouars. *Lettres des Montmorency*, n° 50.

1615, 1 décembre. Du camp de Montreuil. — *Le maréchal de Bois-Dauphin à Madame de La Trémoille.*

« A Madame, Madame la duchesse de La Trimouille.

« Madame, je vous suplie de croere que vous estes la dame du monde que je désire plus faire de service. Je vous ay escrit, et m'estonne que n'aves reseu ma lettre ; se que je pouvois à l'afaire dont m'escrives ; car ayant reseu commandement du roy comme j'ay, il n'y a que Sa Majesté seule à hoster ceux quy sont dans votre ville. Et d'aultant, Madame, que ceux de la Religion prétendue réformée ont ceste ville, je y ay mis leur capitaine de la ditre religion, car en votre particulier, vous n'y aures nul dommage. Et neanmoings s'il vous plaist d'an escrire au Roy et que seluy que vous anvoeres passe par là où je seray, si l'aves aggreable j'accompagneray vos lettres et resmontre le peu de consequanse qu'est ceste place. Je vous suplie ancore ung coup de croere que je m'estimeray très heureux et seray très contant lors qu'il se presantera occasion de vous tesmoegner par effet que je suis veritablement

« Madame, votre très humble cousin et plus affectionné serviteur,

« De Laval.

« Du camp de Montreil, se premier desambre 1615. »

Chartrier de Thouars. *Lettres des Montmorency*, n° 51.

1617, 7 juin. De Bois-Dauphin. — *Philippe-Emmanuel de Laval à Monsieur de La Trémoille.*

« A Monsieur, Monsieur le duc de La Trémoille.

« Monsieur, j'ay desiré joindre ce devoir à celuy que Monsieur le Mareschal, mon père, vous rend, pour vous asseurer de la continuation de mon servise et vous susplier de vous servir du pouvoir que vous aves sur moy pour en tirer les preuves véritables affin que je puisse mériter la part que je désire avoir en vos

bonnes grâces, dont vous ne pouves honorer personne qui soit plus que moy,
  « Monsieur, votre très humble serviteur,
              « P.-E. DE LAVAL.
« [Du Boys Da]ulphin, ce 7e juin 1617. »

Chartrier de Thouars. *Lettres des Montmorency*, n° 53.

1619, 4 juillet. De Sablé. — *Le maréchal de Bois-Dauphin à N.* (Sans suscription.)

« Monsieur, se jantilhomme vous dira que j'ay aulsy tost faict seque m'aves escrit désirer comme je feray an toutes choses quy vous touscheront, et ou je pouray vous randre de servise. J'ay asses de contantemant an l'afaire quy me conserne et quy s'est passée à Tours puisque le roy la eue agréable. Voecy le tamps que les bons serviteurs patissent pour les mauvais. Il fault louer Dieu de tout. J'ay prié se dit jantilhomme de vous faire une prière de ma part que je suplie, Monsieur, l'avoir aggréable, et de me croere plus que personne,
  « Monsieur, votre plus humble cousin et très affectionné serviteur.
              « DE LAVAL.

« De Sablé, se 4me juyllet 1619. »

Chartrier de Thouars. *Lettres des Montmorency*, n° 52.

BOISDULIS (sieur de), 18.
BOIS-LE-DUC, 155.
BOIS-PRIEUR, soldat, 153.
BOISSIER (monsieur), premier commis de M. de La Vrilière, 197.
BOISVERT (monsieur de), 148, 149.
BONTEMPS, notaire, 14.
BORDAU (monsieur), musicien, 196.
BORDEAUX (ville de), 94, 168, 169.

BOREAU, notaire, 15.
BOUCHER (monsieur), 193.
BOUCHEREAU (Antoine), orfèvre, 6, 7, 35.
BOUGY (monsieur de), 168.
BOUILLON, ville, 149.
BOUILLON (duc de), 20, 27, 28, 30.
BOUILLON (Emmanuel-Théodose de La Tour-d'Auvergne, cardinal de), 208, 209, 210, 211, 214, 230.
BOULÉ (monsieur), marchand linger, 195, 197.
BOULLENOIS, 73, 90, 136.
BOUQUINGANT (duc de), 45.
BOURBON (Charles, cardinal de), archevêque de Rouen, 13.
BOURBON (Charlotte, duchesse de), princesse d'Orange, comtesse de Nassau, 29, 31.
BOURBON (Henri de), duc de Montpensier, 31.
BOURBON (Henry-Jules de), prince du sang, duc d'Enghien, 215.
BOURBON (Louis de), premier prince du sang, 215.
BOURBON (Louis de), duc de Montpensier, pair de France, 13.
BOURGDIEU (du), notaire, 54.
BOURGES (archevêque de), 198.
BOURGET, 150.
BOURGIGNON (le), notaire, 54.
BOURGOGNE (duché de), 127.
BOURMONT (seigneurie de), 14.
BOURON, 25, 27.
BOUROT, 220.
BOUTEFEU (sieur), maîtrefourbisseur, 191.
BOUTIFAR (sieur), maître fourbisseur, 191, 194.

BOUTILIER (monsieur de), 46.
BOUTONE (la), 166, 167.
BRABANT (messieurs les Estatz de), 17.
BRAGART, tailleur, 68, 69.
BRESSUIRE (ville de), 4, 5.
BRETAGNE (Pierre II, duc de), 103.
BRETAGNE (province et duché de), 47, 73, 105, 107, 113, 118, 127, 192, 212, 213, 225.
BRIANDIÈRE (sieur de la), 75.
BRIE (comté de), 127, 215.
BRIQUET (sieur), marchand de chevaux, 189.
BRISSEAU (Antoinette Guillemard, femme), 49, 50, 51, 52, 54.
BRISSEAU (Gilles), argentier de Charlotte de Nassau, 48, 147.
BRISSEAU (René), sommelier, 48.
BRIZEAU, argentier. Voir BRISSEAU.
BROSSE (Charles-Belgique-Hollande de La Trémoille, vicomte de), 228.
BRUÉ (Suzanne de), marquise du Plessis-Bellière, 216.
BRULON (François), procureur, 105.
BUDÉ, 114.
BUCHARD... (sieur), 197.
BURGE, voir Burg-en-Brisgau.
BURG-EN BRISGAU, sur la Dreisam, non loin de Fribourg, 216, 217.
BURIS, page, 64.
BUSSY (Louis d'Amboise), baron de, 14.
BUSSY (Jacques d'Amboise, baron de), 14.

CALVIN (l'*Institution* de), 55.
CALVO (régiment de), 190.

CAMBRAI (traité de), 127.
CAMBRAI (ville de), 127.
CAMERON (sermons de Gille), 55.
CANAPLES (Alphonse de Créquy, marquis de), 215.
CANAPLES (Charles de Créquy, marquis de), père de Charles de Créquy, 215.
CANAPLES (Charles de Créquy, seigneur de), 214.
CAPITAIN, notaire, 9.
CARLY (comte de), 45, 46.
CARREL, notaire, 15.
CASSEL (ville de), 156, 162, 163.
CATON (distiques de), 61.
CATZENELNBOGEN (comtesse de), 163.
CHABROL (monsieur), 72.
CHAFFAULT, capitaine, 76.
CHAISE-LE-VICOMTE (baronnie de la), 223, 224. Voir sur La Chaise-le-Vicomte, *Les La Trémoille pendant cinq siècles*, t. II, p. 221, au mot La Chèze-le-Vicomte.
CHAISE-LE-VICOMTE (Julien de Saligné, seigneur de la), 223, 224.
CHALIGNY (sieur de), 28.
CHALON (évêque de), 114.
CHALONGE (Guy de Gennes, sieur du), 93.
CHAMBES (Charles de), comte de Montsoreau, 14.

Il s'agit ici de Charles de Chambes, chevalier de l'ordre du roi, comte de Montsoreau, mari de Françoise de Maridort, qui fut cause de l'assassinat de Bussy-d'Amboise. Le Chartrier du château de Sourches au Maine, appartenant à M. le duc des Cars, renferme les très curieuses archives des Chambes, seigneurs de Montsoreau en Anjou, qui fourniraient matière à un très important volume. Voici, à titre de spécimen, un document de ce Chartrier.

1589 (août). De Rennes. — « *Henry de Bourbon, prince de Dombes, gouverneur de Dauphinect, lieutenant général pour le roy, notre [seigneur], en son armée et pays de Bretaigne : A notre cher et bien amé cousin, Monsieur le conte de Montsoreau, mareschal de camp en l'armée par nous conduicte en Bretaigne, salut.*

« Comme pour repprimer [rongé] habitans des parroisses circonvoysines de ceste ville de Rennes, lesquelles se sont puis peu de temps avant notre arrivée en ce pays eslevées en armes contre l'aucthorité et service de Sa Majesté, adhérans et favorisans [rongé] desseings et entreprinses du duc de Mercœur, mesmes qu'ils occupent et barricadent les grandz chemins pour empescher le passaige des gens de guerre, qu'aussi les vivres qui viennent en ceste ville de Rennes, et [rongé] plusieurs meurtres, volleryes, pilleries et sur les bons et fidelles subjectz de Sa Majesté, il soit besoing commectre quelque vaillant et experimenté personnaige pour, avecq les forces que nous avons de[liberé de] luy donner, réduire les dits habitans et paroisses en l'obeyssance de Sa dite Majesté, leur courir suz comme ennemys et rebelles par toutes voyes et actes d'hostilité, afin de les ranger par la force à ce que jusques icy nous avons essayé par toutes les voyes de douceur qu'il a esté possible, et à quoy nous n'avons peu parvenir, attendu leurs endurcyssemens et oppiniastretez en leurs dannables conceptions.

« A ceste cause, comme nous ne saurions faire plus digne ny meilleure eslection que de vous, tant à l'occasion de votre dit estat et charge que pour la confiance que nous avons en votre valleur et prudence, vous avons commis et depputé, commectons et depputons par ces présentes pour, avecq les forces que nous avons ordonnées à cet effect composées d'aucunes compaignées de gens de pied, d'harquebuziers à cheval et chevaux légers, vous transporter ès bourgs, villaiges, et parroisses circonvoysines, tant de cesdite ville (de Rennes [1]) que de Vittré, et par tout ailleurs ou besoing sera, et icelles assaillir, faire tailler en pièces ceulx qui voudront résister, par les dits gens de guerre, à ce que par la dite voye de force vous puissiez réduire icelles en l'obéyssance de Sa dite Magesté. Vous mandant en outre que vous ayez incontinant après leur réduction à leur envoyer les commissions lesquelles vous avons permis désigner attendu notre [rongé] pour satisfaire promptement et sans delay aux taxes et cottisations ausquelles nous les avons, par l'advis des seigneurs gentilzhommes et autres du conseil establi près de nous, fait taxer, tant à l'occasion de leur dite rebellion et desobeyssance que pour estre les deniers qui proviendront des dites taxes mis ès mains du Trésorier de l'extraordinaire des guerres ou de son commis, pour iceulx employer à quoy nous les [av]ons affectés et destinez pour le poyement des gens de guerre. Auquel commis nous avons ordonné se transporter avecq vous et recevoir les deniers provenans desdites taxes, au payement desquelles vous tiendres soigneusement à ce que par lesdites commissions, signées de vous comme dit est, y soit par lesdits habitans plus promptement satisfaict. Et de quoy nous vous avons dès à présent

---

1. Les papiers de la Roche-Coisnon, au chartrier de Sourches, nous donnent quelques détails sur les pillages exercés vers cette époque par les gens d'armes au château du Breilhay, situé dans la paroisse de Saint-Georges, près de Rennes.

comme dès lors et dès lors comme dès à présent advoué et advouons comme si elles avoient esté signées de nostre main à l'occasion de notre dite absence, et de faire avoir agréable à Sa Magesté tout ce que par vous aura esté faict et executté en ce que dessus [suivant] notre [ordre] et parrolle. De ce faire vous avons donné pouvoir et commission en vertu de celluy à nous donné par Sa Magesté. Mandons à tous cappitaines, chefz et conducteurs de gens de guerre, vous obéyr et enten[dre] en tout ce qui leur sera par vous commandé et ordonné, tout ainsy qu'ilz feroyent si présent en personne nous estions.

« Donné à Rennes le [en blanc] jour de [en blanc] mil v^c quatre vingtz neuf.

« Henry de Bourbon. »

« Par mondit seigneur le prince.

« Grasset ? »

Champage (comté de), 127.
Champdor (monsieur), secrétaire de madame de La Trémoille, 7, 72, 73, 74, 75, 76, 91, 151.
Charbonnier, soldat, 153.
Charenton (temple de), 7, 8.
Charil, notaire, 14.
Charles I, comte d'Anjou, frère de saint Louis, 126.
Charles, prince d'Espagne, petit-fils de Maximilien Ier, 127.
Charles I, roi de la Grande-Bretagne, 49.
Charles II, roi d'Angleterre, 181.
Charles II, roi de Naples, 219.
Charles VII, roi de France et de Navarre, 112, 116, 120.
Charles VIII, roi de France, 21, 115.
Charles IX, roi de France, 21.
Charles-Quint, empereur, 127.

Charron (Nicolas), 65.
Chasteaubriand (P. de), 5.
Chastellier (Odet de La Noue, sieur du), 34.
Chastillon, maréchal de France, 48, 111.
Chateau-Gontier (siège présidial de), 121.
Chateau-Renard (ville de), 47. Voir Les La Trémoille pendant cinq siècles, t. I, p. 261.
Chateauroux (François de La Tour-Landry, comte de), 14.
Chateauroux (prince de Condé, duc de), 168.
Chatellerault (Charles-Belgique-Hollande de La Trémoille, duc de), 223, 228, 232.
Chatellerault (Charles-Bretagne de La Trémoille, duc de), 232.
Chatellerault (ville de), 26, 27, 37.
Chatillon (Henry, seigneur de), comte de Colligny, amiral de Guyenne, 31.
Chaufreau (mademoiselle), 75.
Chaulne (duc de), pair de France, gouverneur et lieutenant général en Bretagne, 213.
Chauveau (Jullian), procureur en la cour de Parlement, 13, 16.
Chauvernon (monsieur de), ministre de Taillebourg, 152.
Chauvin (Guillaume), président des comptes, 105.
Chauviry, 105.
Charansac (Jean-Gabriel Sanguinière de), 198, 218.
Chaville (ville de), auprès de Versailles et de Paris, 197.

CHEDRU, perruquier, 194, 195.
CHENBATARD (Jean), 63.
CHERPENTIER (Henry), 76.
CHESNEAU (Tanneguy du), sieur de La Doulcinière, maître d'hôtel de Jeanne de Montmorency, 13.
CHEVALLIER, soldat, 153.
CHEZELLES (Louis de), seigneur du Perron, 31.
CHÈZE-LE-VICOMTE (la), voir la CHAISE-LE-VICOMTE.
CHIGI (monsieur), nonce extraordinaire de Sa Sainteté, 129.
CHOQUART (Bernard dit), marchand à Paris, 3.
CHOTTARD (Jean), sergent, 152.
CHOURSES (Jean de), seigneur de Malicorne, 4, 5.

Jean de Chourses, seigneur de Malicorne au Maine, chevalier des ordres du roi, gouverneur et lieutenant général en Poitou, décéda à Malicorne le 30 octobre 1609, et fut enterré dans l'église paroissiale. La famille de Chourses, Chaources ou Sourches, tirait son origine de la terre seigneuriale du même nom. On trouve à la Bibliothèque nationale (f. fr. 20228, fol. 28 à 45) une généalogie de cette maison, sous ce titre : « *Généalogie et arbre de consanguinité de la très ancienne et noble maison de Malicorne, laquelle, dès l'an 1273, appartenait à messieurs nommez de Choursses, quel requeil a esté faict et extraict par defunct Me Guillaume Thouvoye, sieur de La Chenaye, vivant conseiller du roy et enquesteur pour Sa Majesté au Chasteau-du-Loir, sur les tiltres et enseignements du thrésor et chartre de Malycorne et depuis augmenté par Me Guillaume Thouvoye, aussi conseiller du roy et enquesteur audit Chasteau-du-Loir, son filz.* »

CICÉRON (*Offices* de), 61.
CLABAT (Antoine), écuyer, sieur de la Maisonneuve, avocat au siège de Poitiers, sénéchal du duché de Thouars, 84, 85.
CLERMONT (comte de), 114, 117.
CLERVAULX (François de La Tour-Landry, baron de), 14.
COETLOGON (Odet), 105.
COLBERT contresigne un mandement de Louis XIV, 227.
COLIGNY (Françoise de), veuve de « feu monsieur de Coudrière », 48.
COLIGNY (Henry comte de), seigneur de Châtillon, amiral de Guyenne, 31.
COLIGNY (Louise de), princesse d'Orange, comtesse de Nassau, 29, 30, 31.
COLLOMBIER (Anne), laitière, demeurant à Issy, près de Paris, 188.
COMMINGE (comte de), 117.
CONDÉ (prince de), prince du sang, premier pair et grand maître de France, duc d'Enghien, Chateauroux, Montmorency, Albert et Fronsac, gouverneur et lieutenant général pour le roi, en ses provinces de Guyenne et Berry, généralissime des armées de sa Majesté, 168, 169, 170, 173, 174.
CONTARINI (monsieur), ambassadeur extraordinaire de la république de Venise, 129.
CONTESSE, notaire, 15.
CONTY (Jouan, portier de monseigneur le prince de), 198.
CORDELIERS (église des) à Thouars, 89.
CORDIER, grammairien, maître de Calvin, 61.

Cossé (Arthus de), comte de Secondigny, maréchal de France, 15.
Cossé (bourg de), 87.
Actuellement du département de la Mayenne.
Cothereau, notaire, 14.
Coudrière (monsieur de), mari de Françoise de Coligny, 48.
Courbois, 73.
Coutances (évêque de), 117.
Coutaut (Père), procureur des Jésuites, 195.
Coutrière, 76.
Coyart, notaire, 15.
Crépy (traité de), 127.
Créquy (Alphonse de), marquis de Canaples, 215.
Créquy (Charles de), marquis de Canaples, mari d'Anne du Rouvre, 215.
Créquy (Charles, duc de), prince de Poix, seigneur de Fressin, Canaples, Pontdormy, Dourrier, 214.
Créquy (François de), maréchal de France, mari de Catherine de Rogé, 215.
Créquy (Madeleine de), 213, 214, 222, 223, 227, 228, 229.
Créquy (monsieur de), 199.
Créquy (hôtel de), 190, 216.
Croiset, 13.
Curée (sieur de la), 87.
Curton (sire de), 117.
Curzon (Charles de Henault, sieur de), 13.

Dampierre (garnison dans le château de), 167.
Dampville (Henry de Montmorency, seigneur de), 15.
David, notaire, 163, 179.
David (psaumes de), en français, 52.
Davoult (Michel), 67.
Delausque, orfèvre, 189.
Demvin (Honoré-Lucas de), intendant de La Rochelle, 222.
Derin (Jacques), notaire, 15.
Deschamps (sieur), officier, 192.
Desjardins (Jean-Baptiste), 217.
Desmarres, 62.
Despauterre, auteur d'une grammaire latine, 61.
Després, notaire, 14.
Dessablons, soldat, 153.
Didonne (Charles-Belgique-Hollande de La Trémoille, baron de), 214, 218, 228.
Didonne (Claude de La Trémoille, baron de), 30.
Didonne (Henry de La Trémoille, baron de), 134, 163, 179.
Didonne (baronnie de), 41, 151, 188, 198.

Didonne, hameau dépendant de la commune de Saint-Georges de Didonne, dép. de la Charente-Inférieure.

Dietz (comtesse de), 163.
Dinan (ville de), 149.
Dive (rivière de), 72.
Dombes (Louise d'Orléans, souveraine de), duchesse de Montpensier, 215.
Domjean (père), bernardin, ayant montré le latin à mademoiselle de Tarente, 197.

Dort (le sieur Feltron, bourgmestre de la ville de), 204.
Doué (Claude de La Trémoille, baron de), 30. Voir sur Doué en Anjou, *Les La Trémoille pendant cinq siècles*, pp. 270-272.
Dourrier (Charles de Créquy, seigneur de), 214.
Drouard, 16.
Dubois, armurier, 153.
Dunois (comte de), 117.
Dupradel (monsieur), 194.
Dupont (sieur), baigneur, 188.
Dupron (monsieur), maître de danse du prince de Talmont, 194.
Dupuyauber (monsieur), précepteur de M. le prince de Talmont, 194, 195.
Duboys (Mathieu), marchand vivandier, 217.
Dupuy (Audet), 85.

Espagne (pays d'), 4, 5, 28, 50, 57, 126, 129, 130, 147.
Espinay (Charles-Belgique-Hollande de La Trémoille, marquis d'), 214, 221, 228.
Espinay (Henry de La Trémoille, marquis d'), duc de Thouars, pair de France, prince de Talmond, comte de Laval, Montfort, Guines, Benon, Taillebourg et Jonvelles, vicomte de Rennes et de Bays, baron de Vitré, Mauléon, Berrie, Didonne, etc., 134, 163, 177, 179.
Espinay (marquisat d'), 187, 225, 226.
Espoudry, 75.
Estrades (la maréchale d'), 192.
Evreux (rois de Navarre de la maison d'), 127.

Elbeuf (Henry de Lorraine, duc d'), 232.
Elbeuf (marquis d'), 16.
Electrice (madame l'), 46, 53.
Enghien (Anne de Bavière, duchesse d'), 215.
Enghien (Henri-Jules de Bourbon, duc d'), 215.
Enghien (prince de Condé, duc d'), 167, 168.
Erasme (colloques d'), 61.
Ernaud, notaire royal, 93.
Ertiés (lande d'), voir Rétiers (de).
Escoitte, 62.

Falligan (René), sergent, 84.
Favereau (Joseph), procureur, 84, 85.
Feltron (sieur), bourgmestre de la ville de Dort, 204.
Ferdinand II, roi d'Aragon, 126, 127, 137, 139.
Ferdinand V, roi d'Espagne, 139.
Ferdinand V, roi de Naples, 219.
Feré (Suzanne), lingère, 191.
Fère-en-Tardenois, 150.
    Départ. de l'Aisne, arr. de Château-Thierry.
Ferrière (châtellenie de) « ès marches communes d'Anjou et Poitou », 85.
Ferrières (Toussaint Barry, abbé de), 15.

Fervaques (madame de), 112.
Filancourt (monsieur de), 193.
Fischer, notaire, 164.
Fismes, 150.
> Dép. de la Marne, arr. de Reims.

Flamen, boulanger, 190.
Flandre (province de), 113.
Flatier, maître cordonnier, 189.
Fléchac (de), 232.
Florence (ville de), 56.
Foix (comte de), 115.
Folie (rue de la), près le faubourg de la Hellerie, à Vitré, 92.
> L'abbé P. Paris-Jallobert rapporte l'établissement du temple protestant de la rue de la Folie, le 9 août 1644. Voir *Journal historique de Vitré* (1880), p. 135.

Fontaine-Guérin (seigneurs de), 16.
Fontainebleau (ville de), 42, 43, 108.
Fontenay-le-Comte (ville de), 171, 172.
Forget, 24.
Fossé (Jean du), notaire, 14.
Fougères (barons de), 104.
Fousteaux (affranchissement de rentes sur le fons du Temple basti en la rue des) à Vitré, 91.
François Ier, roi de France, 21, 118, 127.
François, valet de chambre, 7.
Francquelin, 13.
Frédéric II, roi de Naples, 139, 140.
Frédéric V, roi de Bohême, 49.
Fredeult (les meuniers de), 5.
Fregimon, 167.
Fresne, valet de chambre, 69.
Fressin (Charles de Créquy, seigneur de), 214.

Frette (Suzanne), dite du Mesnil, 48.
Froger (C.), apothicaire, 155.
Froger (Jean), pelletier, 66.
Fronsac (prince de Condé, duc de), 168.

Gabault, 13.
Gatinel (monsieur), 193.
Gaucourt (sire de), 114.
Gaultier (sieur), marchand de soie, 191.
Gautier (monsieur), 198.
Gauvin (Pierre), sieur de La Malcotière, 94.
Gavre (François de Laval, sire de), 115.
> Le Gavre, terre seigneuriale près de Gand en Belgique.

Gemon, veuve, sellière, 195.
Gennes (damas de), 9.
Gennes (Guy de), sieur du Chalonge, ancien de l'Église réformée de Vitré, 93.
Gent (sieur de), député de Gueldres, 203, 204.
Geslin (Paul), sieur de La Pilletière, 89.
Gigaut (Pierre), notaire à Paris, 213, 216.
Gilbert, 165.
Gilon (monsieur), 193.
Godefroy (monsieur), 126.
Gomont (sieur de), gentilhomme ordinaire de la maison du roi, 210.
Goullier, notaire de la baronnie de Vitré, 214.

Gousseau, notaire de la baronnie de Vitré, 214.
Goussot (L.), apothicaire, 155.
Gouynière (Bodinays-Guesdon, sieur de la), 106.
Grand-Champ, soldat, 153.
Grande-Bretagne (roi de la), 176.
Greffulle (Henri), suisse, 48.
Grenade (sire de), 66.
Grenouillau (Pierre), principal du collège de Thouars, 228, 229.
Gribelin... (voir Griblain).
Griblain (sieur), horloger, 196, 197.
Grinpré (Daniel), 68, 69.
Groult (sieur), chapelier, 194.
Gueldres (Charles de), surnommé d'Egmond, 127.
Gueldres (duché de), 29, 127, 203.
Guémené (Louis de Rohan, prince de), 14, 111.
Guenaut, apothicaire, 193.
Gueretin (Jacques), notaire, 14.
Guerineau (Daniel), receveur, 84, 85.
Guesdon (Jacques), sieur de La Gavinière, 93.
Guignes, voir Guynes.
Guignon (Jean), plombeur, 197.
Guillaume V (monseigneur), landgrave de Hesse, 163.
Guillemard (Antoinette), femme de Gille Brisseau, femme de chambre, 48.
Guines (Henry de La Trémoille, comte de). Voir Guynes.
Guise (le cardinal et le duc de), 16.
Guise (portrait de madame de), 52.
Guise (siège de), 95.
Guyenne (Henry de Colligny, amiral de), 31.

Guyenne (province de), 17, 168.
Guyet, 175.
Guynes (Charles-Hollande-Belgique de La Trémoille, comte de), 218, 221, 228.
Guynes (Claude de La Trémoille, comte de), 4, 30, 34.
Guynes (Henri de La Trémoille, comte de), 134, 163, 179.

Harcourt (Guy de Laval, comte d'), 14.

Harcourt entra dans la famille de Laval par Renée de Rieux, « fille de Claude de Rieux, comte d'Harcourt, et de Catherine de Laval, sœur aînée de Guy XVII, issue du premier mariage de Guy XVI, leur père commun, et de Charlotte d'Aragon, héritière unique de Frédéric, roi de Naples et de Sicile. » *Mémoire chronologique de Maucourt de Bourjolly, sur la ville de Laval*. Edition Le Fizelier et Bertrand de Broussillon, t. II, p. 1.

Hardy (Jacques), sieur de La Touche, ancien de l'église réformée de Vitré, 93.
Harlem (ville d'), 156.
Harnault (monsieur), 189.
Hébé (une bouteille pleine d'huile d'), 52.
Hedin (domestique), 76.
Hellerie (faubourg de la), à Vitré, 92.
Hénault (Charles de), sieur de Curzon, 13.
Henri II, roi de France, 118.
Henry IV, roi de France, 20, 21, 24, 31, 41, 42, 43.

Henry (Pierre), rôtisseur, 195.
Herbergement-Idreau (l'), en Poitou, 18.
Herby (comtesse d'), 151.
Herby (Jacques de Stanlay, comte d'), 9.
Hersan... (monsieur), 196.
Hervé (monsieur), 198.
Hesse (Amélie-Elisabeth, landgrave de), comtesse de Hanau-Muntzemberg, 163, 164, 171, 172, 217.

Elle était femme de Guillaume V, landgrave de Hesse-Cassel et mère d'Emilie de Hesse-Cassel, mariée à Henri-Charles de La Trémoille.

Hesse (Emilie, princesse-landgrave de), femme de Henri-Charles de La Trémoille, 157, 158, 161, 162, 163, 164, 170, 171, 206, 208, 214.
Hesse (Guillaume V, landgrave de), mari d'Amélie-Elisabeth, 163, 164.
Hesse (pays de), 162.
Helye (Thomas), sieur du Petit-Port, lieutenant du château de Taillebourg, 152.
Holland (comte de), 46.
Hollande, 27, 33, 46, 52, 64, 75, 155, 173, 176, 182, 203, 204, 205.
Hongrie, 87.
Hoogstraeten, dans la *Campine*, 147.

La Campine est une vaste plaine à l'est d'Anvers.

Hourdaulx, maître tailleur, 147.
Husberg (ville), 147.

Isle de France (François de Montmorency, gouverneur de l'), 15.
Innocent X (lettre du duc de La Trémoille au pape), 138.
Issy (ville d'), auprès de Paris, 188.
Ivry (bataille d'), 22.

Jacques Ier, roi d'Angleterre, 49.
Jannel (sieur), 75.
Janson (Nicolas), sergent ordinaire du duché de Thouars, 84.
Jasse (Antoine), 209.
Jean (Dominique de), notaire à Paris, 213, 217.
Jérusalem (Frédéric d'Aragon, roi de), prince de Tarente, roi de Sicile, époux d'Anne de Savoie, nièce de Louis XI, 128.
Jolly-Cœur, soldat, 153.
Jonvelle (Charles-Belgique-Hollande de La Trémoille, comte de), 214, 218, 221, 228.

Jonvelle-sur-Saône, dép. de la Haute-Saône, arr. de Vesoul. Voir *Les La Trémoille pendant cinq siècles*, t. I, p. 279-282.

Jonvelle (Henri-Charles de La Trémoille, comte de), 163.
Jonvelle (Henri de La Trémoille, comte de), 134, 179.
Jouan, portier de Mgr le prince de Conty, 198.
Juigné (étang de), 75.

Kerchoin (monsieur de), d'Amsterdam, 190.
Kessel (monsieur de), 190.
Kinschot (monsieur de), 8.

La Bouerre (Jean Ogier, sieur de), 5.
La Brèche, soldat, 153.
La Chappelle, soldat, 153.
La Corbinière (sieur de), 17, 18.
La Coutandière (maison forte de), en Poitou, prise par Claude de La Trémoille, 17, 18.
La Faluère (René Le Fèvre de), conseiller du roi, 199, 208, 209, 210, 214, 216.
La Fère (ville), 175, 176.
La Ferté-Milon, 150.

Dép. de l'Aisne, canton de Neuilly-St-Front.

La Font, 65, 70, 156.
La Fontaine, soldat, 153.
La Forest (sieur de), 27.
La Garde (Pierre-André, sieur de), avocat, 13.
La Gavinière (Jacques Guesdon, sieur de), 93.
Lagrois, soldat, 153.
La Haye (ville de), 8, 203.
La Lardière (Julien de Saligné, seigneur de), 223.
La Malcotière (Pierre Gauvin, sieur de), 94.
La Marche (Paul Le Moyne, sieur de), 93.
La Massonnerie, soldat, 153.

Lamotte, 67.
La Motte, soldat, 153.
La Mothe de Chateaurenard (château de), 47.

Voir sur Château-Renard, *Les La Trémoille pendant cinq siècles*, t. I, p. 261.

Lande-Bazourdy (sieur de la), 75.
Landsberc (princesse Amélie de Nassau, duchesse de), 48.

Elle était sœur de Charlotte de Nassau, duchesse de La Trémoille.

Langres (évêque de), 117.
Languedoc (pays de), 15.
La Noue (Odet de), sieur du Chastelier, de Montreuil-Bonyn, 34.
La Place (Pierre de), pasteur à Vitré, 93.
La Porte au Prévot, à Thouars, 76.
La Porte au Proust, voir La Porte au Prévôt.
La Richardière, soldat, 153.
La Roche-d'Indre (François de La Tour-Landry, baron de), 14.
La Rochefoucauld (Frédéric-Charles de Roye de), 214.
La Rochelle (ville de), 17, 18, 46, 81, 154, 222.
La Roche, 65.
La Roche (Antoine de), receveur, 151.
La Roche-des-Aubiers (Abel Servien, comte de), conseiller du roi, ambassadeur en Allemagne, 129.

La Roche-des-Aubiers, dép. de Maine-et-Loire, commune de Coron, devint la propriété d'Abel Servien par le mariage qu'il contracta avec Augustine Le Roux, veuve de Jacques Hurault, comte d'Onzain.

La Roche-Guyon (monsieur de), 111.
La Rochepot (Antoine Silly, sieur de), 14.

Antoine Silly de La Rochepot, chevalier, capitaine de cinquante hommes d'armes des ordonnances du roi, joua un grand rôle dans l'Anjou et le Maine, pendant la guerre de la Ligue.

La Rose, cuisinier, 150.
La Sablière, soldat, 153.
La Rose, soldat, 153.
Lasnier (Jean), procureur, 14.
La Taunière (Magdeleine de), 154.
La Touche (Jacques Hardy, sieur de), 93.
La Touche (Marie), femme de garde-robe, 48.
La Tour (Antoinette de), duchesse de Rouannoys, dame de Saint-Nicolas, 14.
La Tour d'Auvergne (Emmanuel-Théodose de), cardinal de Bouillon, grand aumônier de France, 208, 214.
La Tour d'Auvergne (Emmanuel-Théodose de), duc d'Albret, 232.
La Tour d'Auvergne (Henry de), vicomte de Turenne, 214.
La Tour-Landry (François de), comte de Châteauroux, baron de La Roche d'Indre, de La Tour et de Clairvault, 14.
La Tour (Henry de), duc de Bouillon, prince de Sedan, 30, 79.
La Tour (Marie de), duchesse de La Trémoille, 72, 79, 80, 90, 91, 92, 93, 94, 96, 163, 180.
La Tour (monsieur de), 65, 169.
La Treille, soldat, 153.
La Trémoille (Anne de Laval, dame de), femme de François de La Trémoille, 125, 146.

Voir *Inventaire de François de La Trémoille et Comptes d'Anne de Laval.*

La Trémoille (Annibal de), 33, 152.

Annibal de La Trémoille, vicomte de Marcilly, gouverneur de Taillebourg, était fils naturel de Claude de La Trémoille. Il fut légitimé et anobli au mois de mai 1630.

Il ne faut pas confondre cet Annibal de La Trémoille, seigneur de Marcilly, avec un autre Annibal de La Trémoille, seigneur de Brèche, qui vivait dans le même temps. Ce dernier descendait de Jean de La Trémoille, bâtard légitimé de Louis Ier de La Trémoille et de Jeanne de La Rue.

La Trémoille (Charles de), prince de Talmond, fils de Louis II de La Trémoille, 21.

Voir *Les La Trémoille pendant cinq siècles,* t. III, p. 5.

La Trémoille (Charles II de), prince de Tarente, 145 et suivantes.

Voir sa notice en tête de ce volume.

La Trémoille (Charles III de), 185 et suivantes.

Voir sa notice en tête de ce volume.

La Trémoille (Charles-Bretagne de), duc de Thouars, de Châtellerault, prince de Tarente, fils de Charles-Belgique-Hollande de La Trémoille, 232.

La Trémoille (Charlotte de Nassau, duchesse-douairière de), 7, 9, 47.

La Trémoille (Charlotte de), épouse « de très hault et illustre prince monseigneur Jacques de Stanlay, comte d'Herby, prince de l'isle de

Men, au royaume d'Angleterre », fille de Charlotte de Nassau et de Claude de La Trémoille, 9.

La Trémoille (Charlotte-Emilie de), fille d'Henri-Charles de La Trémoille, 208.

Charlotte-Emilie de La Trémoille, née en 1652, fut mariée à Copenhague, le 29 mai 1680, avec Antoine, comte d'Altembourg, gouverneur des comtés d'Oldembourg et de Delmenhorst.

La Trémoille (Claude de), duc de Thouars, 3 et suivantes.

Voir sa notice en tête de ce volume.

La Trémoille (Emilie de Hesse, dame de), femme de Henri-Charles de La Trémoille, 190, 191, 193, 194, 198.

La Trémoille (François de), fils de Claude de La Trémoille, baron de Noirmoutier, 14, 139.

François de La Trémoille était fils de Claude de La Trémoille, baron de Noirmoutier, et d'Antoinette de La Tour-Landry, dame de Saint-Mars de la Jaille, veuve en premières noces de René Le Porc de La Porte, baron de Vezins, en Anjou.

La Trémoille (Frédéric-Guillaume de), prince de Talmond, fils d'Henri-Charles de La Trémoille, 208, 215.

Frédéric-Guillaume de La Trémoille, prince de Talmond, comte de Taillebourg, duc de Châtellerault, né en 1658, épousa Elisabeth-Anne-Antoinette de Bullion, fille puînée de Charles de Bullion, marquis de Galardon, et de Marie-Anne Rouillé. Il eut postérité.

La Trémoille (Georges de), seigneur et baron de Royan, Olonne et Aspremont, 13, 16.

Georges de La Trémoille, baron de Royan, d'Olonne et d'Aspremont, chevalier des ordres du roi, sénéchal de Poitou, était le 4e fils de François de La Trémoille et d'Anne de Laval. Il épousa, le 13 novembre 1563, Madeleine de Luxembourg, fille de François de Luxembourg, vicomte de Martigues.

La Trémoille (Henri-Charles de), prince de Talmond, comte de Taillebourg, Benon, Jonvelle, 143 à 183.

Vor sa notice en tête de ce volume.

La Trémoille (Henry, duc de), et de Thouars, prince de Talmond, comte de Laval, Montfort, Taillebourg, vicomte de Rennes, baron de Vitré, 59 à 141.

Voir sa notice en tête de ce volume.

La Trémoille (Jeanne de Montmorency, dame de), duchesse de Thouars.

Voir Montmorency (Jeanne de).

La Trémoille (Louis de), duc de Thouars, père de Claude de La Trémoille, 30.

Louis III de La Trémoille, mari de Jeanne de Montmorency.

La Trémoille (Louis de), trisaïeul de Claude de La Trémoille, 21.

Louis II de La Trémoille, le chevalier sans reproche.

La Trémoille (Louis-Marie de), 180.

Louis-Marie de La Trémoille (Louis-Maurice d'après Ste-Marthe et Courcelles), fils de Henri de La Trémoille et de Marie de La Tour d'Auvergne, comte de Laval, commanda un régiment en Italie en 1642. Il embrassa l'état ecclésiastique, fut abbé de Charroux, de Sainte-Croix de Talmond, et doyen de Saint-Tugal de Laval. Il mourut en janvier 1681.

La Trémoille (Louis-Maurice de), comte de Laval, 208, 209, 210.

Le même que Louis-Marie de La Trémoille.

La Trémoille (Madeleine de Créquy, duchesse de), 222, 223, 228.

Femme de Charles-Belgique-Hollande de La Trémoille.

La Trémoille (mademoiselle de), dame d'Oldembourg, 196, 203, 204, 205.

Charlotte-Amélie de La Trémoille, née en 1652, mariée à Copenhague, avec Antoine d'Altembourg, gouverneur d'Oldembourg.

La Trémoille (Marie-Charlotte de), 180, 183.

Marie-Charlotte de La Trémoille, fille de Henri de La Trémoille et de Marie de La Tour d'Auvergne. Elle épousa, le 18 juillet 1662, Bernard de Saxe-Weimar, duc d'Iéna.

La Trémoille (Marie de La Tour, duchesse de), 72, 90, 92, 96, 163.

Marie de La Tour d'Auvergne, femme de Henri, duc de La Trémoille.

La Trémoille (Marie-Silvie de), fille d'Henri-Charles de La Trémoille, 208.

Marie-Silvie, dite princesse de Tarente, morte à Paris, en 1692.

La Trémoille (seigneurie de), 75, 88, 112, 180, 188, 220.

La Trémoille, dép. de la Vienne, arr. de Montmorillon. Voir *Les La Trémoille pendant cinq siècles*, t. I, p. 285.

Lauderdail (duc de), voir *Lauderdale*.

Lauderdale (duc de), 181.

Membre du cabinet anglais dit Cabal.

Launay (Charles de), écuyer, 48.

Launay (de), 7, 8.

Laval (Anne de), mère de Guy de Laval, 103, 113, 114.

Anne de Laval, femme de Guy XIII de Laval, et mère de Guy XIV, premier comte de Laval. Elle mourut au château de Laval en 1465, après avoir épousé par union clandestine l'écuyer Guy Turpin.

Laval (Anne de), fille de Guy XVI de Laval, 125, 129, 134, 139, 218.

Cette Anne de Laval, fille de Guy XVI de Laval et de Charlotte d'Aragon, épousa François de La Trémoille.

Laval (Charles-Belgique-Hollande de La Trémoille, comte de), 185 et suivantes.

Laval (François de), comte de Montfort, sire de Gavre, 115.

François de Laval, comte de Montfort, sire de Gavre, était fils aîné de Guy XIV de Laval et d'Isabeau de Bretagne. Né à Moncontour le 16 mars 1435, il eut pour parrain François de Bretagne, comte de Montfort. Après la mort de son père, il prit le nom de Guy XV de Laval et épousa Catherine d'Alençon.

Laval (Henry de La Trémoille, comte de), duc de Thouars, 59 et suivantes.

Laval (Jean de), seigneur de Loué, marquis de Nesle, 14.

Jean de Laval, seigneur de Loué, chevalier de l'ordre du roi, capitaine de 50 hommes d'armes de ses ordonnances, épousa Renée de Rohan, fille de Louis de Rohan-Guémenée.

LAVAL (Louis-Maurice de La Trémoille, comte de), 208, 209, 210.

LAVAL (Nicolas de), dit Guy XVI, époux de Charlotte d'Aragon, 134, 218.

LAVAL (différents seigneurs et comtes de), 14, 54, 64, 87, 103, 104, 105, 111 à 121, 134, 139, 151.

LAVAL (ville et comté de), 46, 87, 88, 99, 109, 111, 112, 113, 114, 118, 119, 120, 180, 187, 198, 220.
Chef-lieu du dép. de la Mayenne.

LA VIOLETTE, soldat, 153.

LA BARRE (sieur), 204.

LEBRET (sieur de), 114.

LE BRETON (monsieur), maître cuirassier, 190.

LE COUTEUX (sieur), gantier, 188.

LECUYER (Renée), 146.

LEFEBVRE (Jean), procureur, 13, 16.

LE FÈVRE (Olivier), seigneur d'Ormesson, conseiller du roi, 199, 214.

LE FÈVRE (René), seigneur de la Faluère, conseiller du roi, 199, 214.

LEIDEN, 156.

LE MANS (ville), 115, 116, 121, 192. — Louis XI au Mans au mois de novembre 1467, pp. 115, 116.

LE MAZURIER (G.), 68.

LE MESNIL-SAINT-DENIS, 150.
Dép. de l'Oise, cant. de Neuilly-en-Thelle.

LE MOYNE (Paul), sieur de La Marche, 93.

LÉON (Alain, comte de Rohan, baron de), 103, 104.

LÉON (barons de), vicomtes de Rohan, 103.

LE RIBAULT (Maurice), sénéchal, premier juge civil et criminel de la baronnie de Vitré, 182.

LE ROUGE, soldat, 153.

LESBAUPIN, soldat, 153.

LESPINE (de), notaire royal, 93, 94.

LE TELLIER, chancelier, 192, 211, 220.

LEUROT, 92.

LIÈGE (ville de), 148, 149.

LIEN (le), 54.

L'ILE BOUCHARD (Claude de La Trémoille, baron de), 30.

L'ILE-BOUCHARD (château de), 54.
Voir sur l'Ile-Bouchard, *Les La Trémoille pendant cinq siècles*, t. II, p. 227.

LISLE, soldat, 153.

L'ISLE (Jean Ravenel, sieur de), 93.

LOBAN, 148.

LOERE (de la), 116.

LOMÉNIE (de), 18, 81, 121, 128, 162, 172, 173, 175, 176, 177.

LONGUEVILLE (comte de), 116.

LORRAINE (Henry de), duc d'Elbeuf, 232.

LORRY (sieur), fermier, 227, 228.

LOUDUN (duché de), 187.

LOUDUN (Charles-Belgique-Hollande de La Trémoille, duc de), 214, 218, 221, 223, 228.

LOUDUN (ville de), 25.

LOUÉ (Jean de Laval, seigneur de), 14.
Voir LAVAL (Jean de].

LOUIN (Marie), 64, 65.

LOUIS (saint), roi de France, 126.

LOUIS XI, roi de France, 115, 117, 120, 121, 128. — Louis XI au Mans, 115, 117.

Louis XI séjourna au Mans pendant les mois de novembre et de décembre 1467 et une grande partie du mois de janvier 1468, dans une maison du chapitre de la cathédrale, appelée la maison des Morets, tout auprès du château.

Louis XII, roi de France, 118, 127.

Louis XIII, roi de France, 79, 81, 82, 84.

Louis XIV, roi de France, 161, 162, 172, 173, 175, 176, 177, 207, 211, 212, 213, 215, 220, 225, 227.

Louvois (monsieur de), 222, 223.

Louvre (château du), 23.

Louzy (château de), 99.

Luzignan (Armande de), femme de Mgr Charles de Créquy, 214.

Luzignan (Marie de), marquise de Vassey, femme d'Henry-François de Vassye, gouverneur de Plessis-les-Tours, 215.

Lyon (ville de), 21, 24.

Macaire (François), carrossier, 9.

Madrid (traité de), 127.

Maestrick (camp devant), 207, 211.

Maestricht, en Limbourg, 148.

Magneux, 158.

Magneux (Etienne), 199, 209, 219, 222, 224, 229.

Magny (sieur), 194.

Maine (comté et province du), 87, 120, 221.

L'ancienne province du Maine, dont la capitale était Le Mans, a formé les deux départements de la Sarthe et de la Mayenne.

Maine (une pierre nommée *contra herna* de monsieur du), 52.

Maine (rivière du), 87, 88.

Il s'agit ici de la Mayenne, qui traverse le département de ce nom et se réunit à la Sarthe au-dessus d'Angers, après avoir arrosé les villes de Mayenne, Laval et Château-Gontier.

Maisonneuve (Antoine Clabat, sieur de la), 84.

Maistre (monsieur le), 68, 69.

Malicorne (Jean de Chourses, seigneur de), 4, 5.

Voir Chourses (Jean de). Malicorne est une petite ville du département de la Sarthe, de l'arr. de La Flèche. Les de Chourses en étaient seigneurs dès le moyen âge.

Man (île de), voir Men.

Mans (bougies du), 192.

Manuce (phrases de), 61.

Marceron (Jacques), procureur, 14, 15.

Marchin (comte), 181.

Marcillé (le village et la geôle de), 71, 158.

Marcillé-Robert, dép. d'Ille-et Vilaine, canton de Rétiers.

Marcilly (Marie de), 48.

Marcilly (vicomte de), 151, 152, 166.

Voir La Trémoille (Annibal de).

Marcilly (Charles-Belgique-Hollande de La Trémoille, vicomte de), 214, 218, 221, 228.

Marcilly (Henri de La Trémoille, vicomte de), 179.

Marignan (bataille de), 21.

Marnay (Mathurin de), notaire du duché de Thouars, 34.

Martin (J.), notaire, 66.
Martinais, laquais, 68.
Martinière (monsieur Martin de la), 198.
Massienne, charron, 193.
Matignon (maréchal de), 20.
Maubuisson (madame l'abbesse de), 196.
Mauléon (Charles-Belgique-Hollande de La Trémoille, baron de), 214, 218, 221.
Mauléon (Claude de La Trémoille, baron de), 30.
Mauléon (Henry de La Trémoille, baron de), 134, 163, 179.
Mauléon (baronnie de), 180, 220.
Voir *Les La Trémoille pendant cinq siècles*, t. II, p. 233.
Maury (marquise de), 46.
Maximilien Ier (Traité de paix à Cambray, en 1508, entre l'empereur) et son petit-fils Charles, prince d'Espagne, 127.
Mayenne. Voir Maine (monsieur du) et (rivière du).
Mazarin, cardinal, 167, 169.
Méchers. Voir Meschère.
Médicis (Marie de), reine, 49.
Men (Jacques de Stanlay, prince de l'île de), 9.
Méru (Charles de Montmorency, sieur de), chevalier de l'ordre du roi, capitaine de cinquante lances de ses ordonnances et colonel général des suisses, 15.
Meschère (Claude de La Trémoille, baron de), 30.
Meschers (terre de), 41.
Méchers, commune du dép. de la Charente-Inférieure, arr. de Saintes, canton de Cozes.
Meschinet (Michel), 152.
Mesmes (Antoinette-Louise de), femme de Louis-Victor de Rochechouart, duc de Montemart et de Vivonne, 215.
Mesnil (Suzanne Frette, dite du), 48.
Messin (pays), 83.
Meurtet, 169.
Michel (monsieur), 196.
Milan (ville de), 127.
Mirepoix (monsieur de), 111.
Molin (du), 19, 20.
Monceau (du), 6.
Monceau (Nicolas du), secrétaire de Claude de La Trémoille, 34.
Monmouth (duc de), 181.
Montaigu (Claude de La Trémoille, baron de), 30.
Montatayre (madame de), 7.
Montbas (comte de), 205.
Montbas (comtesse de), 204, 205.
Montet (Hector de Rayer, chevalier, sieur de), 163.
Montet (monsieur du), 68.
Montfort (Charles-Belgique-Hollande de La Trémoille, comte de), 214, 218, 221, 228.
Montfort (François de Laval, comte de), sire de Gavre, 115, 116, 118.
Montfort (Guy de Laval, comte de), 14, 105.
Montfort (Henri de La Trémoille, comte de), 88, 134, 163, 179.
Montfort (Pierre II, duc de Bretagne, comte de), 103.
Montfort (comté de), 187, 225, 226.
Montjean (sire de), 114.

MONTMARTIN (sieur de), 87.
MONTMIREL (Antoine Silly, baron de,) 14.
MONTMORENCY (Anne, duc de), pair et connétable de France, mari de Madeleine de Savoie, 15.
MONTMORENCY (Charles de), sieur de Méru, chevalier de l'ordre du roi, capitaine de cinquante lances de ses ordonnances et colonel général des Suisses, 15.
MONTMORENCY (François, duc de), pair et maréchal de France, gouverneur et lieutenant général pour le roi à Paris et dans l'Ile-de-France, 15.
MONTMORENCY (Guillaume de), seigneur de Thoré, chevalier de l'ordre du roi, capitaine de cinquante lances, colonel de la cavalerie légère de Piedmont, 15.
MONTMORENCY (Henry de), seigneur de Dampville, maréchal de France, gouverneur et lieutenant-général pour le roi en Languedoc, 15, 25, 26.
MONTMORENCY (Jeanne de), duchesse de Thouars, femme de Louis III de La Trémoille, 13, 16, 19, 31, 38, 39, 41.
MONTMORENCY (Magdeleine de Savoie, duchesse de), femme d'Anne, duc de Montmorency, pair et connétable de France, 15.
MONTMORENCY (prince de Condé, duc de), 168.
MONTPELLIER (ville de), 15, 56, 64.
MONTPENSIER (Henri de Bourbon, duc de), 30, 31.
MONTPENSIER (Louise d'Orléans, duchesse de), souveraine de Dombes, 215, 216.
MONTREUIL-BONYN (Odet de La Noue, sieur de), 34.
MONTSOREAU (Charles de Chambes, comte de), 14.

Le château de Montsoreau, bâti sur les marches extrêmes de la province d'Anjou, sur la rive gauche de la Loire, à quelques pas seulement de l'embouchure de la Vienne, abrite de nos jours divers ménages d'artisans. Jadis, au temps de sa splendeur, la reine Anne de Bretagne « y fut en grand danger, le jeudy » 7e d'aoust 1508, environ sept heures du » soir; car les planches du pont fondirent » soubs les chevaux de sa litière [1]. » A l'heure présente, ce ne sont plus les planches du pont-levis qui cèdent sous les pieds des chevaux, c'est le monument lui-même qui se ruine et se déshonore. Mais, par un bonheur que l'historien ne saurait trop apprécier, un grand nombre de pièces du chartrier des de Chambes ont échappé à la destruction. Transportés au château de Sourches, dans le Maine [2], probablement vers le commencement du siècle, elles sont maintenant la propriété de M. le duc des Cars.

La partie la plus précieuse des archives de Montsoreau est, sans contredit, une collection de lettres, renfermant des missives de Charles VI, de Charles VII, de Louis XI, de Louis XII, de Charles IX, de Henri III, de Henri IV, de Louis XIII, de Marie de Médicis, de Philippe de Commynes, d'Hélène de Chambes, d'Alain de Coetivy, cardinal d'Avignon, et de nombre de personnages depuis le xve siècle. D'au-

---

[1]. *Collection des Mémoires sur l'histoire de France*. Edition Michaud et Poujoulat, 1re série, t. V. *Journal de Louise de Savoie*, p. 89.
[2]. Département de la Sarthe, canton de Conlie, commune de Saint-Symphorien.

tres documents [1] concernant les familles de Châteaubriant, de Laval, de Craon, de Commynes, de Maridor, de Polignac, de Malestroit, du Bellay, d'Amboise, de la Rochefoucaud, de Liscouët, de Talhouët, pour être moins importants, n'en offrent pas moins un véritable intérêt historique.

Voici quelques documents de ce chartrier, concernant le château de Montsoreçu :

« 1591, 15 décembre. Du camp de Tours. — *Mandement pour la garnison du château de Montsoreau.* « Francoys de Bourbon, prince de Conty, lieutenant général pour le Roy Monseigneur, ès armées d'Anjou, Poictou, Touraine, le Maine, Bery, Blaisoys, Dunoys, Vendosmoys, hault et bas Lymousin, le Grand et Petit Perche, aux Président, Lieutenant en l'ellection de Saumur, salut.

« Comme par le feu roy, dernier déceddé [2], que Dieu absolve, ayt esté estably une garnison de cinquante harquebusiers à pied dans le chasteau de Monsoreau, et qu'il est nécessaire à présent plus que jamais de continuer à entretenir ladite garnison, attendu la conséquence de la place, laquelle est à la confluence et jonction des deux rivières de Loyre et Vienne, et que cy devant et mesmes depuis peu les ennemys rebelles auroyent tasché par tous les moyens à le surprendre et s'en anparer, qui seroyt grandement préjudiciable au service de Sa dite Majesté et de ses bons et fidelles subjectz, tant pour le passaige et commerce ordinaire qui se faict sur les dites rivières, que pour l'incommodité des villes de Tours, Chinon, Saumur et autres voysines, recepveroyent pour les continuelles courses des dits ennemys.

« A ces causes, de l'advis du conseil de Sadite Majesté, estably près de nous,

1. Contrats de mariage, donations, testaments, partages, transactions, etc.
2. Henri III.

avons ordonné que ladite garnison de cinquante harquebusiers à pied, y comprins ung cappitaine et ung sergent pour leur commander, sera continuée et entretenue dans ledit chasteau de Monsoreau, pour la conservation d'icelluy en l'obéissance de Sadite Majesté, pour six moys seullement, pendant lesquels le sieur de Monsoreau, Charles de Chambes, se retirera vers Sa Majesté pour avoir la confirmation et assignation de la dite garnison. Vous prions et néanlmoings, en vertu de notre pouvoir, mandons que vous aiez à esgaller et deppartir sur trois eslections la somme de deux cens vingt deux escuz sol pour chacun moys, à quoy revient la solde qu'il convient faire ausdits cinquante harquebusiers et ce suivant l'estat que nous en avons aujourd'huy faict expédyer cy attaché soubz notre contre-scel, pour estre les deniers de la dicte somme employez au payement de la dite garnison, par le recepveur des tailles de vostre eslection qui en fera la recepte.

« Faict au camp de Tours, le quinziesme jour de décembre mil V^c quatre vingtz onze. Qui commanceront au premier jour de janvier prochain et qui finiront au premier juillet ensuivant.

« Francoys de Bourbon.

« Par mondit seigneur le prince

« Le Roy. »

Orig. parch.

1591, 15 décembre. Du camp de Tours. — « *Estat du payement que Monseigneur le prince de Conty, lieutenant general pour le roy es armées d'Anjou, Poictou, Touraine, Le Mayne, Berry, Blaisoys, Dunoys, Vandosmoys, Hault et Bas Lymousin et Le Perche, a ordonné estre faict par chacun moys, à cinquante harquebusiers à pied francoys, compris ung cappitaine et ung sergent pour leur* commander, pour tenir garnison au chasteau de Monsoreau, par le recepveur des tailles de l'ellection de Saumur, sur les deniers qui se leveront sur ladite eslection pour l'entrètenement de ladite garnison, à commancer du premier jour de janvier prochain et ce pour six moys, pendant lesquelz ledit sieur de Monsoreau se retisrera vers Sa Majesté.

« Premièrement

« Au cappitaine qui commandera ausdites gens de guerre, pour son estat et appoinctement, par chacun moys vingt escuz, cy.. .... XX éc. sol.
« A ung sergent qui servira de lieutenant au dit capitaine, dix escuz par moys, cy............................ X éc.
« A quarante huict soldatz, à chacun quarante escuz par moys, cy. CIII^{xx} XII éc.
« Somme toutte pour chacun moys, la somme de deux cens vingt deux escuz. Et pour les dits six moys la somme de treize cens escuz trente deux escuz.
« Faict au camp de Tours, le xve jour de décembre mil V^c quatre vingtz unze. »
« Monsieur le recepveur des tailles de l'ellection de Saumur, M^e (en blanc) nous vous mandons en vertu de notre pouvoir que des deniers qui proviendront de la levée qui se fera sur ladite eslection, pour l'entretenement de ladite garnison de Monsoreau, vous payez ét deslivrez, par chacun moys, durant six moys, au cappitaine qui commandera dans ladite garnison, la somme de deux cens vingt deux escuz, suivant l'estat cy-dessus, et rapportant par vous quictance comme la dicte somme aura esté payé avec la présente, la dicte somme sera passée et allouée en la despence de vos comptes par Messieurs des comptes, lesquels prions et neanlmoings en vertu de notre pouvoir mandons ainsy le faire sans difficulté.
« Faict au camp de Tours, le quinziesme jour de décembre mil V^c quatre vingt unze.

« Francoys de Bourbon.

« Par mondit seigneur le Prince,
« Le Roy. »

Original papier.

— De Tours le 22 mars 1593. — Commission donnée par Henri IV, au Sr de Montsoreau, pour entretenir à Montsoreau « vingt hommes de guerre à pied « francois avec ung sergent pour leur « commander. » Il sera donné au sergent huit écus et à chaque soldat quatre à « prendre sur le doublement du droit de péage » que le Sr de Montsoreau a « acoustumé faire lever sur les marchan- « dises et autres denrées passant par les « rivières de Loire et Vienne suivant les « panchartes pour l'année présente seul- « lement... »

Original en parchemin.

Morandière (Jean Pichot, sieur de la), 106.
Morineau (Etienne), procureur, 14.
Morineau, canonnier, 153.
Mornay (Philippe de), sieur du Plessis-Marly, le pape des huguenots, gouverneur de Saumur, 34. Ses *Mémoires*, 55.
Mortemart (Louis-Victor de Rochechouart, duc de), 215.
Moteron (sieur), 189.
Moulinfrou (madame de), 7.

Moulinfrou, châtellenie dans l'Orléanais. La terre de Moulinfrou fut donnée par Louis III de La Trémoille à un de ses bâtards, François de La Trémoille, qui épousa Jeanne de Cugnac. Voir sur Moulinfrou, *Inventaire de François de La Trémoille*, p. 193.

MOULINET (maître du), de Maestrick, 148.
MOUSSEAU (P. du), secrétaire de Charlotte de Nassau, 48, 54.
MUNSTER (ville de), 126, 128, 130, 134, 136, 138, 140.
MURSAY (Théodore-Agrippa d'Aubigné, sieur de), 34.
MYREBEAU, 13.

NAMUR (ville de), 148, 149.
NANTES (ville de), 20, 62, 65, 66, 107.
NANTEUIL, voir Nanteuille.
NANTEUILLE, 150.

Nanteuil-le-Haudouin, dép. de l'Oise, arr. de Senlis.

NAPLES (ville de), 123, 126, 128, 129, 130, 131, 134, 135, 137, 138, 139, 140, 141, 218, 219.
NASSAU (Amélie de), duchesse de Landsberc, sœur de Charlotte de Nassau, 48.
NASSAU (Charlotte de Bourbon, comtesse de), princesse d'Orange, femme Guillaume, prince d'Orange, comte de Nassau, 29, 31.
NASSAU (Charlotte-Brabantine de), princesse en Orange, duchesse douairière de La Trémoille, 7, 8, 9, 27, 29, 31, 34, 35, 42, 43, 44, 47, 48, 79.
NASSAU (Elisabeth de), d'Orange, mère de Marie de La Tour, duchesse de La Trémoille, épouse de Henry de La Tour, duc de Bouillon, 79.

NASSAU (Guillaume, comte de), prince d'Orange, père de Charlotte-Brabantine de Nassau, 29, 31.
NASSAU (Louise de Coligny, comtesse de), princesse douairière d'Orange, 30, 31.
NASSAU (Maurice de), prince d'Orange, 29, 30.
NAU (monsieur), commissaire des pauvres du grand bureau, 192.
NAVAGNE (le fort de), 148.
NAVARRE (Henri de), premier prince du sang, 17, 18.
NAVARRE (rois de), de la maison d'Evreux, 127.
NAVARRE (royaume de), 127.
NESLE (Jean de Laval, marquis de), 14.
NEUFVILLE (sieur de), 190, 192, 193.
NEVERS (ville de), 88.
NIDDA (Amélie-Elizabeth, landgrave de Hesse, née comtesse de Hanau-Muntzenberg, comtesse de), 163.
NIMÈGUE (ville de), 198, 218.
NOIRMOUTIER (Claude de La Trémoille, baron de), 14, 111.

Voir sur Noirmoutier, *Inventaire de François de La Trémoille*, p. 194.
NORMANDIE (province de), 113.
NORMANDINE (sieur), 75.
NOTRE-DAME (église), à Vitré, 92.
NOURRY (Pierre), juge, 118.

OFDAN (sieur d'), amiral de Hollande, 204.
OGIER (Jean), sieur de La Bouerre, 5.

OLDEMBOURG (Madame d'), demoiselle de La Trémoille, 196.
OLDENZEEL (ville d'), 29, 30, 31.
OLLIVET (château d'), 63, 99.
OLONNE (Georges de La Trémoille, baron d'), 13.
ORANGE (Charlotte-Brabantine, princesse d'), comtesse de Nassau, 29, 31, 34, 35, 79.
ORANGE (Charlotte de Bourbon, princesse d'), comtesse de Nassau, 27, 29, 31.
ORANGE (Elisabeth de Nassau d'), épouse d'Henry de La Tour, duc de Bouillon, 79.
ORANGE (Guillaume, prince d'), comte de Nassau, 29, 31, 49.
ORANGE (Louise de Coligny, princesse d'), comtesse de Nassau, 30, 31.
ORANGE (Maurice, prince d'), comte de Nassau, gouverneur et capitaine du duché de Gueldres, 29.
ORANGE (messieurs les princes d'), 165.
ORLÉANS (le bâtard d'), 114.
ORLÉANS (évêque d'), 114.
ORLÉANS (Louise d'), souveraine de Dombes, duchesse de Montpensier, 215.
ORIOLE (Pierre d'), chancelier, 117.
ORMESSON (Olivier Le Fèvre d'), conseiller du roi, 197, 199, 208, 209, 210, 214, 216.
OSSORY (Thomas, comte d'), 181.
OWERISSEL (province d'), 204.
OXFORD (comte d'), 181.

PALISEUL (monseigneur de La Trémoille à), 149.
PAGNET (Abel), marchand orfèvre, 5, 6.
PAUTRIER (sieur), 197.
PAVIE (journée de), 21.
PAYS-BAS, 175, 206.
PELLETIER (Pierre), greffier, 84, 85.
PELLEUS (Pierre), notaire à Thouars, 34, 75.
PENTIÈVRE (maison de, 127.
PERON (sieur), 191.
PERRON (Louis de Chezolles, seigneur du), 31.
PETIT (E.), 117.
PETITE-MARCHE (bailliage de la), 84.
PETIT-PORT, bailli de Taillebourg, 154, 167.
PHILIPPE IV, roi de Naples, 126, 135.
PICHOT (Jean), sieur de la Morandière, 106.
PIE II, pape, 126, 139.
PIÉMONT (pays de), 15.
PIERRE II, duc de Bretagne, 103, 105.
PILLETIÈRE (Paul Geslin, sieur de la), 89.
PLESSIS-BELLIÈRE (Suzanne de Brué, marquise du), 216.
PLESSIS-LES-TOURS (gouverneur du), 216.
PLESSIS-MARLY (Philippe de Mornay, sieur du), 28, 29, 34, 81.
POITIERS (comtesse de), 191.
POITIERS (ville de), 24, 35, 72, 84, 89, 95, 231.
POITOU (sénéchal de), 23, 24.
POITOU (pays de), 4, 17, 18, 85, 172, 180, 220, 224.
POITOURTEAU (étang de), 158.

Poix (Charles de Créquy, prince du), mari d'Armande de Luzignan, 214.
Polignac (Anne de), dame de Chastillon, maréchale de France, 48.
Polignac (Gabriel de), sieur de Saint-Germain, 34.
Pomier (de), 63, 64, 65, 66, 67, 68, 69, 71.
Pons (Lettre du prince de Tarente, datée de), 166.
Pont-au-Bray, ou plutôt Pont-Aubray, ruisseau, 87.
Pontdormy (Charles de Créquy, seigneur de), 214.
Pont-Jacquet (construction du), sur la rivière de Dive, 72, 73.
Pontoise (ville de), 15.
Potier, 31.
Poudry, notaire, 54.
Poulies (rue des), à Paris, paroisse Saint-Germain l'Auxerrois, 214.
Prévost (monsieur), 154.
Prié (Louis), 193.
Provost (M^e), 63.
Puyaubert (monsieur), 190.
Puy-Notre-Dame (le chemin tendant de Saint-Macquaire au), 85.
Pyrénées (monts des), 16.

Quintin (seigneurie de), 14, 105, 225.

Rais (sire de), 114.
   Gilles de Rais, maréchal de France, né au château de Chantocé, en Anjou, vers novembre ou décembre 1404, et exécuté à Nantes le 26 octobre 1440. Une curieuse enquête, conservée dans les archives du château de Serrant, renferme de nombreux détails sur la vie de Gilles de Rais. Voir dans l'*Union historique et littéraire du Maine* (1893), t. I, pp. 270-284, l'article intitulé : *Gilles de Rais dit Barbe-Bleue, maréchal de France.*

Rambouillet (madame de), 192.
Rétiers (lande de), en Bretagne, 71.
Roncourt, soldat, 153.
Rasfeld (sieur de), 204.
Ratre, notaire royal à Béziers, 15.
Razay, 15.
Ravenel (Jean), sieur de l'Isle, 93.
Rayer (messire Hector de), chevalier, sieur de Montet, 163.
Rebillé, notaire, 163.
Regnauld (Jérome), receveur du duché de Thouars, 5.
Reims (ville de), 112, 114, 149.
Rennes (Charles-Belgique-Hollande de La Trémoille, vicomte de), 214, 218, 221, 228.
Rennes (Henri de La Trémoille, vicomte de), 88, 134, 163, 177, 179.
Rennes (ville de), 14, 92, 105, 157, 180, 187, 225, 226.
Reyvel (Jacques d'Amboise, marquis de), 14.
Reyvel (Louis d'Amboise, marquis de), 14.
Ricantois, boucher, 67.
Richelieu (cardinal de), 44, 54, 86.
Richemont (Pierre II, duc de Bretagne, comte de Montfort et de), 103, 105.
Richemont (duc de), 181.
Rieux (succession de), 111.
Riprède (sieur de), député d'Owerissel, 204.

RIVIÈRE (sieur), 75.
RIZVICK (payé à un maréchal de), 155.
ROBERT (Marie), femme de garde-robe, 48.
ROBERTVAL (mademoiselle de), 7.
ROCHECHOUART (Louis-Victor de), duc de Mortemart et de Vivonne, 215.
ROCHEFORT (Claude de La Trémoille, baron de), 30.

Rochefort-sur-Loire, en Anjou.

RODE (sieur), maître tailleur, 192.
ROGÉ (Catherine de), épouse de François de Créquy, maréchal de France, 215.
ROHAN (Louis de), prince de Guémené, 14, 81.
ROHAN (Alain, vicomte de), baron de Léon, 103, 104, 105.
ROHAN (vicomtes de), barons de Léon, 103.
ROIRT (Jean), notaire à Montpellier, 15.
ROUANNOYS (Antoinette de La Tour, duchesse de), 14.
ROUEN (cardinal Charles de Bourbon, archevêque de), 13.
ROSOY (du), notaire, 71, 94.
ROUGER (Jean), de Thouars, 85.
ROUHET (Jean), avocat en Parlement, 13.

L'avocat Jean Rouhet s'occupait activement des affaires des La Trémoille. Voir *Jeanne de Montmorency, duchesse de La Trémoille, et sa fille, la princesse de Condé*. Nantes, 1895. *Passim*.

ROUSSAR, plumassier, 189.
ROUVRE (Anne du), marquise de Canaples, veuve de Charles de Créquy, marquis de Canaples, 215.

ROY (Maurice), 73.
ROYE (Frédéric-Charles de), 214.
ROYAN (Georges de La Trémoille, baron de), 13, 16.
ROZEMONT (Jacques de), conseiller et secrétaire de Mgr le duc de La Trémoille, 9, 154.
RUZÉ, 20, 42.

SAINT-ALBAN (comte de), 181.
SAINT-AMANT, soldat, 153.
SAINT-ANDRÉ-DES-ARTS (paroisse), à Paris, 214.
SAINT-AUBIN-DU-CORMIER (bataille de), 21.

Victoire remportée le 28 juillet 1488 sur le duc d'Orléans (futur Louis XII), les ducs d'Alençon et d'Angoulême, et le vicomte de Narbonne, par Louis II de La Trémoille, commandant des troupes de Charles VIII.

SAINT-BRIEUC (ville de), 192.
SAINT-CYR (monsieur de), 74.
SAINTES (ville de), 167, 171, 172.
SAINT-FLORENT (Julien de Saligné, seigneur de), 224.
SAINTE-GENEVIÈVE (église), 189.
SAINT-GEORGES (monsieur de), 46.
SAINT-GERMAIN-L'AUXERROIS (paroisse de), à Paris, 9, 214.
SAINT-GERMAIN-DES-PRÉS, à Paris, 214.
SAINT-GERMAIN (Gabriel de Polignac, sieur de), 28, 34.
SAINT-GERMAIN-EN-LAYE (ville de), 117, 119, 212, 213.
SAINT-HONORÉ (rue), à Paris, 9.

Saint-Jacques (bourg), 89.
Saint-Jean (ville de), 19, 167.
Saint-Lo (Toussaint Barry, abbé de), 15.
Saint-Loup (le sceau aux contrats de), 15.
Saint-Macaire-du-Bois (bourg de), 84, 85.

Saint-Macaire-du-Bois, dép. de Maine-et-Loire, canton de Montreuil-Bellay. Au dire de M. C. Port *(Dict.*, t. III, p. 416), la terre de Saint-Macaire-du-Bois relevait des baronnies de Doué et de Saint-Mars-la-Pile. Toujours d'après le même auteur, la seigneurie, au XVIIe siècle, en était indivise entre les Gencian et les de Salles, héritiers communs des Dufay.

Sainte-Marthe (Louis de), écuyer, docteur en droit, conseiller du roi, 35.

Louis de Sainte-Marthe, conseiller du roi et lieutenant-général à Poitiers, était fils de Louis de Sainte-Marthe, seigneur de Neuilli, et de Nicole Le Fèvre. Il mourut en 1610, après avoir épousé Claude Grignon. Un de ses parents, « Monsieur de Sainte-Marthe, conseiller du roy en ses conseils, maistre d'hostel ordinaire de S. M., historiographe de France », a publié une *Histoire généalogique de la Maison de La Trémoille*. A Paris, chez Siméon Piget, rue Saint-Jacques, à la Prudence, M.DC.LXVII.

Saint-Médard (église), à Thouars, 89.
Saint-Michel (prieuré de), 5.
Saint-Nicolas (Antoinette de La Tour, dame de), 15.
Saintonge (pays de), 41, 222.
Saint-Pouange (monsieur de), 90.
Saint-Sire, soldat, 153.
Saint-Sulpice (paroisse), à Paris, 214, 231.
Saint-Thomas (sieur Bertaut, abbé de), 129, 135.
Saint-Valier (sire de), 117.
Sainte-Sévère (maréchal de), 114.
Saligné (Julien de), chevalier, seigneur de La Chaise-le-Vicomte, La Lardière, Badiolle et Saint-Florent, 223.
Sancerre (monsieur de), 111.
Sanguinière (Jean-Gabriel), seigneur de Chavensac, 198, 218, 219.
Saudecour (châtellenie de), 226.
Saumur (ville de), en Anjou, 29.
Savoie (Anne de), nièce de Louis XI, épouse de Frédéric d'Aragon, prince de Tarente, roi de Sicile et de Jérusalem, 128, 134, 139, 218.
Savoie (Madeleine de), duchesse de Montmorency, 15.
Savigne (Benjamin), 193.
Saxe-Fontaine (Louis d'Amboise, baron de), 14.
Saxe-Fontaine (Jacques d'Amboise, baron de), 14.
Schutenborch, greffier, 207.
Secondigny (Arthus de Cossé, comte de), 15.
Sedan (Henri de La Tour, prince de), duc de Bouillon, 30.
Sedan, soldat, 153.
Sedan (ville de), 43, 46, 95, 149, 150, 173, 175.
Séez (évêque de), 114.
Séguier (Pierre), conseiller du roi, 16.
Serisier, notaire, 54.
Servien (messire Abel de), ambassadeur en Allemagne, comte de La Roche-des-Aubiers, 129, 130, 170.

Abel Servien était marquis de Sablé. A l'époque de sa mort, le curé de Saint-Martin de Sablé inséra sur ses registres paroissiaux la notice suivante :

« Le 17 de febvrier 1659, haut et puissant seigneur messire Abel de Servien, marquis de Sablé, seigneur de Boisdauphin, conte de la Roche des Aubiers, baron de Meudon et de Chasteauneuf, et conseiller du Roy en tous ses conseils, commandeur de ses ordres, ministre d'estat et surintendant des finances et seneschal d'Anjou, mourut sur les quatre heures du matin dans son chasteau de Meudon et en sa soixante et six année, fort regreté de Leurs Majestez pour les recommendables services qu'il a rendus à l'estat, et qu'il estoit encore capable de rendre. Il commença à faire paroistre ses beaux talents dans une grande jeunesse à l'Assemblée des Notables tenüe à Rouen en 1616, en qualité de procureur général au Parlement de Grenoble. Il continua de monstrer sa suffisance dans le conseil du Roy en la charge de Maistre des Requestes, dans les intendances en Guyenne, en l'armée d'Italie, où il accomoda comme commissaire de Sa Majesté plusieurs différents entre les Maisons de Savoye et de Mantoue. Il fut nommé à Lyon en 1630, premier président au Parlement de Bordeaux, d'où Sadite Majesté le tira bientost pour luy donner la charge d'un des quatre secrétaires d'estat vacante par le décès du sieur de Beauclerc. En 1631, Elle l'envoya ambassadeur extraordinaire en Italie, avec plain pouvoir pour le traitté de Quierasque, dont il vint à bout heureusement et avantageusement pendant la régence. Il fut aussi avec les mesmes qualités à Munster où on conclud et signa celuy de la paix de l'Empire, et enfin il fut honoré par le Roy de la charge de surintendant des finances qu'il a conservée six ans, en sorte que l'on peut dire qu'il a passé par tous les beaux emploiz de sa profession et avec tout l'honneur et la capacité possibles. Il estoit veuf de haute et puissante dame Augustine Le Roux, dame de La Roche des Aubiez. Le corps de mondict seigneur de Servient a esté apporté à Saumur, et la céremonie de sa sépulture a esté faicte par monseigneur l'évesque d'Angers à Notre-Dame des Ardrilliers, le 3e d'apvril 1659. — (signé) Houdouin. »

Sicile (Frédéric d'Aragon, roi de), prince de Tarente et roi de Jérusalem, époux d'Anne de Savoie, nièce de Louis XI, 128.

Silly (Antoine de), sieur de La Rochepot, baron de Montmirel, 14.

Sipion, écuyer de cuisine, 48.

Sondrais (étang de la), 158.

Souhie, château occupé par les Espagnols, 149.

Spar (baron de), 203, 204, 205.

Stanlay (Jacques de), comte d'Herby, prince de l'ile de Man, 9.

Staphenis (sieur de), député de Zélande, 203.

Strafford (comte de), 181.

Stubenrauch, notaire, 164.

Suède (roi de), 203, 205.

Suède (canons fabriqués en), 152.

Sully (Claude de La Trémoille, baron de), 30.

Sully-sur-Loire. Voir *Les La Trémoille pendant cinq siècles*, t. I, p. 311.

Taillebourg (Charles-Belgique-Hollande de La Trémoille, comte de), 214, 218, 221, 228.

TAILLEBOURG (Claude de La Trémoille, comte de), 30, 34.
TAILLEBOURG (Henri-Charles de La Trémoille, comte de), 163.
TAILLEBOURG (Henri-Charles de La Trémoille, comté de), 88, 134, 179.
TAILLEBOURG (monsieur de Chauvernon, ministre de), 152.
TAILLEBOURG (comte de), 95, 151, 152, 154, 167, 171, 172, 187, 222.

Dans la Charente-Inférieure.

TAIGNIER (Jean), 15.
TALMOND (Charles-Belgique-Hollande de La Trémoille, prince de), 214, 216, 218, 221, 223, 228, 232.
TALMOND (Claude de La Trémoille, prince de), 4, 5, 30, 34, 35.
TALMOND (Frédéric-Guillaume de La Trémoille, prince de), 208, 209, 215.
TALMOND (Henri-Charles de La Trémoille, prince de), 161, 162, 163, 177, 178, 189, 191, 194, 195, 196, 206.
TALMOND (Henri de La Trémoille, prince de), 88, 91, 134, 145, 146, 147, 177, 179.
TALMOND (principauté de), 76, 171, 172, 187.

Voir sur Talmond, *Inventaire de François de La Trémoille*, pp. 203-206.

TALON, avocat général, 192.
TANNAY (monseigneur dîne à), dans les Ardennes, 149.
TARENTE (Charles-Belgique-Hollande de La Trémoille, duc de Thouars, prince de), fils d'Henri-Charles de La Trémoille, 208, 214, 216, 218, 221, 223, 228, 232.
TARENTE (Charles-Bretagne de La Trémoille, prince de), 232.
TARENTE (Charles II de La Trémoille, prince de), 143, 147, 154, 155.
TARENTE (Emilie de Hesse, princesse de), 154, 157, 168, 170, 171, 172, 182, 192, 196, 208, 209, 210, 211, 214, 217.
TARENTE (Frédéric d'Aragon, prince de), roi de Sicile et de Jérusalem. 128.
TARENTE (Henri-Charles de La Trémoille, prince de), 164, 166, 167, 168, 169, 171, 172, 173, 174, 175, 176, 177, 179, 180, 181, 188, 192, 203, 204, 205, 206, 207, 208, 209, 212, 214, 216, 217.
TARENTE (Mademoiselle de), 191, 196, 197.
TELIN D'ALKMAR, 204.
TEXIER (sieur), 157.
THEVENOT (sieur), 75.
THIBAUDEAU (sieur), fermier, 227, 228.
THORÉ (Guillaume de Montmorency, seigneur de), 15.
THOUARS (Charles-Belgique-Hollande de La Trémoille, duc de), 203, 204, 205, 207, 214, 216, 218, 221, 223, 228, 232.
THOUARS (Charles-Bretagne de La Trémoille, duc de), 232.
THOUARS (Claude de La Trémoille, duc de), 4, 5, 30, 34, 35.
THOUARS (Henri-Charles de La Trémoille, duc de), 179, 208, 214.
THOUARS (Henry de la Trémoille, duc

de), 79, 87, 88, 91, 93, 118, 128, 134, 163, 177, 179.

THOUARS (Marie de La Tour, duchesse de La Trémoille et de), 90, 92.

THOUARS (ville et duché de), 5, 6, 21, 22, 23, 25, 26, 33, 34, 35, 72, 73, 76, 81, 82, 84, 85, 88, 89, 90, 91, 94, 97, 98, 99, 131, 135, 155, 163, 177, 178, 179, 180, 187, 192, 220, 221, 222, 224, 227, 228, 229, 231. Voir sur Thouars, *Inventaire de François de La Trémoille*, p. 206.

TIFAUGE, carrefour, 89.

TILLET (du), 25, 121.

THORÉ (mademoiselle de), 25.

Madeleine de Montmorency, dame de Thoré, fille de Guillaume de Montmorency, seigneur de Thoré, et nièce de Henri de Montmorency, connétable de France. Elle épousa par contrat du 19 juin 1597, Henri de Luxembourg, pair de France.

TOSCANE (grand duc de), 127.

TOU (M. le président de), 26.

TOURAINE (sénéchal de), 24.

TOURS (ville de), 24.

TRIOCHE (Ester), 155.

TUCÉ (sire de), 114.

Il s'agit ici de Baudouin de Champagne, seigneur de Tucé et de la Guierche au Maine. « Tucé, dit un document du « xv⁰ siècle (arch. nat., X¹ª 4798, fol. 336 « verso), est noble chevalier et a grande-« ment servy le roi; est de grand hostel; « mais pour acquicter sa loyaulté envers « le roy, a tout laissé et abandonné aux « Anglais et tout perdu; et ce non obstant, « lui et ses frères ont servy le roy en ses « guerres, où sont morts sept de ses « frères; fist grant service au roy à la « bataille de Baugé et aussi au Mans, « dont il fut capitaine. »

Baudouin de Champagne, dit de Tucé, capitaine du Mans en 1424, était fils de Jean de Champagne. Il épousa Jeanne de Tucé, dame de La Guierche.

TURENNE (Henri de La Tour, vicomte de), frère de Marie de La Tour, duchesse de La Trémoille, 94, 95, 96, 208, 209, 210, 214.

Henri de La Tour, vicomte de Turenne fils de Henri de La Tour et d'Elisabeth de Nassau, fut tué d'un coup de canon le 27 juillet 1675.

TURQUIE, 56.

UZÈS (Madame d'), 19.

URSULINES (dames), 74.

UTRECHT (ville d'), 203.

VAILLANT, 76.

VALIGNY (Monsieur de), 150.

VANCELAS (Monsieur de), 150.

VANDRESUL (sieur de), député d'Utrecht, 203.

VANNES (ville de), 103, 105.

VARENNE (Pierre), receveur à l'Herbergement-Idreau en Poitou. Voir *Les La Trémoille pendant cinq siècles*, p. 292.

VARIE (Guillaume de), 116.

VASSEY (Henry-François, marquis de), gouverneur du Plessis-les-Tours, époux de Marie de Luzignan, 215.

VASSEY (Marie de Luzignan, marquise de), 215, 216.
VAUDEMONT (prince de), 192.
VAUX (Madame de), 7.
VEAUX-LES-MONZON, dans les Ardennes, 149.
VENDÔME (comte de), 114, 115.
VENIERRE (Etienne), avocat, 47.
VENISE (république de), 127, 129.
VERGER (châtellenie du), 14.
VERSAILLES (ville et château de), 197, 216, 220, 227.
VERTAMON (mademoiselle de), 192.
VIEIL-BOURG (rue du), à Vitré, 92.
VILLE (sieur de la), 75.
VILLEQUIER (hôtel de), 190, 192.
VINCELLES (Toussaint Barry, sieur de), abbé de Ferrières et de Saint-Lo, 15.
VITRÉ (Charles-Belgique-Hollande de La Trémoille, baron de), 214, 218, 228.
VITRÉ (Henri de La Trémoille, baron de), 88, 93, 134, 163, 177, 179.
VITRÉ (Guy de Laval, baron de), 14, 103, 104, 105.
VITRÉ (seigneurs de), comtes de Laval, 103.

VITRÉ (ville et baronnie de), 63, 64, 65, 66, 67, 68, 69, 70, 71, 74, 91, 92, 94, 99, 101, 106, 107, 154, 157, 158, 180, 182, 187, 188, 212, 214, 225, 226.
VIVÈS (dialogues de), 61.
VIVONNE (Louis-Victor de Rochechouart, duc de), 215.
VOUVANT (siège de), 17, 18.
VRILIÈRE (monsieur de la), 197.
WALKER (sir Edouard), chevalier, principal roi d'armes de la Jarretière, 182.
WAYNANDS (André), 8.
WESTPHALIE, 135, 136.
WINDSOR (chapelle de), 181.

Windsor, ville et château sur les bords de la Tamise. La chapelle de Saint-Georges de Windsor, fondée en 1474, par Edouard IV, est un des plus beaux édifices gothiques de l'Angleterre.

WORCESTER (marquis de), 181.

ZÉLANDE (pays de), 203.
ZIEGENHAIM (comtesse de), 163.

ACHEVÉ D'IMPRIMER

A NANTES

PAR

EMILE GRIMAUD ET FILS

LE XXe JOUR DE DÉCEMBRE

M. DCCC. XCV

www.ingramcontent.com/pod-product-compliance
Lightning Source LLC
Chambersburg PA
CBHW071532160426
43196CB00010B/1751